성경이 이끄는 성경연구

성경이 이끄는 성경연구

발행일 2026년 1월 9일

지은이 이성호
펴낸이 손형국
펴낸곳 (주)북랩

출판등록 2004. 12. 1(제2012-000051호)
주소 서울특별시 금천구 가산디지털 1로 168, 우림라이온스밸리 B동 B111호, B113~115호
홈페이지 www.book.co.kr
전화번호 (02)2026-5777 팩스 (02)3159-9637

ISBN 979-11-7598-056-3 03230 (종이책) 979-11-7598-057-0 05230 (전자책)

성경연구의 7단계: 입체적 성경연구로 말씀의 깊이를 탐구하다

성경이 이끄는 성경연구

BIBLE-GUIDED BIBLE STUDY

이성호 지음

북랩

"너는 진리의 말씀을 옳게 분별하며
부끄러울 것이 없는 일꾼으로 인정된 자로
자신을 하나님 앞에 드리기를 힘쓰라"

(디모데후서 2:15)

머리글

오늘날 한국교회 안에는 성경을 사랑하고 배우려는 성도들의 열정이 여전히 살아 있으며 그 열정은 참으로 대단합니다. 큐티(QT), 성경 통독, 말씀 중심의 소그룹 모임 등은 모두 하나님의 말씀을 더 알고자 하는 열정의 표현입니다. 그러나 이러한 열정에 비해 성경을 깊이 이해하거나 그 말씀을 실제 삶 속에서 살아내는 데에는 아직 부족함이 있습니다. 말씀을 제대로 이해하고 그 깨달음을 삶에 적용하기 위해서는 꾸준한 연구와 훈련이 필요합니다. 그럴 때 성도들의 대단한 열정은 더욱 빛을 발하며 교회와 세상을 변화시키는 능력으로 나타날 것입니다.

이러한 필요를 채우기 위해 쓰인 책이 바로 『성경이 이끄는 성경연구』입니다. 이 책은 사도행전 17장에 나오는 베뢰아 성도들의 모습을 본받고자 합니다. 그들은 열린 마음으로 말씀을 받아들이고 날마다 성경을 깊이 살피며 그 말씀이 참된 진리인지 확인했습니다. 오늘날 우리에게도 꼭 필요한 태도이며 이를 통해 한국교회가 더욱 성숙한 공동체로 나아갈 수 있을 것입니다.

이 책은 크게 세 부분으로 나뉩니다.

제1부에서는 한국교회 성경연구의 현실을 돌아보며 우리가 다시 말씀 앞에 서야 하는 이유를 생각합니다.

제2부에서는 성경을 올바르게 이해한다는 것이 무엇인지, 왜 중요한지, 잘못 이해할 경우 어떤 문제가 생길 수 있는지를 다룹니다.

제3부에서는 성경연구의 단계들을 따라가며 큰 그림을 보는 거시적 관점과 본문을 깊이 해석하는 미시적 관점을 함께 훈련할 수 있도록 안내합니다.

이 책은 목회자뿐 아니라 신학생 그리고 성경을 사랑하는 모든 성도에게 하나님의 말씀을 바르게 이해하고 해석하여 삶에 적용하는 데 실제적인 도움을 주는 길잡이가 되기를 바랍니다. 앞서 펴낸『성경이 이끄는 기도』가 기도의 길을 안내했다면 이번 책은 말씀 연구의 길을 열어줍니다.

말씀과 기도, 이해와 실천이라는 신앙의 두 기둥이 함께 세워질 때 우리의 믿음은 더욱 견고해질 것입니다. 이 책을 통해 말씀 앞에 서는 기쁨과 감동이 여러분의 삶 속에서 날마다 새로워지기를 기대합니다.

2026년 1월

목차

제 2 부

성경을 바르게 이해하다

제 3 부

성경을 바르게 연구하다

1부

한국교회 성경 연구의 실태를 진단하다

『성경이 이끄는 성경연구』를 본격적으로 살펴보기 전에 성경을 어떻게 대하고 실제로 어떻게 연구하고 있는지를 먼저 진단해야 합니다. 성경 연구가 단순한 지식 습득을 넘어 신앙을 형성하고 삶을 인도하는 핵심 과정이기 때문에 올바른 태도와 방법을 섬섬하는 것이 무엇보다 중요합니다.

그렇다면 오늘날 한국교회는 성경을 어떻게 다루고 있으며 실제로 어떤 방식으로 연구하고 있을까요? 지금부터 다섯 가지 대표적인 사례를 통해 우리가 놓치고 있는 현실을 함께 진단해보고자 합니다.

1. 형식적인 성경연구

오늘날 교회 안에서는 성경을 가까이하려는 다양한 활동이 이루어지고 있습니다. 성도들은 성경을 여러 번 읽고(통독), 말씀을 직접 써 보며(필사), 외워서 마음에 새기는(암송) 훈련을 통해 말씀을 삶 속에 새기려 노력합니다. 교회는 이러한 성도들의 열정을 격려하기 위해 성경통독 우수자 시상, 성경필사 전시회, 성경암송대회, 성경퀴즈대회 등 다양한 행사를 진행하기도 합니다.

그러나 이런 활동이 겉으로 드러나는 성과만을 중시하게 될 때 문제가 생깁니다. 성경을 몇 번 읽었는지, 얼마나 많이 필사했는지, 몇 구절을 외웠는지가 신앙의 깊이를 판단하는 기준처럼 되면 말씀은 삶을 바꾸는 힘을 잃고 신앙은 껍데기만 남을 수 있습니다. 숫자와 기록만 강조될 경우 말씀은 지식이나 과시의 수단으로 머물고 마음의 진정성은 약해집니다.

결국 성경 연구가 하나님과의 교제와 삶의 변화를 이끄는 본질을 놓치고 외형적인 실적을 쌓는 과제로 변질될 수 있습니다. 이런 분위기가 자리 잡으면 성경은 단순한 학습 교재나 자기계발 도구처럼 오해되고, 말씀의 권위와 생명력은 약화되는 결과를 낳게 됩니다.

2. 기복주의적 성경연구

송구영신 예배는 한 해를 마무리하고 새해를 맞이하는 자리로 성도들이 하나님 앞에 감사와 결단을 드리는 중요한 시간입니다. 많은 교회에서는 예배 후 성도들이 개인적으로 붙잡을 말씀을 받는 '말씀받기' 혹은 '말씀뽑기' 시간을 갖습니다. 이는 성경 구절이 적힌 종이나 카드를 무작위로 뽑아 새해의 지침으로 삼고 묵상하며 살아가겠다는 신앙적 결단을 의미합니다.

그러나 이러한 실천이 때로는 새점처럼 올해의 운세를 점치는 행위로 오해될 위험이 있습니다. 성경 말씀을 단순히 미래의 복을 예언하는 도구로 받아들이면 말씀의 본래 의도와 권위가 왜곡될 수 있습니다. 예를 들어 어떤 성도가 로마서 13장 8절 "피차 사랑의 빚 외에는 아무에게든지 아무 빚도 지지 말라 남을 사랑하는 자는 율법을 다 이루었느니라"라는 말씀을 받았다고 할 때 이를 금전적 빚의 해결로만 이해한다면 본문이 강조하는 이웃 사랑의 삶은 놓치게 됩니다. 말씀은 재정적 복을 기대하는 수단으로 전락할 위험이 있습니다.

성경을 개인의 기대나 감정에 따라 자의적으로 해석하면 말씀은 하나님의 뜻을 밝히는 계시가 아니라 내가 원하는 결과를 얻기 위한 도구로 변질됩니다. 결국 신앙의 중심은 하나님이 아닌 나 자신으로 옮겨가고 말씀의 권위와 생명력은 약화됩니다. 말씀을 복을 얻기 위한 수단으로만 여길 때 신앙은 점점 외형적이고 물질 중심으로 흐르게 됩니다.

3. 감정과 지식에 갇힌 성경연구

오늘날 한국교회에서 이루어지는 성경연구는 때로 감정적인 접근이나 지식 중심의 학습에 갇혀 버리는 경향을 보입니다. 이러한 갇힘은 성경의 전체적인 흐름과 본래 의미를 가로막아 말씀을 개인의 감정이나 생각 혹은 단순한 지식 습득의 차원으로만 해석하게 만듭니다. 그 결과 말씀의 본질은 왜곡되고 신앙의 기초는 흔들릴 수 있습니다.

대표적으로 큐티(QT)는 말씀 묵상과 기도를 통해 신앙의 깊이를 더하고 경건한 습관을 형성하는 데 유익한 훈련입니다. 그러나 큐티가 감정에 갇혀 버릴 경우 말씀은 단순히 위로와 격려의 메시지로 축소되어 본문이 담고 있는 깊은 신앙 고백과 신학적 의미가 가려질 위험이 있습니다. 예를 들어 시편 23편 1절 "여호와는 나의 목자시니 내게 부족함이 없으리로다"를 단순히 "어려운 상황에서 하나님이 나를 도와주실 거야"라는 위로로만 이해한다면, 본문이 강조하는 하나님과의 관계 속에서 누리는 평안이라는 본질은 갇혀 버리게 됩니다.

또한 성경 통독은 말씀 전체를 조망하고 성경의 흐름과 구조를 이해하는 데 매우 유익한 훈련입니다. 그러나 통독이 지식에 갇혀 버릴 경우 성경은 단순한 종교적 정보나 학문적 지식으로 전락하여 삶을 변화시키는 능력을 잃게 됩니다. 출애굽기의 열 가지 재앙이나 레위기의 제사 규례를 역사적 사건이나 제도적 규범으로만 분석하는 데 그치는 경우가 그 예입니다. 그러나 그 안에는 하나님의 거룩하심과 인내 그리고 구속의 은혜가 담겨 있으며 오늘날 우리의 신앙과 삶에 깊은 통찰을 주는 살아 있는 메시지가 있습니다.

성경연구가 감정이나 지식에 갇혀 버리면 말씀은 생명력을 잃고 신앙은 흔들릴 수 있습니다. 성경은 단순히 위로나 지식을 쌓기 위한 책이 아니라 하나님의 뜻을 밝히 보여주고 그 뜻에 따라 살아가도록 인도하는 생명의 말씀입니다. 본문이 담고 있는 문맥과 성경 전체의 흐름을 바르게 이해하지 못한다면 말씀은 삶을 변화시키는 능력을 발휘하지 못하고 신앙은 본질을 잃은 껍데기로 남을 위험이 있습니다.

4. 목회자 의존적 성경연구

최근 10년간 한국 성인의 문해력은 지속적으로 하락하고 있으며 이는 성경을 깊이 읽고 이해하는 능력, 즉 성경 문해력의 약화로 이어지고 있습니다. 오늘날 많은 성도는 성경을 직접 읽고 묵상하기보다 주일 설교를 통해 말씀을 접하는 경우가 많습니다. 설교는 신앙의 방향을 제시하는 중요한 도구이지만 성경 본문보다 설교 내용에 더 집중하게 되면 설교가 곧 '말씀의 전부'처럼 받아들여지는 현상이 나타날 수 있습니다.

물론 목회자의 설교는 신앙 성장에 큰 도움을 줍니다. 그러나 성경은 모든 성도가 직접 읽고 이해할 수 있도록 주신 하나님의 말씀입니다. 사도행전 17장의 베뢰아 성도들은 바울의 설교조차 그대로 받아들이지 않고 날마다 성경을 살펴보며 진리를 확인했습니다. 이는 성도들이 말씀 앞에서 스스로 분별하고 검토하는 태도가 필요함을 보여줍니다.

설교만을 통해 말씀을 받아들이는 신앙은 위험할 수 있습니다. 설교자의 해석이 잘못되었을 경우 그 영향을 고스란히 받게 되기 때문입니다. 건강한 신앙은 누군가의 말에만 의존하는 것이 아니라 성경을 직접 읽고 묵상하며 삶에 적용하려는 태도에서 자랍니다. 성도들이 목회자의 해석에 지나치게 의존하면 말씀의 생명력이 약화되고 신앙의 방향을 잃을 위험이 있습니다.

5. 디지털 매체 의존적 성경연구

오늘날 한국교회 성도들은 성경을 접하는 방식에서 디지털 매체에 크게 의존하고 있습니다. 유튜브 설교, 온라인 예배, 성경 앱 등이 주요 매체가 되었으며 코로나19 이후 이러한 경향은 더욱 강화되었습니다. 이는 접근성과 편리성을 높였지만 동시에 여러 문제를 드러냅니다.

'짧은 설교 요약'이나 '오늘의 말씀 한 줄' 같은 콘텐츠에 의존하면서 본문 전체의 맥락을 놓치고 성경을 단순한 교훈집처럼 소비하는 경향이 나타납니다. 틱톡의 영상은 위로와 격려에 치중해 말씀을 감정적으로만 받아들이게 하고 실제 삶의 적용은 약화됩니다. 검색 중심의 접근은 성경을 데이터베이스처럼 취급하게 하여 특정 키워드로 필요한 구절만 발췌하는 방식으로 이어지는데 이는 성경 전체의 흐름을 무시하고 자기 욕망을 정당화하는 도구로 전락할 위험을 내포합니다.

유튜브 알고리즘은 특정 교단이나 유명 목회자의 설교만 반복적으로 추천해 다양한 해석을 접할 기회를 차단합니다. 그 결과 성도들은 특정한 신앙 스타일에 갇히게 되고 공동체적 성경연구도 약화됩니다. 과거에는 성경연구 모임을 통해 질문과 토론이 이루어졌지만 이제는 영상 시청으로 대체되면서 공동체적 성숙이 저하되고 있습니다.

더 나아가 이단이 퍼뜨리는 미디어 콘텐츠는 겉으로는 성경적 언어를 사용하지만 실제로는 교리적 왜곡과 극단적 해석을 담고 있습니다. 분별력이 약한 성도들은 이를 무비판적으로 받아들이며 신앙의 기초가 흔들리고, 왜곡된 신앙관을 형성할 위험에 놓여 있습니다.

지금까지 한국교회 성경연구의 여러 문제를 살펴보았습니다. 형식주의는 말씀의 본질을 약화시켰고, 기복주의는 신앙을 물질 중심으로 변질시켰습니다. 감정과 지식에 갇힌 성경연구는 말씀의 능력을 잃게 했으며, 목회자 의존은 성도들의 분별력을 약화시켰습니다. 여기에 디지털 매체 의존까지 더해져 성도들이 검증되지 않은 콘텐츠에 무방비로 노출되는 위험이 커지고 있습니다.

따라서 한국교회는 성경에 대한 바른 이해와 깊이 있는 연구를 반드시 회복해야 합니다. 그렇게 될 때 앞서 진단한 문제들을 극복하고 하나님 나라의 공동체로서 세상 속에서 빛과 소금의 사명을 온전히 감당할 수 있을 것입니다.

2부

성경을 바르게 이해하다

1. 우리는 성경을 어떻게 바라보고 있는가?

성경은 하나님의 계시이며 신앙과 삶을 이끄는 절대적 기준입니다. 그러나 오늘날 많은 사람들이 성경을 자신에게 편한 방식으로 받아들이거나 오해하는 경우가 많습니다. 이러한 오해는 믿음을 약화시키고 하나님과의 관계를 깊이 있게 맺는 데 장애가 됩니다.

예를 들어 성경을 마치 '부적'처럼 여겨 집이나 차에 두면 재앙을 막아준다고 믿거나 읽지 않고 소유만 해도 복을 받는다고 생각하는 경우가 있습니다. 성경은 그런 물건이 아니라 하나님의 뜻을 드러내는 살아 있는 말씀입니다.

또한 성경을 '위로의 책'으로만 사용하는 경우도 있습니다. 힘들고 지칠 때만 성경을 펼쳐 위로를 받으려 하고 평소에는 말씀을 가까이하지 않습니다. 물론 성경은 우리에게 큰 위로를 줍니다. 그러나 그것이 전부는 아닙니다. 성경은 위로를 넘어 삶의 방향을 제시하고 하나님의 뜻에 따라 살아가도록 이끕니다.

성경을 인간의 감정이나 삶의 이야기 중심으로 해석하려는 경향도 있습니다. 예수님의 섬김을 '서번트 리더십'이라는 이름으로 기업 경영에 적용하는 경우가 대표적입니다. 그러나 예수님의 섬김은 단순한 경영 전략이 아니라 인류를 위한 희생과 구원의 표현입니다. 이를 조직 관리의 도구로만 해석하면 성경의 본질을 왜곡하게 됩니다.

또 어떤 사람들은 성경을 '성공의 비결'로 여깁니다. 요셉이나 다윗 같은 인물들의 이야기를 따라 하면 성공할 수 있다고 믿고 성경을 자기계발서처럼 읽는 경우입니다. 성경은 성공을 위한 지침서가 아니라 하나님 나라의 회복과 구속의 이야기를 담고 있는 말씀입니다.

마지막으로 성경을 과학적으로 증명하려는 시도도 있습니다. 창세기의 창조 이야기를 과학적 사실로 설명하거나 성경의 내용을 과학적 이론에 맞추려는 경우입니다. 그러나 성경은 과학 교과서가 아니라 하나님이 세상을 창조하셨다는 믿음을 전하는 책입니다. 모든 것을 과학으로 설명하려는 태도는 말씀의 본래 의미를 흐릴 수 있습니다.

이처럼 성경을 잘못 이해하면 신앙은 하나님 중심이 아니라 자기중심으로 흐르게 됩니다. 말씀을 통해 하나님을 알아가기보다 내 감정이나 필요에 따라 말씀을 선택하게 되고 결국 성경 전체의 흐름과 하나님의 구원 계획을 놓치게 됩니다. 그렇게 되면 삶의 변화는 일어나기 어렵고, 하나님께 순종하는 믿음도 약해지게 됩니다.

성경은 하나님의 말씀입니다. 하나님은 우리들에게 이 길로 가라고 말씀하십니다. 그러나 우리는 하나님의 말씀을 잘못 이해하고 그 말씀과 다른 길로 열심히 달려갑니다. 하나님은 이 모습을 보시고 얼마나 답답하게 생각하실까 생각해봅니다.

따라서 우리는 성경을 단지 익숙한 방식이나 개인적인 필요에 따라 해석하는 것이 아니라 성경이 본래 어떤 책인지 깊이 있게 이해할 필요가 있습니다.

2. 성경은 어떤 책인가?

성경은 수천 년에 걸쳐 기록된 하나님의 말씀으로 인류의 역사와 구원의 여정을 담고 있는 유일무이한 책입니다.

신앙의 본질을 바로 세우기 위해서는 성경의 본질과 목적을 바르게 이해하는 것이 중요합니다.

이제 우리는 성경이 어떤 책인지 그 핵심 내용을 함께 살펴보려 합니다.

첫째 성경은 하나님의 자기 계시입니다.

디모데후서 3장 16절 “모든 성경은 하나님의 감동으로 된 것”이라는 말씀처럼 성경은 인간의 사상이 아니라 하나님께서 친히 숨을 불어넣으신 말씀입니다. 창조주 하나님께서 자신의 성품과 뜻 그리고 하나님 나라의 계획을 인류에게 드러내신 기록입니다.

둘째 성경은 회복과 구속의 이야기입니다.

성경은 단순한 종교 서적이나 도덕적 지침서가 아니라 하나님 나라의 회복과 인류 구원의 위대한 이야기를 담고 있는 책입니다. 디모데후서 3장 15절은 성경이 "그리스도 예수 안에 있는 믿음으로 말미암아 구원에 이르게 하는 지혜"를 준다고 말합니다. 성경은 구원의 길을 제시하는 하나님의 지혜입니다.

셋째 성경은 삶의 기준이자 인도입니다. 디모데후서 3장 16절은 성경이 "교훈과 책망과 바르게 함과 의로 교육하기에 유익하다"고 말합니다. 이는 하나님 나라 백성으로서 어떻게 살아야 하는지를 보여주는 지침이며 하나님과 동행하며 그분의 통치를 삶 속에서 실현하는 길을 제시합니다.

넷째 성경은 시대를 초월하는 살아 있는 말씀입니다. 디모데후서 3장 17절은 "하나님의 사람으로 온전하게 하며 모든 선한 일을 행할 능력을 갖추게 한다"고 말합니다. 이는 성경이 지금도 살아 역사하며 신자의 삶을 변화시키는 능력을 지니고 있음을 보여줍니다.

결론적으로 성경은 하나님의 자기 계시이며 인류 구속의 이야기이자 삶의 기준과 인도이며 지금도 살아 역사하는 말씀입니다. 따라서 성경을 바르게 이해하고 붙드는 것은 신앙의 본질을 세우고 하나님의 나라를 이 땅 가운데 드러내는 가장 중요한 길이 됩니다.

3. 성경을 이해한다는 것은 무엇인가?

앞서 성경의 본질을 살펴보았으니 이제 그 말씀을 이해해야 하는 것이 무엇인지 생각해볼 필요가 있습니다.

'이해'란 어떤 대상이나 개념을 올바르게 알고 받아들이는 인식의 과정이며 이는 단순한 지식 습득을 넘어 그 내용을 파악하고 의미를 분별하는 능력을 포함합니다.

따라서 성경을 이해한다는 것도 단순히 글자를 읽고 뜻을 아는 데 그치는 것이 아니라 하나님의 말씀을 바르게 해석하고 그 뜻을 분별하며 삶 속에서 실천하는 전인격적 반응입니다.

첫째 성경을 이해한다는 것은 머리로 아는 것을 의미합니다. 이는 성경 본문을 정확히 읽고 단어의 뜻과 문장의 구조, 역사적·문학적 배경을 파악하는 지적 과정입니다. 예를 들어 "내게 능력 주시는 자 안에서 내가 모든 것을 할 수 있느니라"(빌 4:13)라는 말씀을 단순히 '무엇이든 할 수 있다'는 자기계발 문구처럼 받아들이는 것이 아니라 본문이 놓인 상황과 바울의 삶의 맥락을 함께 살펴야 합니다. 그렇게 할 때 우리는 바울이 궁핍과 풍요를 모두 경험한 가운데서도 그리스도 안에서 만족할 수 있는 믿음을 고백한 것임을 이해하게 됩니다.

둘째 성경을 이해한다는 것은 마음으로 받아들이는 것을 의미합니다. 말씀을 단지 정보로 받아들이는 것이 아니라 하나님의 음성으로 듣고 감동하며 내 삶에 적용하고자 하는 마음의 태도를 갖는 것입니다. 예를 들어 "원수를 사랑하라"는 말씀을 읽고 내가 미워하는 사람을 떠올리며 마음을 열고 용서하려는 결단을 품는 것이 이에 해당합니다.

셋째 성경을 이해한다는 것은 삶으로 살아내는 것을 의미합니다. 이해하고 받아들인 말씀을 실제 삶 속에서 행동으로 옮기는 것이며 이는 진정한 순종이며 성경 이해의 완성입니다. 예를 들어, "가난한 자를 돌아보라"는 말씀을 이해하고 감동받은 후 실제로 어려운 이웃을 찾아가 돕고 섬기는 행동으로 이어지는 것입니다.

결국 성경을 이해한다는 것은 머리로 아는 지식(지), 마음으로 받아들이는 태도(정), 삶으로 살아내는 실천(의)이 통합될 때 비로소 온전해집니다. 이 세 가지(지정의)가 함께 즉 전인격적으로 작동할 때 우리는 말씀을 통해 하나님을 더 깊이 알고 그분의 뜻에 따라 살아가는 참된 신앙의 길을 걸어갈 수 있습니다.

4. 성경 이해도 자가진단

앞서 성경을 이해한다는 것이 무엇인지 살펴보았으니 이제는 내가 실제로 성경을 얼마나 이해하고 있는지를 스스로 진단해 볼 필요가 있습니다.

이를 위해 다음의 자가진단 체크리스트를 활용할 수 있습니다. 각 문항에 대해 '항상 그렇다', '가끔 그렇다', '거의 그렇지 않다' 중 하나를 선택하여 응답하면 자신의 성경 이해 수준을 보다 객관적으로 돌아볼 수 있습니다.

◆ 성경 이해도 자가진단 체크리스트 ◆

① 본문 이해와 관찰

- 성경을 읽을 때 단어의 뜻과 문맥을 주의 깊게 살핀다.
- 본문이 어떤 장르(역사, 시, 예언 등)인지 알고 해석하려고 한다.
- 반복되는 표현이나 구조적 특징을 인식하고 의미를 생각해본다.
- 본문의 핵심 주제와 중심 메시지를 파악하려고 한다.
- 본문 속 인물들의 감정, 행동, 선택을 주의 깊게 관찰한다.

② 배경과 흐름의 이해

- 말씀의 역사적·문화적 배경을 이해하려고 노력한다.
- 성경 전체의 구속사적 흐름(창조-타락-구속-회복)을 알고 있다.
- 본문이 성경 전체 이야기 속에서 어떤 위치에 있는지 생각해본다.
- 본문이 기록된 당시의 독자들에게 어떤 의미였는지 고려한다.
- 성경의 다른 부분과 연결되는 구절이나 주제를 찾아본다.

③ 하나님 중심의 해석

- 말씀을 나의 필요나 감정 중심이 아니라 하나님의 뜻 중심으로 해석하려 한다.
- 본문을 통해 하나님의 성품과 계획을 발견하려고 한다.
- 말씀을 통해 하나님과의 관계가 더 깊어지고 있음을 느낀다.

• 본문이 드러내는 하나님의 구원 계획과 복음의 메시지를 묵상한다.
• 본문을 통해 공동체(교회, 이웃)와의 관계 속에서 하나님의 뜻을 살핀다.

④ 삶의 적용과 실천

• 말씀을 읽고 나서 내 삶에 어떻게 적용할 수 있을지 고민한다.
• 말씀을 실천하기 위한 구체적인 결단을 세운 적이 있다.
• 말씀을 통해 삶의 방향이나 태도가 실제로 변화된 경험이 있다.
• 말씀을 적용한 후 그 결과를 돌아보고 점검한 적이 있다.
• 말씀을 삶 속에서 나누고, 다른 사람을 격려하는 데 사용한 적이 있다.

⑤ 공동체와 나눔

• 말씀을 다른 성도들과 함께 나누며 서로 배우고 격려한다.
• 말씀을 토대로 공동체 안에서 함께 기도하고 실천한다.
• 말씀을 통해 공동체의 필요와 사명을 깨닫고 동참한다.

만약 '거의 그렇지 않다'라는 응답이 많은 영역이 있다면 그 부분은 성경 이해 훈련이 더 요구되는 영역입니다. 따라서 부족한 부분을 중심으로 성경 공부와 묵상 훈련 그리고 공동체와의 나눔을 계획하는 것이 바람직합니다. 이 체크리스트는 한 번만 사용하는 것이 아니라 정기적으로 반복하여 활용할 때 자신의 성경 이해력이 어떻게 성장하고 있는지를 점검하는 데 큰 유익을 줍니다.

결론적으로 성경을 바르게 이해하는 것은 하나님을 더 깊이 알아가고 그분의 뜻에 따라 살아가는 참된 신앙의 길을 걷는 데 필수적인 과정입니다. 말씀 앞에 겸손히 서서 성경의 전체 흐름 속에서 하나님 중심으로 읽고 해석할 때 우리는 하나님 나라의 백성으로서 온전한 삶을 살아갈 수 있습니다.

3부

성경을 바르게 연구하다

앞서 성경을 이해한다는 것은 단순히 지식을 얻는 데 그치지 않고 마음으로 받아들이며 삶 속에서 살아내는 전인격적인 반응임을 살펴보았습니다. 이제 그 이해를 실제 행동으로 옮기기 위해서는 구체적인 실천 단계가 필요합니다. 그 단계가 바로 "성경을 연구하는 것"이며 이것이 어떤 의미를 지니는지 함께 살펴보려 합니다.

1. 성경을 연구한다는 것은 무엇인가?

성경을 연구한다는 것은 단순히 성경을 많이 읽거나 외우는 것을 넘어서 말씀의 의미를 깊이 있게 탐구하고 하나님께서 말씀을 통해 무엇을 말씀하시는지를 진지하게 살피는 과정입니다. 이는 성경 이해를 구체적인 행동으로 옮기는 중요한 단계입니다.

성경 연구는 '깊이 읽기'입니다

성경을 연구한다는 것은 단순한 읽기가 아니라 본문을 반복해서 읽고 단어 하나하나에 주목하며 문맥과 구조를 깊이 분석하는 작업입니다. 예를 들어 누가복음 15장의 탕자의 비유를 연구할 때 단순히 '돌아온 아들'의 이야기로 끝내지 않고 아버지의 반응, 형의 태도, 유대 문화 속의 가족 구조까지 함께 살펴야 합니다.

성경 연구는 '질문하며 읽기'입니다

연구는 질문에서 시작됩니다. "이 말씀은 왜 여기에 있을까?", "이 단어는 어떤 의미일까?", "이 구절은 성경 전체 흐름에서 어떤 역할을 할까?"와 같은 질문을 던지며 읽는 것이 연구입니다.

예를 들어 "의로 교육하기에 유익하다"(딤후 3:16)라는 말씀을 읽을 때 '의'란 무엇인가, '교육'은 어떤 방식인가를 질문하며 본문을 탐구합니다.

성경 연구는 '배경을 살피는 작업'입니다

성경은 특정 시대, 문화, 언어 속에서 기록되었기 때문에 역사적·문화적 배경을 이해하는 것이 필수적입니다.

마가복음 12장 42절 예수님께서 성전 헌금함에 드리는 사람들을 보실 때 한 가난한 과부가 두 렙돈을 넣었습니다. 렙돈은 당시 유대에서 통용되던 가장 작은 화폐 단위로 하루 품삯의 1/64 정도밖에 되지 않는 아주 적은 금액이었습니다. 겉으로 보면 보잘것없는 헌금이었지만 예수님은 이 과부가 가진 모든 생활비를 드렸다는 점을 칭찬하셨습니다. 이 맥락을 알면 이 사건은 단순히 "적은 돈을 드렸다"는 기록이 아니라 하나님께 드리는 헌신은 액수가 아니라 마음과 전적인 믿음에 달려 있다는 메시지를 강조하는 것임을 깊이 이해할 수 있습니다.

성경 연구는 '성경 전체와 연결하는 훈련'입니다

성경은 서로 연결된 이야기로 한 구절을 연구할 때 다른 구절과 비교하고 연결하는 작업이 필요합니다. 성경은 "아브람이 여호와를 믿으니 여호와께서 이를 그의 의로 여기시고"(창 15:6)라 증언하며 그의 믿음이 복음의 본질을 드러내는 모형이 되었음을 보여줍니다. 바울 역시 "아브라함이 하나님을 믿으매 그것을 그에게 의로 정하셨다 함과 같으니라"(갈 3:6)라 해석하며 믿음으로 의롭다 함을 받는 복음의 핵심을 강조합니다. 이렇게 성경 전체는 하나의 구속 이야기로 긴밀히 연결되어 있음을 드러냅니다.

성경 연구는 '삶에 적용하는 실천'으로 이어집니다.

연구는 지식 축적이 목적이 아니라 삶의 변화와 순종으로 이어져야 완성됩니다. 말씀을 연구한 후 "이 말씀은 내 삶에 어떤 도전을 주는가?", "나는 이 말씀에 어떻게 반응할 것인가?"를 묻고 기도와 결단으로 이어지는 것이 진정한 연구의 열매입니다.

야고보서 2장에서 야고보는 "행함이 없는 믿음은 그 자체가 죽은 것이라"(약 2:17)고 단언합니다. 이는 단순히 믿는다고 말하는 것만으로는 참된 믿음이 아니라는 경고입니다. 참된 믿음은 반드시 삶의 변화와 실천으로 이어져야 하며 이웃을 향한 사랑과 섬김으로 드러나야 합니다. 예를 들어 도움이 필요한 형제에게

"평안히 가라"는 말만 하고 아무런 행동을 하지 않는다면 그것은 믿음이 아니라 공허한 말에 불과합니다. 성경 연구는 이런 말씀을 통해 "나는 실제로 믿음의 열매를 맺고 있는가?", "내 삶에 어떤 실천이 필요한가?"를 묻게 하며 기도와 결단으로 이어질 때 진정한 열매를 맺습니다. 성경을 이해하는 데서 멈추지 않고 그것을 구체적으로 행동화하기 위해 우리는 성경을 연구해야 합니다.

결론적으로 성경 연구는 깊이 읽고, 질문하며, 배경을 살피고, 성경 전체와 연결하며, 삶에 적용하는 실천적 과정입니다. 이 과정을 통해 우리는 말씀을 더 깊이 깨닫고 하나님과의 관계를 더욱 풍성하게 누릴 수 있습니다.

이러한 실천적 성경 연구를 돕기 위해 본서는 '성경연구 7단계'를 제시합니다.

2. 성경연구 방향을 설정하다

1) 성경연구의 7단계

성경연구는 단순한 지식 습득을 넘어 하나님의 말씀을 깊이 이해하고 삶에 적용하는 영적 여정입니다. 이에 따라 본서에서는 성경을 체계적으로 연구하기 위해 '성경연구 7단계'를 적용하고자 합니다. 이 단계들은 거시적 관점에서 출발하여 미시적 관점으로 점진적으로 깊어지며, 성경 전체를 통합적으로 이해하고 실천하는 데 효과적인 길을 제시합니다.

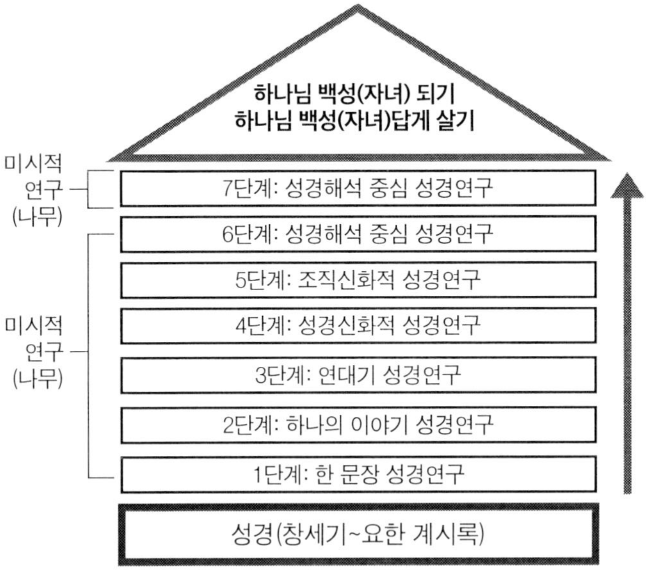

1단계는 한 문장 성경연구로서 성경 전체의 핵심 메시지를 한 문장으로 요약하여 말씀의 중심 주제를 간결하게 파악합니다.

2단계는 하나의 이야기 성경연구로서 성경을 하나님 나라의 창조부터 회복(구속)까지 이어지는 하나의 회복(구속)사적 이야기로 바라보며 말씀의 흐름과 목적을 이해합니다.

3단계는 연대기 성경연구로서 성경의 사건과 인물을 시간 순서대로 정리하여 역사적 맥락 속에서 말씀을 해석합니다.

4단계는 성경신학적 성경연구로서 '하나님 나라의 회복'이라는 주제를 중심으로 성경 전체의 신학적 흐름을 조망하며 각 본문이 이 주제와 어떻게 연결되는지를 살핍니다.

5단계는 조직신학적 성경연구로서 성경에서 도출된 교리들을 체계적으로 정리하여 신앙의 기초와 신학적 이해를 확립합니다.

6단계는 권별 성경연구로서 성경 66권 권별의 구조와 주제를 분석하여 본문 해석의 기반을 마련하고 성경 전체 속에서 해당 권의 위치를 이해합니다.

마지막 7단계는 성경해석 중심 성경연구로서 개별 구절을 문맥에 따라 해석하고 삶에 적용하는 실천적 단계로 이어집니다.

2) 성경연구의 두 가지 관점

성경연구에서 관점은 성경을 어떻게 바라보고 해석할 것인지에 대한 시야와 접근 방식을 결정짓는 중요한 기준입니다. 관점에 따라 연구의 깊이, 방향, 적용 방식이 달라집니다.

거시적 관점

거시적 관점은 성경 전체를 하나의 통합된 이야기로 바라보며 큰 흐름과 구조, 역사적 맥락, 신학적 주제를 중심으로 이해하는 방식입니다. 이 관점은 성경의 전체적인 방향성과 하나님 나라의 회복(구속)사적 계획을 조망하는 데 유리합니다. 성경을 부분이 아닌 전체로 인식하게 하며 각 본문이 전체 이야기 속에서 어떤 의미를 갖는지를 파악하게 합니다. 성경연구 7단계 중 1-6단계가 이에 해당됩니다.

미시적 관점

미시적 관점은 성경의 개별 본문, 단어, 문맥, 문법 등을 세밀하게 분석하여 정밀한 해석과 적용을 추구하는 방식입니다. 이 관점은 본문이 담고 있는 구체적인 의미를 깊이 있게 탐구하며 삶에 직접적으로 적용할 수 있는 실천적 통찰을 제공합니다. 성경의 세부 요소를 정확히 이해함으로써 말씀의 본래 의도를 놓치지 않도록 돕습니다. 성경연구 7단계 중 마지막 단계가 이에 해당됩니다.

두 관점의 관계

거시적 관점과 미시적 관점은 서로 대립되는 것이 아니라 상호 보완적인 관계입니다. 거시적 관점은 전체적인 방향성과 신학적 틀을 제공하고 미시적 관점은 그 틀 안에서 세부 내용을 정확히 해석하고 적용하게 합니다. 거시적 이해 없이 미시적 분석은 단편적 해석에 머물 수 있고 미시적 분석 없이 거시적 이해는 추상적인 개념에 그칠 수 있습니다. 따라서 두 관점을 균형 있게 활용할 때 성경의 메시지를 온전히 이해하고 삶에 깊이 있게 적용할 수 있습니다.

3. 성경을 거시적 관점으로 연구하다

1) 왜 거시적 관점이 필요한가?

첫째 하나님의 회복(구속) 계획을 이해하는 열쇠입니다.

거시적 관점은 성경을 창세기부터 요한계시록까지 이어지는 하나의 통일된 이야기로 바라보게 합니다. 이 이야기의 중심에는 하나님께서 인류를 죄에서 구속하시고 회복하시려는 계획이 자리 잡고 있습니다. 성경 각 권은 이 회복(구속) 계획의 다양한 국면을 보여주는 장면들이며 전체 흐름 속에서 연결될 때 그 의미 선명해집니다.

예를 들어 창세기의 창조와 타락, 출애굽기의 해방, 예언서의 회복 약속, 복음서의 십자가 사건, 그리고 요한계시록의 새 하늘과 새 땅은 모두 하나님의 회복(구속) 이야기의 연속적인 단계입니다. 거시적 관점은 이 모든 내용을 하나의 큰 그림으로 엮어줌으로써 하나님께서 성경을 통해 이루시려는 궁극적인 목적 곧 죄로부터의 구속과 하나님 나라의 회복을 이해하는 열쇠가 됩니다.

둘째 단편적 성경 읽기의 한계를 극복할 수 있습니다.

오늘날 많은 성도는 성경을 읽을 때 개별 구절이나 특정 본문에만 집중하는 경향이 있습니다. 이러한 방식은 성경 전체가 전달하려는 메시지를 놓치게 만들며 신앙의 방향성과 삶의 목적을 흐리게 할 수 있습니다.

예를 들어 예레미야 29장 11절은 많은 성도에게 위로의 말씀으로 인용되며 "너희를 향한 나의 생각은 재앙이 아니라 평안이요…"라는 구절은 종종 하나님께서 개인에게 좋은 미래를 약속하신다는 의미로 받아들여집니다. 그러나 이 구절을 단편적으로 읽으면 본문의 실제 맥락과는 다른 방향으로 해석될 위험이 있습니다.

이 말씀은 바벨론 포로로 끌려간 이스라엘 백성에게 주어진 약속으로 그들이 70년의 포로 생활을 마친 후에 회복될 것이라는 하나님의 계획을 담고 있습니다. 즉 즉각적인 해결이나 개인적 축복을 말하는 것이 아니라, 고난 가운데서도 하나님의 구속 계획이 여전히 진행되고 있다는 신학적 선언입니다.

거시적 관점에서 이 구절을 읽으면, 하나님은 고난 속에서도 자신의 백성을 향한 계획을 포기하지 않으시며 전체 구속 이야기 속에서 회복과 소망을 이루어 가신다는 메시지를 전달하고 있음을 알 수 있습니다.

셋째 바른 해석의 기준을 제공합니다.

성경은 전체 맥락 속에서 해석될 때 그 의미가 온전히 드러납니다. 각 책의 역할과 위치를 이해하면 구절 하나하나가 성경 전체 이야기 속에서 어떻게 연결되는지를 자연스럽게 파악할 수 있습니다.

예를 들어 창세기 12장에서 하나님은 아브라함을 부르시며 "너는 복이 될지라"라고 말씀하십니다. 이 구절은 종종 개인적인 축복의 약속으로만 해석되어 "하나님은 나를 복 주시기 위해 부르셨다"는 식의 개인 중심적 적용으로 이어지기도 합니다.

그러나 성경 전체의 흐름 속에서 이 말씀을 바라보면 아브라함의 부르심은 단순한 개인 축복이 아니라 하나님께서 온 인류를 향한 구속 계획을 시작하신 사건임을 알 수 있습니다. 하나님은 아브라함을 통해 "땅의 모든 족속이 복을 받게 하겠다"고 하셨고 이는 이후 이스라엘 민족의 형성과 예수 그리스도를 통한 구원의 길로 이어지는 핵심적인 연결 고리가 됩니다.

따라서 이 본문은 단순히 "복 받는 삶"을 말하는 것이 아니라 하나님의 구속사 속에서 선택과 사명의 시작을 보여주는 장면입니다. 거시적 관점은 이처럼 개별 구절을 전체 이야기 속에 위치시켜 그 본질적 의미를 바르게 해석하도록 이끌어 줍니다.

넷째 왜곡된 해석을 방지합니다.

성경은 다양한 시대적 배경과 문화 속에서 기록되었기 때문에 본문을 단편적으로 읽으면 오해할 위험이 있습니다. 그러나 하나님 중심의 시각으로 전체 구조를 이해하면 본문이 담고 있는 신학적 의미를 정확히 파악할 수 있습니다.

예를 들어 요나서는 흔히 "큰 물고기에게 삼켜진 요나"라는 극적인 사건으로만 알려져 있습니다. 본문을 부분적으로만 읽거나 인간 중심의 관점에서 접근하면 이 책을 단순히 '불순종한 선지자가 벌을 받고 회개한 이야기' 정도로 오해하기 쉽습니다. 요나는 하나님의 명령을 거부하고 도망쳤고 결국 큰 물고기 속에서 회개하게 되었다는 단편적 해석은 오늘날에도 "하나님은 불순종하면 반드시 징벌하신다"라는 왜곡된 신앙관으로 이어질 수 있습니다.

하지만 성경 전체의 흐름과 하나님의 성품을 고려한 거시적 관점에서 요나서를 읽으면 이 책은 단순히 요나 개인의 불순종 이야기가 아니라 하나님의 긍휼과 보편적 구원의 메시지를 드러내고 있음을 알 수 있습니다. 하나님은 니느웨라는 이방 도시에도 회개의 기회를 주시며 요나의 편협한 민족주의적 시각을 깨뜨리십니다. 요나가 불평할 때 하나님은 "내가 어찌 이 큰 성읍 니느웨를 아끼지 않겠느냐"라고 말씀하시며 인간의 좁은 이해를 넘어서는 하나님의 자비와 주권을 강조하십니다.

이는 곧 성경 전체가 증언하는 바와 같이 하나님의 구원은 특정 민족이나 개인의 행위에 제한되지 않고 모든 인류를 향한 하나님의 사랑과 긍휼에 기초한다는 깊은 신학적 선언입니다. 예수님께서도 요나서를 인용하시며 자신의 죽음과 부활을 예표하셨습니다(마 12:40). 예수님의 말씀은 요나의 사건이 단순한 과거의 기적이 아니라 인류 구원을 위한 십자가와 부활의 표적을 미리 보여주는 사건임을 밝히십니다. 따라서 요나서는 하나님의 긍휼뿐 아니라, 예수 그리스도의 복음과 직결되는 구속사적 의미를 담고 있습니다.

다섯째 성경 통독의 지속력과 방향성 강화입니다

성경 전체의 흐름과 각 책의 위치를 알고 있으면 이해하기 어려운 본문도 맥락 속에서 받아들일 수 있어 중도에 멈추지 않고 끝까지 읽어낼 수 있는 힘이 생깁니다.

예를 들어 많은 성도가 창세기와 출애굽기는 비교적 잘 읽지만 레위기에 이르러 통독을 포기하는 경우가 많습니다. 제사법과 정결 규례 등으로 인해 레위기는 성경 전체 중 가장 어렵게 느껴지는 책 중 하나입니다. 그러나 거시적 관점에서 보면 레위기는 하나님과의 관계 회복을 위한 거룩함의 기준을 제시하며 예수 그리스도의 희생을 예표하는 상징적 장치로 기능합니다. 번제, 속죄제, 속건제 등은 단순한 의식이 아니라 죄의 대속과 하나님과의 화해를 보여주는 구속사적 그림으로 이해되어야 합니다.

결론적으로 숲을 먼저 보아야 합니다.

성경을 하나의 큰 이야기로 바라볼 때 우리는 단순한 정보가 아니라 하나님의 마음을 읽게 됩니다. 한 구절은 그 문맥 속에서 숨을 쉬고 그 문맥은 성경 전체 이야기 속에서 생명을 얻습니다. 마치 퍼즐 조각이 전체 그림 속에서 제자리를 찾을 때 비로소 의미가 생기듯 성경의 각 부분도 하나님의 구속 이야기 안에서 빛을 발합니다.

따라서 성경연구의 첫걸음은 전체 이야기의 숲을 바라보는 것입니다. 그 숲을 볼 때 우리는 길을 잃지 않고 하나님 나라의 여정에 동참하게 됩니다. 이것이 바로 성경연구 7단계를 여는 문이며 이제 그 첫 단계로 들어가야 할 때입니다.

2) 성경연구의 1단계: 한 문장 성경연구

성경을 한 문장으로 요약하는 것은 단순한 축약이 아닙니다. 이는 창세기부터 요한계시록까지 이어지는 성경 전체를 하나의 통일된 이야기로 이해하려는 깊이 있는 연구입니다. 이 관점은 성경을 각각의 독립된 책으로 읽는 것이 아니라 하나님 나라 회복의 큰 이야기로 바라보는 접근입니다.

이러한 통합적 시각에서 성경을 한 문장으로 요약하면 다음과 같이 표현할 수 있습니다:

"성경은 하나님 나라의 회복과 구속 그리고 확장의 이야기입니다."

이 문장은 성경 전체의 구조를 관통하는 핵심 흐름을 압축한 것으로 하나님께서 인류를 향해 펼치신 회복(구속)사의 큰 그림을 보여줍니다. 이제 성경 전체를 관통하는 이 세 가지 흐름 즉 하나님 나라의 회복, 구속, 그리고 확장에 대해 하나씩 살펴보겠습니다.

(1) 회복

하나님께서 창조하신 하나님 나라는 인간의 죄로 인해 질서가 무너졌습니다. 그러나 하나님은 아브라함을 부르시고 이스라엘을 세우심으로써 무너진 질서를 회복하는 계획을 시작하셨습니다. 이는 하나님의 통치 아래에서 하나님의 백성이 그분의 뜻을 따라 살아가는 공동체를 다시 세우는 과정입니다.

(2) 구속

죄로 인해 하나님 나라를 잃어버린 인류를 다시 그분의 나라로 이끄시는 하나님의 은혜로운 방법이 바로 구속입니다. 예수 그리스도의 십자가와 부활은 이 구속의 중심이며 그분의 희생을 통해 하나님과의 관계가 회복되고 구원의 길이 완성되었습니다.

(3) 확장

회복된 하나님 나라는 교회를 통해 온 세상으로 확장됩니다. 성령의 역사와 사도들의 사역, 그리고 예수님의 지상명령을 통해 하나님 나라의 복음은 모든 민족과 열방으로 퍼져나갑니다. 아브라함에게 주신 "복의 통로"라는 약속은 전 인류를 향한 선교적 사명으로 이어집니다.

이처럼 '회복-구속-확장'이라는 틀은 성경을 전체적으로 이해하는 데 중요한 열쇠가 됩니다. 창세기에서 시작된 하나님 나라의 창조는 요한계시록에서 새 하늘과 새 땅으로 완성되며 그 사이의 모든 성경 이야기는 이 흐름 안에서 제자리를 찾습니다.

3) 성경연구의 2단계: 하나의 이야기 성경연구

성경연구의 두 번째 단계는 성경 전체를 하나의 이야기처럼 읽는 것입니다. 이는 66권의 성경을 단순한 책들의 모음이 아니라 하나의 흐름과 주제로 연결된 이야기로 이해하려는 접근입니다. 이 관점은 하나님께서 인류를 향해 펼치신 회복(구속)의 이야기로 성경을 읽고자 하는 시도입니다.

이 이야기의 중심에는 하나님 나라의 회복이라는 큰 흐름과 그 회복을 가능케 하시는 예수 그리스도의 구속이라는 핵심 사건이 자리 잡고 있습니다. 회복사는 하나님의 통치, 백성, 땅이라는 창조 질서(하나님 나라의 3요소)가 죄로 인해 무너진 후 그것을 다시 회복해 가시는 하나님의 역사입니다. 구속사는 그 회복을 가능케 하시는 하나님의 방법으로 예수님의 십자가와 부활을 통해 인간을 다시 하나님께로 이끄는 이야기입니다.

이 두 이야기는 서로를 설명하며 함께 성경의 메시지를 완성해 줍니다. 성경을 온전히 이해하려면 이 두 축을 함께 읽어야 하며 그럴 때 우리는 하나님 나라와 구속의 깊은 의미를 발견하게 됩니다.

(1) 하나님 나라의 회복사 관점에서 본 성경 이야기

성경은 하나님께서 창조 때 세우신 하나님 나라의 질서와 공동체가 인간의 타락으로 인해 무너진 이후 이를 어떻게 회복해 가시는지를 보여주는 이야기입니다.

에덴동산은 하나님 나라의 원형이며 하나님은 창조 때부터 왕으로서 세상을 다스리셨습니다. 인간은 하나님의 형상대로 창조되어 그분의 대리 통치자로서 땅을 다스릴 사명을 받았지만 하나님의 통치를 거부하고 스스로 왕이 되려 하면서 질서는 붕괴되었습니다.

하나님은 아브라함을 부르시며 땅과 백성, 통치와 확장을 약속하셨고 이는 하나님 나라 회복을 위한 언약(아브라함 언약)의 시작이었습니다.

이후 이스라엘은 출애굽을 통해 하나님의 백성으로 세워졌고 시내 산에서 율법을 받으며 하나님 나라의 공동체로 형성되었습니다. 가나안 정복은 하나님 나라의 땅을 성취한 사건으로 하나님의 통치가 구체적인 공간 안에서 실현된 것입니다. 다윗은 하나님의 통치를 상징하는 왕으로서 예루살렘을 하나님 나라의 중심지로 삼았습니다.

그러나 통일왕국은 솔로몬 이후 북이스라엘과 남유다로 분열되었고 두 왕국 모두 우상 숭배에 빠져 결국 붕괴되었습니다. 그 결과 백성들은 포로 생활을 하게 되었으며 하나님 나라의 질서는 다시금 무너졌습니다.

이러한 상황 속에서 선지자들은 새 언약과 새 마음, 새 영을 약속하며 하나님 나라의 회복을 예언했습니다. 포로기 이후 성전과 성벽이 재건되었지만, 이는 외형적인 회복에 불과했고 참된 회복은 예수 그리스도의 오심으로 시작됩니다.

예수님은 병든 자를 고치시고 귀신을 쫓아내시며 하나님 나라의 질서를 회복하셨고 "하나님 나라가 너희 가운데 있느니라"고 선언하셨습니다. 그분의 삶과 가르침은 하나님 나라의 실제였으며 십자가는 하나님의 통치 방식 즉 사랑과 희생을 드러내고 부활은 그 나라의 승리를 확증합니다.

예수님의 승천 이후 성령께서 오셔서 교회를 통해 하나님 나라를 확장하십니다. 교회는 세상 속에서 하나님 나라의 질서를 살아내는 공동체로 부름받았으며 그 삶을 통해 하나님 나라의 회복을 실현해 갑니다. 하나님 나라의 회복은 단지 개인의 구원에 그치지 않고 공동체와 세상의 질서가 하나님 중심으로 다시 세워지는 것입니다.

마지막 날 새 하늘과 새 땅에서 그 회복은 완성되며 하나님은 왕으로서 영원히 다스리시고 그 백성은 그분과 함께 평화와 생명 가운데 살아갑니다.

결국 성경은 하나님 나라의 질서가 창조에서 무너졌다가 언약과 구속, 교회와 성령의 사역을 통해 회복되고 마지막 날에 완성되는 하나님의 통치 이야기입니다.

(2) 하나님 나라의 구속사 관점에서 본 성경 이야기

성경은 죄로 인해 단절된 인간과 하나님 사이의 관계를 어떻게 회복하시는지를 보여주는 하나님의 구속 이야기입니다.

하나님은 인간을 자신의 형상대로 창조하시고(창 1:27), 생명의 관계 속에서 교제하시며 그들을 사랑하셨습니다. 그러나 인간은 하나님의 뜻을 거스르고 죄를 선택함으로써 하나님과의 관계가 끊어졌고 그 결과 죽음과 심판에 이르게 되었습니다(롬 6:23).

이 단절을 회복하시기 위해 하나님은 구속의 계획을 시작하셨습니다. 그 첫 약속은 창세기 3장 15절에서 나타납니다. 하나님은 뱀에게 말씀하시기를 "내가 너로 여자와 원수가 되게 하고 네 후손도 여자의 후손과 원수가 되게 하리니 여자의 후손은 네 머리를 상하게 할 것이요 너는 그의 발꿈치를 상하게 할 것이라" 하셨습니다. 이는 장차 오실 메시아를 통해 사탄을 멸하시고 인간을 죄에서 구속하시겠다는 하나님의 약속이었습니다.

아브라함과 언약을 맺으시며 그를 복의 통로로 삼으셨고(창 12:3), 그의 후손인 이스라엘을 선택하셔서 율법과 제사 제도를 통해 죄의 본질을 드러내고 속죄의 길을 보여주셨습니다(레 16:30).

선지자들은 장차 오실 구속자를 예언하며 하나님의 자비와 공의를 선포했고 그분을 통해 회복될 새로운 관계를 기대하게 했습니다(사 53:5).

마침내 예수 그리스도께서 이 땅에 오심으로 구속의 약속은 성취되었습니다(요 1:14). 예수님은 죄 없는 삶을 사시고 십자가에서 인류의 죄를 대신하여 죽으심으로 하나님의 공의와 사랑을 동시에 드러내셨습니다(롬 5:8, 요 3:16). 그분의 부활은 죽음을 이긴 하나님의 승리이며 죄 사함과 새 생명의 문을 여는 결정적 사건이 되었습니다(고전 15:4, 벧전 1:3).

예수님의 구속 사역은 성령을 통해 오늘날에도 계속됩니다.

성령은 믿는 자에게 임하셔서 그들을 새롭게 하시고 하나님의 자녀로 삼으시며(롬 8:14), 그리스도의 생명을 따라 살도록 인도하십니다. 교회는 이러한 구속받은 공동체로서 세상 가운데 복음을 전하고 십자가의 능력을 삶으로 드러내는 사명을 감당합니다(마 28:19).

구속사는 단순히 과거에 일어난 사건이 아니라 오늘도 죄에서 자유케 하시는 하나님의 현재적 역사입니다(요 8:36). 그리고 마지막 날 예수께서 다시 오실 때 구속은 완성됩니다. 죄와 죽음은 영원히 사라지고, 하나님의 백성은 영광 가운데 그분과 함께 거하게 됩니다(계 21:3-4).

결국 구속사는 죄로부터의 자유, 십자가의 은혜, 부활의 생명을 통해 하나님 나라 백성으로 다시 살아가는 이야기입니다. 이는 하나님과의 관계가 회복되고 그분의 통치 아래에서 새 생명을 누리는 구속의 여정입니다(갈 2:20).

이처럼 성경은 하나님 나라의 회복과 구속이라는 두 축을 따라 전개되는 하나의 통일된 이야기입니다. 하나님은 무너진 질서를 다시 세우시고 죄로부터 인간을 구속하셔서 그분의 백성으로 삼으십니다. 이 통합적 관점은 성경을 살아 계신 하나님께서 친히 이루어 가시는 회복과 구원의 역사로 보게 하며 우리 역시 그 이야기 안에서 부르심을 받고 살아가게 합니다.

4) 성경연구의 3단계: 연대기 성경연구

성경을 연대기적으로 이해한다는 것은 성경의 내용을 실제 역사적 사건이 일어난 시간 순서대로 배열하여 읽고 해석하는 방식을 말합니다. 이는 성경의 문학적 구조나 책의 배열 순서를 그대로 따르는 것이 아니라 하나님의 구속 역사를 시간의 흐름 속에서 바라보려는 시도입니다. 이러한 접근은 성경을 더 깊이 이해하고 각 사건이 어떤 시대적 배경 속에서 일어났는지를 파악하는 데 도움을 줍니다. 이를 위한 방법은 크게 두 가지 방식으로 나눌 수 있습니다.

(1) 구속사의 흐름에 따른 성경연구 방식

성경 전체를 하나의 큰 이야기로 이해하도록 돕는 매우 유익한 접근입니다. 구속사란 하나님께서 인간을 죄에서 구원하시기 위해 세우시고 실행하신 역사적 계획을 말합니다. 이 계획은 창세기에서 시작되어 요한계시록에 이르기까지 성경 전체를 관통하며 하나님이 어떻게 인긴을 회복시키고지 하셨는지를 보여줍니다. 이 연구 방식은 하나님이 시대마다 어떤 방식으로 구원의 계획을 이루어 가셨는지를 중심으로 살펴보는 것입니다.

이를 위해 성경을 13개의 주요 시대 즉 창조 및 죄 확산 시대, 선조(아브라함, 이삭, 야곱) 시대, 애굽 종살이 시대, 출애굽 후 광야 생활 시대, 약속의 땅 정복 시대, 왕정 이전 시대, 이스라엘 왕정 시대, 남북 왕국 시대, 바벨론 포로 시대, 포로 귀환 후 재건 시대, (신구약 중간 시대), 예수 그리스도 복음 시대, 교회 탄생과 확산 시대, 완성 시대로 나누어 연구합니다. 각 시대에는 중심 사건과 인물이 있으며 그 속에서 하나님의 뜻과 인간의 반응이 어떻게 나타나는지를 살펴볼 수 있습니다.

예를 들어, 창조 및 죄 확산 시대에는 하나님께서 세상을 질서 있게 창조하시고, 인간을 하나님의 형상대로 지으신 후 에덴동산에서 그들과 직접 교제하셨습니다. 이 시기에는 인간에게 생명을 주시고, 세상을 다스릴 책임을 맡기시며 하나님과의 관계가 시작되었습니다. 예수 그리스도 복음 시대에는 하나님의 아들이신 예수 그리스도를 통해 십자가의 죽음과 부활로 구속의 핵심이 이루어졌습니다. 마지막 완성 시대에는 예수님의 재림과 함께 하나님의 나라가 온전히 성취될 소망이 제시됩니다.

이러한 방식의 장점은 성경 전체를 하나의 연결된 이야기로 이해할 수 있다는 점입니다. 시대별로 하나님의 성품과 뜻을 묵상할 수 있고, 그 흐름 속에서 하나님께서 내 삶과 우리 공동체 안에서 어떻게 일하시며 우리를 회복시키고 이끌어 오셨는지를 발견하게 됩니다. 결국 이 연구 방식은 성경을 더 깊이 이해하고 하나님의 구원 이야기에 나 자신도 함께 참여하고 있다는 사실을 깨닫게 해줍니다.

(2) 성경 사건별 연결 연구 방식

성경의 본문을 실제 역사적 사건이 일어난 시간 순서에 따라 배열하고 관련된 본문들을 서로 연결하여 연구하는 방식입니다. 이 접근은 성경을 책의 순서대로 읽는 전통적인 방법과는 달리 하나님의 구속 역사를 시간의 흐름 속에서 더 생생하게 이해하려는 시도입니다.

성경은 역사서, 예언서, 시편, 서신서 등 다양한 장르로 구성되어 있으며 각 문서는 특정 시대적 배경 속에서 기록되었습니다.

따라서 같은 시대에 해당하는 본문들을 함께 연결하여 읽으면 말씀의 의미와 감정 그리고 하나님의 뜻을 더욱 깊이 이해할 수 있습니다. 예언서와 시편은 역사서에 기록된 사건들과 밀접하게 연결되어 있습니다.

예를 들어 호세아와 아모스서는 북이스라엘의 영적 타락을 경고하는 예언서로 열왕기하 14장의 역사적 상황과 함께 읽으면 당시의 정치적·영적 배경을 이해하는 데 도움이 됩니다.

예레미야서는 남유다의 멸망 직전의 예언으로 열왕기하 22~25장의 사건들과 연결해 읽으면 예언의 긴박함과 현실성이 더욱 분명해집니다.

시편도 역사적 사건과 연결해 읽을 때 그 감정과 의미가 더욱 깊어집니다. 시편 51편은 다윗이 밧세바 사건 이후 회개하며 지은 시로 사무엘하 11~12장의 배경과 함께 읽으면 회개의 진정성과 고통이 생생하게 전달됩니다. 시편 3편은 압살롬의 반역을 피해 도망하던 다윗의 심정을 담고 있으며, 사무엘하 15장과 함께 읽으면 그 배경이 분명해집니다.

바울서신 역시 사도행전의 사건들과 연결하여 읽을 수 있습니다. 데살로니가전서는 바울이 데살로니가 교회에 보낸 편지로 사도행전 17장에서 그 교회의 시작과 상황을 확인할 수 있습니다. 고린도전서는 고린도 교회에 대한 바울의 권면으로 사도행전 18장의 고린도 사역과 함께 읽으면 서신의 목적과 배경을 더 잘 이해할 수 있습니다.

이처럼 성경을 역사적 시간 흐름에 따라 배열하고 관련 본문들을 서로 연결하여 연구하는 방식은 성경을 단순한 문장이나 교훈으로 이해하는 것을 넘어 하나님의 말씀을 시대적 맥락 속에서 살아 있는 이야기로 경험하게 해줍니다. 이는 성경을 더 깊이 묵상하고 하나님의 구속 역사를 전체적으로 이해하는 데 매우 효과적인 방법입니다.

(3) 구속사의 흐름을 따라가는 연구하는 방식 사례

성경은 단순한 종교 문서가 아니라 하나님께서 인류를 구속하시기 위한 계획과 그 실행 과정을 담은 살아 있는 역사입니다. 이 구속의 이야기는 창조에서 시작되어 종말에 이르기까지 시대별로 하나님의 뜻과 인간의 반응이 어떻게 펼쳐졌는지를 보여줍니다.

이제 우리는 성경의 전체 흐름을 13개의 주요 시대로 나누어 각 시대 속에서 하나님의 구속 사역이 어떻게 진행되었는지를 살펴보려 합니다.

① 창조 및 죄 확산 시대(창세기 1장-11장)

하나님께서는 천지를 창조하시고 인간을 하나님의 형상대로 지으셔서 하나님과 친밀한 관계 속에서 살아가도록 하셨습니다. 그러나 아담과 하와가 하나님의 명령을 어기고 선악과를 먹음으로써 죄가 세상에 들어오게 되었고 그로 인해 인간은 하나님과의 관계가 단절되고 죄와 죽음의 지배 아래 놓이게 되었습니다.

하나님께서는 범죄한 인간을 즉시 심판하시되 동시에 여자의 후손이 뱀의 머리를 상하게 할 것이라는 약속을 주심으로써(창 3:15), 죄 가운데서도 구속의 희망을 처음으로 밝히십니다. 이 말씀은 훗날 메시아를 통해 이루어질 구원의 약속으로 하나님의 구속 계획이 인간의 타락 직후부터 시작되었음을 보여줍니다.

이후 인류는 점점 더 타락하여 가인이 동생 아벨을 죽이는 비극이 발생하며 죄의 확산이 가정과 사회로 퍼져나갑니다. 하나님께서는 인간의 죄악이 세상에 가득함을 보시고 노아의 홍수를 통해 세상을 심판하시지만 동시에 노아와 그의 가족을 통해 인류에게 새로운 시작을 허락하십니다. 홍수 이후 하나님은 노아와 언약을 맺으시며 다시는 물로 세상을 멸하지 않겠다고 약속하시고 무지개를 그 언약의 표징으로 주십니다.

그러나 인류는 다시 교만해져 하나님의 뜻을 거스르고 스스로 이름을 내기 위해 바벨탑을 쌓기 시작합니다. 이에 하나님께서는 그들의 언어를 혼잡하게 하시고 인류를 온 땅에 흩으심으로써 인간의 교만을 꺾으시고 하나님의 주권을 드러내십니다.

이 시기는 인류의 기원과 죄의 확산 그리고 하나님의 구속 계획이 서서히 시작되는 시기로 이해할 수 있습니다. 인간의 반복되는 타락 속에서도 하나님은 심판 가운데 은혜를 베푸시며 창세기 3장 15절의 약속을 따라 구속의 역사를 준비해 가시는 분으로 나타나십니다.

② 선조(아브라함, 이삭, 야곱) **시대**(창세기 12장-50장)

하나님께서는 아브라함을 부르시며 "너로 큰 민족을 이루게 하리라"는 언약을 맺으셨습니다(아브라함 언약). 아브라함은 믿음의 조상으로서 하나님의 약속을 따라 살아갔고 그의 삶은 순종과 인내의 여정이었습니다. 하나님은 아브라함에게 땅과 자손, 복의 약속을 주셨고 이는 이삭과 야곱을 통해 계속 이어졌습니다.

이삭은 약속의 자녀로 태어나 아브라함의 믿음을 계승하였고 야곱은 하나님의 선택을 받아 열두 아들을 낳아 이스라엘 열두 지파의 기초를 이루었습니다. 그중 요셉은 형들의 시기와 배신 속에서도 하나님의 섭리 가운데 이집트의 총리가 되어 기근 속에서 가족을 구하고 애굽으로 이주시킵니다. 이 과정은 하나님의 계획이 고난과 역경 속에서도 어떻게 성취되는지를 보여줍니다.

이 시기는 하나님의 선택된 백성인 이스라엘 민족의 기초가 마련되는 시기로 언약과 믿음의 뿌리가 형성되고 하나님의 인도하심이 개인과 민족의 역사 속에 분명하게 드러나는 시기입니다. 하나님은 아브라함의 가문을 통해 구원의 역사를 준비하시며 그들의 삶을 통해 하나님의 신실하심과 언약의 성취가 점차 드러나기 시작합니다.

③ 애굽 종살이 시대 (출애굽기 1장-12장)

이 시기는 이스라엘 백성이 애굽에서 종으로 살아가며 고통받던 시기로 하나님께서 모세를 부르셔서 구원의 계획을 본격적으로 시작하신 때입니다.

바로의 강압 속에서 백성은 신음하였고 하나님께서는 그들의 고통을 들으시며 아브라함과 이삭과 야곱에게 하신 언약을 기억하시고 그 언약에 따라 행동하십니다.

모세는 하나님의 부르심을 받아 이스라엘을 해방시키는 도구로 쓰임 받으며 그의 소명은 하나님의 구원 역사에 있어 결정적인 전환점이 됩니다.

하나님께서는 열 가지 재앙을 통해 자신의 능력과 주권을 애굽과 이스라엘 앞에 분명히 드러내셨습니다. 이 재앙들은 단순한 심판이 아니라 하나님이 누구신지를 나타내는 계시의 수단이었으며 애굽의 신들과 바로의 권세를 무력화시키는 하나님의 주권적 선언이었습니다. 특히 마지막 재앙인 장자의 죽음과 유월절의 제정은 이스라엘 백성에게 하나님의 보호와 구원의 은혜를 깊이 각인시키는 사건이었습니다.

이 시기는 출애굽이라는 대역사의 서막이 열리는 중요한 전환점이며 고통 가운데 부르짖는 백성의 기도에 응답하시는 하나님의 구원 손길이 처음으로 역사 속에 강력하게 개입하는 시기입니다. 하나님은 단순히 민족을 해방시키는 것이 아니라 그들을 자신의 백성으로 삼아 언약 공동체로 이끄시기 위한 구원의 여정을 시작하신 것입니다

④ 출애굽 후 광야 생활 시대 (출애굽기 13장-신명기)

하나님께서는 모세를 통해 이스라엘 백성을 애굽에서 해방시키시고 홍해를 건너게 하심으로 구원의 능력과 신실하심을 강력하게 나타내셨습니다. 이 사건은 단순한 탈출이 아니라 하나님의 주권과 구원의 시작을 상징하는 역사적 전환점이었습니다.

이후 시내 산에서는 율법을 주시며 하나님과 언약을 맺으시고 (시내 산 언약) 성막을 통해 그분의 임재를 백성 가운데 거하게 하심으로 하나님과의 동행이 눈에 보이는 형태로 구현됩니다.

그러나 이스라엘 백성은 반복적으로 불순종하며 하나님의 뜻을 거스르고 그 결과로 광야에서 40년 동안 하나님의 인도와 훈

련을 받게 됩니다. 이 기간 동안 하나님은 만나와 메추라기를 공급하시고 불기둥과 구름기둥으로 인도하시며 백성에게 끊임없이 말씀하시고 교훈하십니다. 그들의 불순종에도 불구하고 하나님은 언약을 지키시며 인내로 함께하십니다.

이 시기는 하나님의 말씀을 중심으로 공동체가 형성되고 신앙의 정체성과 순종의 중요성이 강조되는 시기로서 하나님과의 관계 회복과 거룩한 백성으로의 준비가 이루어지는 시기입니다. 광야는 단순한 방황의 장소가 아니라 하나님의 백성으로 빚어지는 훈련의 장이며 이후 약속의 땅에 들어갈 준비를 갖추는 영적 성숙의 과정이기도 합니다. 이 시기를 통해 이스라엘은 하나님과의 언약 안에서 살아가는 삶의 방식과 정체성을 배우게 됩니다.

⑤ 약속의 땅 정복 시대 (여호수아)

여호수아의 지도 아래 이스라엘 백성은 요단강을 건너 가나안 땅에 들어가며 하나님께서 아브라함에게 약속하신 말씀(땅의 약속)이 성취되기 시작합니다. 요단강을 마른 땅처럼 건너는 기적은 출애굽의 홍해 사건을 떠올리게 하며 하나님께서 여전히 그들과 함께하시고 인도하신다는 확증이 됩니다. 여리고 성을 비롯한 여러 도시가 하나님의 인도하심과 백성의 믿음으로 점령되고 각 지파에게 땅이 분배되면서 이스라엘의 정착이 본격적으로 이루어집니다.

이 과정에서 여호수아는 하나님의 말씀에 철저히 순종하며 백성을 이끌었고 백성 또한 하나님의 명령에 따라 싸우고 정착함으로써 약속의 땅을 차지하게 됩니다. 정복 전쟁은 단순한 군사적 승리가 아니라 하나님의 약속과 주권이 역사 속에서 실현되는 과정이었으며 이스라엘은 이를 통해 하나님께 대한 신뢰와 순종의 중요성을 배우게 됩니다.

이 시기는 하나님의 약속이 역사 속에서 현실로 이루어지는 시기로 믿음과 순종을 통해 승리가 주어진다는 중요한 영적 교훈을 담고 있습니다. 동시에 이스라엘 공동체는 약속의 땅에서 하나님의 백성으로 살아가기 위한 새로운 질서와 책임을 부여받으며 언약의 백성으로서의 정체성을 더욱 분명히 하게 됩니다.

⑥ 왕정 이전 시대(사사기·룻기)

이스라엘은 왕 없이 하나님을 왕으로 섬기며 사사들을 통해 하나님의 통치를 경험하는 시기를 지나게 됩니다. 이 시기는 정치적 중심이 부재한 가운데 하나님께서 직접 백성을 다스리시는 신정 체제의 모습이 드러나는 시기입니다. 백성은 반복적으로 하나님을 배신하고 우상 숭배에 빠지지만 고난 속에서 회개할 때마다 하나님께서는 사사들을 세워 구원하심으로 인내와 자비를 나타내십니다. 사사들은 군사적 지도자이자 영적 중재자로서 하나님의 뜻을 따라 백성을 이끌었으며 기드온, 삼손, 드보라 등 다양한 인물들이 등장하여 하나님의 구원 사역을 이어갑니다.

이 시기는 반복되는 타락과 회복의 순환 속에서 하나님의 신실하심과 백성에 대한 끊임없는 사랑이 강조됩니다. 사사기의 마지막 구절인 "왕이 없으므로 각기 자기 소견에 옳은 대로 행하였더라"는 표현은 이 시기의 영적 혼란과 지도력의 부재를 상징적으로 보여줍니다.

한편, 룻기를 통해 다윗 왕가의 계보가 시작되며 하나님의 섭리는 개인의 삶과 민족의 역사 속에 깊이 스며들어 있음을 보여줍니다. 룻과 보아스의 만남은 하나님의 은혜와 인도하심이 일상 속에서도 역사하고 있음을 보여주는 아름다운 이야기로 이후 다윗의 탄생과 메시아 계보로 이어지는 중요한 연결고리가 됩니다. 이처럼 사사 시대는 혼란과 은혜가 교차하는 시기로 하나님의 통치와 구원의 계획이 점진적으로 드러나는 중요한 시기라 할 수 있습니다.

⑦ 이스라엘 왕정 시대 (사무엘상·하, 열왕기상 1-11장, 역대상·하)

왕정 시대는 사울, 다윗, 솔로몬의 통치를 통해 이스라엘이 통일 왕국으로 발전하며 정치적 안정과 신앙의 중심을 확립한 시기입니다. 사울은 첫 왕으로서 군사적 통합을 이루었지만 하나님의 명령을 어겨 왕권을 상실합니다. 그의 통치는 인간 중심의 통치가 가진 한계를 보여주며 하나님의 주권과 순종의 중요성을 드러냅니다.

다윗은 예루살렘을 수도로 삼고 언약궤를 옮겨 신앙과 정치의 중심지를 통합하며 메시아 계보의 핵심 인물로 자리 잡습니다. 그는 하나님과의 언약을 통해 그의 후손 가운데 메시아가 오리라는 약속(다윗언약)을 받으며 이스라엘 신앙의 정체성을 강화합니다. 또한 시편을 통해 그의 신앙과 회개의 삶은 후대에 깊은 영향을 끼칩니다.

솔로몬은 지혜로운 통치로 국내외 번영을 이루고 예루살렘에 성전을 건축하여 하나님의 이름을 위한 처소를 마련합니다. 이를 통해 제사 중심의 예배 체계가 정립되며 이스라엘의 신앙적 중심이 더욱 공고해집니다. 그러나 말년에는 우상 숭배와 정치적 혼란의 씨앗을 남기며 이후 분열 왕국 시대로의 전환을 예고합니다.

이 시기는 하나님 중심의 통치와 신앙 정체성이 구체화된 시점으로 이후 이스라엘 역사와 구속사적 흐름에 깊은 영향을 미칩니다. 왕정 시대는 단순한 정치 체제의 변화가 아니라 하나님과의 관계 속에서 이스라엘 공동체가 어떻게 형성되고 성장했는지를 보여주는 중요한 신학적 전환기입니다.

⑧ 남북 왕국 시대 (열왕기상 12장-열왕기하, 예언서들)

솔로몬 이후 이스라엘은 북이스라엘과 남 유다로 나뉘며 두 왕국 모두 우상 숭배와 하나님의 말씀에 대한 불순종을 반복합니다. 정치적 분열은 곧 영적 타락으로 이어졌고 백성은 하나님 대신 이방 신들을 따르며 언약을 저버리는 삶을 지속합니다. 이에 하나님께서는 이사야, 예레미야, 호세아, 아모스 등 여러 예언자를 보내어 백성에게 회개를 촉구하시고 심판과 회복의 메시지를 선포하게 하십니다.

예언자들은 시대의 어두움 속에서도 하나님의 뜻을 담대히 전하며 하나님의 인내와 신실하심을 드러냅니다. 그들은 왕과 백성의 죄를 책망하고 하나님의 공의와 은혜를 동시에 선포하며 장차 올 메시아와 새 언약에 대한 희망을 제시합니다. 예언자들의 사역은 단순한 경고가 아니라 하나님의 마음을 대변하는 사랑의 외침이었습니다. 결국 북이스라엘은 앗수르에 의해 남유다는 바벨론에 의해 멸망하지만 하나님의 언약은 끊어지지 않고 남아 있습니다.

이 시기는 하나님의 경고와 은혜가 교차하는 시기로 예언의 중요성과 하나님의 변함없는 신실하심이 깊이 부각되는 시기입니다. 또한 이 시기는 이스라엘이 외적인 나라의 형태를 잃어가면서도 내적인 신앙 공동체로 다시 빚어지는 과정이기도 하며 하나님의 구속 계획이 더욱 선명하게 드러나는 시점이라 할 수 있습니다.

⑨ 바벨론 포로 시대 (다니엘·에스겔·예레미야·애가)

남유다 백성은 바벨론에 의해 포로로 끌려가며 성전과 예루살렘은 철저히 파괴되고 민족의 중심이 무너집니다. 하나님의 임재가 머물던 성전이 무너진 것은 단순한 건축물의 붕괴가 아니라 이스라엘 공동체의 신앙적 기반이 흔들린 사건이었습니다. 그러나 하나님께서는 포로 된 상황 속에서도 말씀하시며 회복의 소망을 심어주십니다.

다니엘은 바벨론 왕궁에서 하나님의 지혜와 충성으로 살아가며 하나님의 이름을 높이고 이방 왕들 앞에서도 하나님의 주권을 증거합니다. 에스겔은 환상을 통해 하나님의 임재와 회복의 메시지를 전하며 마른 뼈가 살아나는 환상 속에서 공동체의 부활과 회복을 예언합니다. 예레미야는 눈물로 심판을 예언하면서도 하나님의 긍휼을 호소하고, 애가는 예루살렘의 폐허 속에서 슬픔과 회개의 기도를 담아냅니다. 특히 이 시기에는 새 언약에 대한 하나님의 약속이 선포됩니다. 예레미야는 “보라, 날이 이르리니 내가 이스라엘 집과 유다 집에 새 언약을 맺으리라"(렘 31:31)고 선언하며 율법이 돌판이 아닌 마음에 새겨지고 하나님과의 관계가 외적인 제도보다 내적인 친밀함으로 회복될 것을 예언합니다. 이 새 언약은 단지 포로 귀환 이후의 재건을 넘어서 장차 오실 메시아를 통해 성취될 구속의 약속을 내포하고 있습니다.

이사야는 포로 이전 시대에 활동했지만 그의 예언은 포로기의 상황과 깊이 연결됩니다. 그는 심판을 선포하면서도 동시에 장차 임할 위로와 회복을 바라보게 했습니다. "위로하라, 내 백성을 위로하라"(사 40:1)는 말씀은 포로된 백성에게 하나님의 위로와 구속의 약속을 선포하는 선언이 되었고, '여호와의 종의 노래'를 통해 고난받는 종을 통한 구속의 비밀을 드러내며 메시아적 희망을 심어주었습니다. 이사야의 메시지는 단순히 당시의 위로를 넘어, 장차 오실 메시아 안에서 완성될 구속과 회복을 예언하며 포로 시대 백성들에게 미래의 소망을 확증해 주었습니다.

따라서 이 시기는 단순한 심판의 시기가 아니라 하나님의 주권과 은혜가 선명하게 드러나는 시기이며, 고난 속에서도 미래의 회복과 구속의 완성을 향한 희망이 자라나는 시기입니다. 심판 가운데서도 하나님은 백성을 버리지 않으시고 더 깊은 관계로 초대하시며, 새 언약과 메시아적 약속을 통해 구속사의 다음 장을 준비하십니다.

⑩ 포로 귀환 후 재건 시대(에스라·느헤미야·학개·스가랴·말라기)

페르시아 왕 고레스의 칙령에 따라 유다 백성은 바벨론 포로에서 귀환하여 예루살렘으로 돌아오고 무너진 성전과 성벽을 재건하며 율법 중심의 공동체를 회복하기 시작합니다. 이는 하나님의 언약이 역사 속에서 다시 실현되기 시작하는 중요한 전환점이었으며 포로 생활을 통해 정화된 신앙이 새로운 공동체의 기초가 됩니다.

에스라는 율법을 가르치며 신앙의 기반을 다지고 백성의 삶을 하나님의 말씀 위에 세우는 데 헌신합니다. 느헤미야는 성벽을 재건하여 공동체의 정체성과 안전을 회복하고 외부의 위협 속에서도 하나님을 의지하며 공동체를 결속시킵니다.

학개와 스가랴는 성전 재건을 독려하며 하나님의 임재와 약속을 상기시키고 백성에게 믿음으로 순종할 것을 촉구합니다. 그들의 예언은 하나님의 영광이 다시 성전 가운데 임할 것이라는 희망의 메시지를 담고 있습니다.

말라기는 종말론적 메시지를 통해 경건한 삶과 하나님의 심판에 대한 경고를 전하며 형식적인 신앙을 경계하고 진정한 회개와 순결한 예배를 촉구합니다.

이 시기는 회복과 재건의 시기로 하나님의 언약이 다시 공동체의 중심에 놓이며 신앙의 갱신과 거룩한 삶에 대한 열망이 새롭게 불붙는 중요한 시기입니다. 포로기 이후의 이스라엘은 말씀과 예배 중심의 신앙 공동체로 재편되며 장차 올 메시아를 기다리는 준비된 백성으로서의 모습을 갖추어 갑니다.

신구약 중간 시대 (구약과 신약 사이 약 400년)

중간기는 성경 본문에는 직접적으로 기록되어 있지 않지만 유대 민족의 역사와 종교적 환경에 큰 변화가 일어난 시기입니다. 헬라 제국의 정복과 문화 확산 이후 로마 제국의 지배는 유대 사회에 정치적·문화적 충격을 주었고 유대교 내부에는 바리새파, 사두개파, 에세네파, 열심당 등 다양한 종파가 형성되었습니다. 이 시기는 메시아에 대한 기대가 점점 고조되던 시기로 예언자들의 침묵 속에서도 하나님의 섭리는 계속되고 있었습니다. 하나님의 계시가 겉으로는 멈춘 듯 보였지만, 구속사의 흐름 속에서는 예수 그리스도의 도래를 준비하는 중요한 전환점이 되었으며 역사의 무대는 다시금 하나님의 아들을 중심으로 움직이기 시작합니다.

⑪ 예수 그리스도 복음 시대 (마태복음·마가복음·누가복음·요한복음)

예수님께서는 하나님의 아들로 이 땅에 오셔서 하나님 나라를 선포하시고 병든 자를 고치시며 죄인을 용서하심으로 하나님의 사랑과 자비를 몸소 보여주셨습니다. 그의 사역은 단순한 기적이나 가르침을 넘어 하나님의 통치가 이 땅에 임했음을 선포하는 표징이었습니다. 예수님은 가난한 자, 소외된 자, 죄인들과 함께하시며 하나님의 긍휼이 모든 사람에게 열려 있음을 삶으로 증거하였습니다.

그는 율법을 완성하시고 십자가에서 죽으심으로 인류의 죄를 대속하셨으며 사흘 만에 부활하심으로 죽음을 이기시고 구속의 승리를 선포하셨습니다. 이 부활은 단지 한 사람의 생명 회복이 아니라 모든 믿는 자에게 주어질 부활 생명의 보증이 되었고 하나님의 구원 계획이 완성되었음을 선언하는 사건이었습니다.

부활 후 예수님은 제자들에게 나타나셔서 그들의 믿음을 회복시키고 복음 전파의 사명을 맡기시며 세상 끝까지 나아가 하나님의 나라를 확장하라고 명하셨습니다. 이후 승천하심으로 하늘 보좌에 오르시고 성령을 보내실 것을 약속하심으로 교회의 시대를 여는 준비를 마치셨습니다.

이 시기는 구속사의 중심이자 절정으로 하나님의 사랑과 은혜가 가장 분명하게 드러나는 시기이며 인류의 구원이 결정적으로 이루어진 은혜의 절정기라 할 수 있습니다. 예수님의 삶과 죽음, 부활과 승천은 하나님의 구속 계획이 역사 속에서 실현된 사건이며 모든 인류에게 새로운 생명과 소망의 길을 여신 결정적인 순간입니다. 이 시기를 통해 하나님의 구원은 더 이상 약속에 머무르지 않고 실제로 성취된 은혜로 모든 믿는 자에게 주어지게 되었습니다.

⑫ 교회 탄생과 확산 시대(사도행전·바울서신·일반서신)

성령 강림 이후 초대 교회가 세워지고 복음은 예루살렘을 넘어 유대와 사마리아 그리고 땅 끝까지 확산되기 시작합니다. 오순절 성령 강림 사건은 교회의 탄생을 알리는 결정적인 순간이었으며 성령의 능력을 받은 제자들은 담대하게 복음을 전하기 시작합니다. 핍박과 박해 속에서도 복음은 오히려 더 널리 퍼져나갔고 다양한 민족과 지역에 복음의 씨앗이 뿌려졌습니다.

사도 바울은 여러 지역에 교회를 세우며 복음을 전하고 서신을 통해 복음의 진리와 성도의 삶에 대한 교리적 지침을 전합니다. 그의 선교 여행은 지중해 세계 전역에 걸쳐 이루어졌으며 유대인과 이방인을 아우르는 복음의 보편성을 강조하였습니다. 바울의 서신은 교회의 신학적 기초를 세우고 성도들의 삶을 말씀 위에 세우는 데 큰 역할을 했습니다.

베드로, 야고보, 요한 등도 서신을 통해 흩어진 성도들을 권면하고 고난 속에서도 공동체의 신앙을 견고히 세워갑니다. 그들은 믿음의 인내와 거룩한 삶을 강조하며 그리스도의 재림을 소망하는 신앙을 북돋았습니다. 초대 교회는 단순한 조직이 아니라 성령 안에서 하나 된 공동체로서 서로를 돌보고 섬기며 하나님 나라의 가치를 실현해 나갔습니다. 성도들은 사랑과 섬김으로 공동체를 이루며 삶의 자리에서 하나님 나라를 확장해 나갑니다. 그들의 일상은 곧 예배의 현장이 되었고, 복음은 말뿐 아니라 삶으로 증거되었습니다.

이 시기는 복음의 확산과 교회의 성장 그리고 성도의 거룩한 삶이 중심이 되는 시대이며 하나님의 구속 사역이 교회를 통해 지속적으로 이루어지는 구속사의 연장 선상에 있는 시기입니다. 또한 이 시기는 교회가 세상의 빛과 소금으로서 사명을 감당하며 하나님의 나라가 이 땅 가운데 점차 확장되어 가는 역동적인 시기이기도 합니다.

⑬ 완성 시대(요한계시록)

예수님의 재림으로 하나님 나라가 완전히 이루어지고 사탄은 최종적으로 심판받으며 새 하늘과 새 땅이 도래합니다. 이로써 죄와 죽음, 고통의 역사는 종결되고 하나님의 통치가 온전히 회복됩니다. 성도들은 하나님과 함께 영원히 살아가며 눈물과 고통이 없는 완전한 회복과 안식을 누리게 됩니다. 이는 단순한 위로가 아니라 창조의 목적이 완전히 성취되는 궁극적인 상태입니다.

요한은 계시를 통해 하나님의 심판과 승리, 그리고 영원한 나라의 영광스러운 모습을 보여줍니다. 그는 새 예루살렘의 도래와 하나님의 보좌에서 흘러나오는 생명수의 강, 생명나무의 회복 등 상징적인 환상을 통해 하나님의 임재가 충만한 세계를 묘사합니다. 이 환상은 단지 미래의 예언이 아니라 현재를 살아가는 성도들에게 소망과 인내를 주는 영적 비전이기도 합니다.

이 시기는 모든 구속의 완성이 이루어지는 영광의 시대이며 하나님의 계획이 역사 속에서 완전히 성취되는 순간입니다. 하나님의 임재가 충만하게 회복되고 인류는 창조의 목적대로 하나님과 영원한 교제를 누리는 새 시대에 들어서게 됩니다. 성도들은 하나님과의 친밀한 관계 속에서 영원한 생명을 누리며 하나님을 찬양하는 거룩한 공동체로 살아가게 됩니다. 이 영원한 나라의 도래는 구속사의 마지막 장이자 영원한 시작을 의미하는 복된 소망의 성취입니다.

(4) 성경 사건별 연결 연구 방식 사례

성경 사건별 연결 연구 방식은 각 본문을 실제 역사적 사건의 흐름에 따라 배열하고 같은 시대에 관련되는 말씀들을 함께 읽는 방법입니다. 이제 이 방식을 적용하여 구체적인 사례들을 살펴보겠습니다.

열왕기하 14장과 호세아서 연결하여 읽기

열왕기하 14장은 북이스라엘 왕 여로보암 2세의 통치시기를 다룹니다. 그는 사마리아에서 41년간 왕으로 군림하며 정치적·군사적으로 큰 성공을 거두었고 이스라엘의 영토를 회복하며 외적인 번영을 이루었습니다. 그러나 성경은 그를 "여호와 보시기에 악을 행한 자"로 평가하며 우상숭배와 영적 불순종을 지속했다고 기록합니다(왕하 14:23-24).

이 시대에 활동한 예언자가 바로 호세아입니다. 호세아서 1장 1절은 그가 여로보암 2세 시대에 하나님의 말씀을 받은 예언자였음을 밝히고 있습니다. 호세아는 외적 번영 속에 감춰진 북이스라엘의 영적 타락을 고발하며 백성의 내면을 향한 하나님의 탄식을 전합니다. 호세아 4장 1-2절에서는 "이 땅에는 진실도 없고 인애도 없고 하나님을 아는 지식도 없다"고 선언하며 사회적·도덕적 타락과 하나님과의 단절된 관계를 지적합니다. 하나님은 호세아를 통해 "나는 인애를 원하고 제사를 원하지 아니하며, 번제보다 하나님을 아는 것을 원하노라"(호 6:6)라고 말씀하시며 형식적인 종교 행위보다 진정한 관계와 내면의 신앙을 중시하십니다.

따라서 열왕기하 14장과 호세아서를 연결하여 읽으면 여로보암 2세 시대를 단순한 정치적 안정과 번영의 시기로 보는 것이 아니라 그 시대의 영적 실상과 하나님의 평가를 함께 이해할 수 있습니다. 열왕기하는 왕의 통치를 역사적으로 기록하고 호세아는 그 시대의 영적 상태를 하나님의 관점에서 해석합니다.

사무엘하 11-12장과 시편 51편 연결하여 읽기

사무엘하 11장은 다윗 왕이 전쟁 중 충직한 부하 우리야의 아내 밧세바를 보고 욕망에 이끌려 간음한 사건을 기록합니다. 그는 자신의 죄를 숨기기 위해 우리야를 전쟁터에서 죽게 하고 밧세바를 아내로 삼습니다. 이 사건은 다윗의 통치 중 가장 심각한 도덕적 실패로 평가되며 하나님께서는 예언자 나단을 보내어 그의 죄를 책망하십니다(삼하 12장). 나단은 비유를 통해 다윗의 죄를 드러내고 다윗은 즉시 "내가 여호와께 죄를 범하였노라"(삼하 12:13)라고 고백합니다.

시편 51편은 이 회개의 고백으로 하나님께 용서를 구하는 다윗의 간절한 기도입니다. "하나님이여 주의 인자를 따라 내 죄를 지워 주소서"(시 51:1)라는 간구로 시작되는 이 시편은 다윗의 내면 깊은 곳에서 우러나온 통회와 자복의 표현입니다.

그는 자신의 죄를 숨기지 않고 "내 죄가 항상 내 앞에 있나이다"(시 51:3)라고 고백하며 정결함과 새 마음을 간절히 구합니다. "우슬초로 나를 정결하게 하소서… 내 안에 정한 마음을 창조하소서"(시 51:7, 10)라는 표현은 단순한 용서를 넘어 내면의 근본적인 회복을 바라는 다윗의 갈망을 보여줍니다. 특히 "주께서는 제사를 기뻐하지 아니하시나니… 하나님께서 구하시는 제사는 상한 심령이라"(시 51:16-17)는 구절은, 하나님께서 형식적인 제사보다 진실한 회개와 상한 마음을 기뻐하신다는 깊은 신학적 통찰을 담고 있습니다.

이처럼 사무엘하의 역사적 사건과 시편 51편의 감정적 고백을 연결하여 읽으면 다윗의 죄와 회개 그리고 그를 향한 하나님의 은혜가 역사적 현실과 신앙적 고백을 통해 입체적으로 드러납니다.

사도행전 17장과 데살로니가전서 연결하여 읽기

사도행전 17장은 바울이 제2차 전도여행 중 데살로니가에 도착하여 회당에서 복음을 전한 사건을 기록합니다. 그는 세 안식일 동안 성경을 풀어 예수 그리스도의 죽음과 부활을 증거했고 그 말씀을 통해 많은 헬라인과 귀부인 들이 믿음을 갖게 되었습니다. 그러나 유대인들의 시기와 반발로 인해 도시가 소란해졌고 바울은 급히 베뢰아로 피신해야 했습니다.

이처럼 데살로니가 교회는 박해 속에서 시작된 공동체였습니다(행 17:1-10). 이후 바울은 데살로니가 교회에 편지를 보내며 그들의 믿음을 격려하고 박해 가운데서도 흔들리지 않는 신앙을 칭찬합니다. 데살로니가전서는 그 편지로 바울은 "너희가 많은 환난 가운데서 성령의 기쁨으로 말씀을 받아 우리와 주를 본받은 자가 되었느니라"(살전 1:6)라고 말하며 그들의 믿음과 인내를 높이 평가합니다. 또한 그는 그들의 믿음이 마게도냐와 아가야 지방에까지 알려졌다고 전하며 복음이 어떻게 확산되었는지를 보여줍니다(살전 1:8).

사도행전 17장과 데살로니가전서를 연계하여 읽으면 데살로니가 교회의 시작과 그 이후의 성장 그리고 바울의 목회적 돌봄이 어떻게 이어졌는지를 입체적으로 이해할 수 있습니다. 사도행전은 역사적 배경을 제공하고 데살로니가전서는 그 배경 속에서 살아가는 성도들의 신앙과 바울의 권면을 담고 있습니다.

사도행전 18장과 고린도전서 연결하여 읽기

사도행전 18장은 바울이 제2차 전도여행 중 고린도에 도착하여 복음을 전한 사건을 기록합니다. 그는 천막을 만드는 브리스길라와 아굴라 부부와 함께 지내며 생업을 이어갔고 매주 회당에서 유대인과 헬라인에게 예수가 그리스도임을 증거했습니다. 고린도에서 바울은 1년 6개월 동안 머물며 말씀을 가르쳤고 그 결과 고린도 교회가 세워졌습니다(행 18:1-11).

이후 바울은 고린도 교회에 편지를 보내어 여러 문제를 다루고 권면합니다. 고린도전서는 그 편지 중 하나로 교회 내 분열, 음행, 우상 문제, 예배와 은사에 대한 오해 등을 바로잡고자 하는 바울의 목회적 열정이 담겨 있습니다. 그는 "형제들아 내가 너희에게 전한 복음을 너희에게 알게 하노니"(고전 15:1)라고 말하며 복음의 핵심인 예수 그리스도의 죽음과 부활을 다시 강조합니다. 사도행전 18장과 고린도전서를 연결하여 읽으면 고린도 교회의 시작과 그 이후의 신앙적 성장과 갈등 그리고 바울의 영적 돌봄이 어떻게 이어졌는지를 입체적으로 이해할 수 있습니다. 사도행전은 교회의 역사적 배경을 제공하고 고린도전서는 그 배경 속에서 살아가는 성도들의 실제 문제와 바울의 권면을 담고 있습니다.

5) 성경연구의 4단계: 성경신학적 성경연구

성경신학은 성경 전체를 하나의 통일된 이야기로 바라보며 그 중심에 '하나님 나라의 회복'이라는 주제를 둡니다. 창세기부터 요한계시록까지 성경은 하나님께서 무너진 하나님 나라를 어떻게 회복해 가시는지를 보여주는 거대한 구속의 드라마입니다. 이 드라마는 단순한 역사적 사건의 나열이 아니라 하나님께서 인간과의 관계를 회복하시며 그분의 나라를 다시 세워 가시는 회복의 이야기입니다.

이 회복사는 총 10단계로 이루어져 있으며 각 단계는 하나님의 백성, 하나님의 장소, 하나님의 통치라는 하나님 나라의 세 요소가 어떻게 창조되고, 무너지고, 다시 회복되어 가는지를 보여줍니다. 하나님 나라의 창조에서 시작하여 붕괴와 약속, 모형적 성취와 그 실패, 새로운 약속과 그 불완전한 성취, 그리고 실제적 성취와 교회 시대를 거쳐 궁극적 완성에 이르기까지의 과정을 통해 하나님 나라의 역사가 드러납니다.

여기서 모형적 성취란 구약에서 하나님이 주신 사건, 인물, 제도, 상징 등이 장차 올 더 큰 실체를 미리 보여주는 그림자나 예표를 의미합니다. 반면 실제적 성취는 신약에서 예수 그리스도 안에서 그 모형이 완전하게 드러나고 실현되는 것을 가리킵니다. 따라서 모형적 성취는 구약과 신약을 연결하는 구속사적 해석의 핵심 원리라 할 수 있습니다.

이제 첫 번째 단계인 하나님 나라의 창조부터 마지막 단계인 하나님 나라 회복의 궁극적 완성까지, 단계별로 구체적인 내용을 살펴보겠습니다. 먼저 하나님 나라의 창조 단계입니다.

제1단계: 하나님 나라의 창조 (창세기)

'하나님 나라의 창조'는 성경 전체 이야기의 출발점이며 하나님 나라의 본래 모습과 목적을 보여주는 핵심적인 장면입니다. 창세기 1장과 2장은 하나님께서 질서 있고 아름다운 세상을 창조하신 과정을 상세히 기록하고 있습니다(창 1:1-31, 2:1-25). 하나님께서는 빛과 어둠, 하늘과 땅, 바다와 육지를 나누시고, 각종 생명체를 창조하신 후 마지막으로 인간을 하나님의 형상대로 지으셨습니다(창 1:27). 또한 인간에게 생기를 불어넣어 살아 있는 존재로 만드셨습니다(창 2:7).

인간은 단순한 피조물이 아니라 하나님 나라의 대리 통치자로서 특별한 사명을 부여받은 존재입니다. 하나님께서는 인간에게 생육하고 번성하며 땅을 다스리라는 명령을 주셨는데(창 1:28), 이는 하나님 나라의 통치가 인간을 통해 실현되기를 바라신 뜻을 반영합니다. 에덴동산은 하나님과 인간이 직접 교제하며 살아가는 공간으로(창 2:8, 2:15) 하나님 나라의 이상적인 모델이었습니다. 이곳에서 인간은 하나님의 말씀에 순종하며(창 2:16-17) 하나님과의 온전한 관계 속에서 살아갔습니다.

이 창조 단계에서 하나님 나라는 세 가지 핵심 요소로 구성됩니다.

첫째 하나님 나라의 백성 즉 인간은 하나님의 형상대로 창조된 존재이며(창 1:27, 2:7), 하나님께서는 그들에게 명령을 주시며 언약적 책임을 부여하셨습니다(창 2:16-17).

둘째 하나님 나라의 장소인 에덴동산은 하나님의 임재가 충만한 거룩한 공간입니다(창 2:8-9, 2:15).

셋째 하나님 나라의 통치는 하나님의 뜻과 질서가 온전히 실현되는 상태를 의미합니다(창 1:28, 2:16-17).

이 세 요소가 조화를 이루며 하나님 나라는 완전한 질서와 생명으로 가득한 상태였습니다. 결국 하나님 나라의 창조는 단순한 우주 창조를 넘어 하나님께서 자신의 통치를 실현하시기 위해 마련하신 거룩한 질서의 시작입니다(창 1:1, 1:31).

제2단계: 하나님 나라의 붕괴 (창세기)

하나님께서 창조하신 완전한 하나님 나라는 인간의 불순종으로 인해 붕괴되기 시작합니다. 창세기 3장은 인간이 하나님의 명령을 어기고 선악과를 먹음으로써 죄가 세상에 들어오게 된 사건을 기록하고 있습니다(창 3:6). 이 불순종은 하나님과 인간 사이의 관계를 단절시키며 하나님 나라의 세 요소 즉 하나님의 백성, 하나님의 장소, 하나님의 통치가 모두 손상되는 결과를 초래합니다.

첫째 하나님의 백성으로 창조된 인간은 죄로 인해 하나님과의 언약적 관계에서 벗어나게 됩니다. 하나님께서는 아담과 하와를 에덴동산에서 내쫓으시며(창 3:23) 그들과의 직접적인 교제가 단절됩니다.

둘째 하나님 나라의 장소였던 에덴동산에서의 추방을 의미하며 하나님의 임재가 더 이상 인간 가운데 거하지 않게 된 것입니다.

셋째 하나님의 통치는 인간의 자율적 판단과 욕망에 의해 거부당합니다. 인간은 하나님의 뜻보다 자신의 판단을 우선시하며 그 결과로 죄와 죽음, 고통이 세상에 들어오게 됩니다(창 3:16-19). 하나님께서는 뱀과 여자, 남자에게 각각 심판을 선언하시며 죄의 결과가 인간의 삶 전반에 영향을 미치게 됩니다.

이처럼 하나님 나라의 붕괴는 단순한 도덕적 타락을 넘어 창조 질서 전체가 흔들리는 사건입니다. 그러나 하나님께서는 이 심판 가운데서도 구속의 희망을 남겨두십니다. 창세기 3:15에서 여자의 후손이 뱀의 머리를 상하게 할 것이라는 약속은 장차 오실 메시아를 통한 하나님 나라의 회복을 암시하는 중요한 예언입니다.

제3단계: 하나님 나라 회복에 대한 약속 (창세기)

하나님께서는 인간의 죄로 인해 붕괴된 하나님 나라를 회복하시기 위해 아브라함과 언약을 맺으심으로 새로운 회복의 계획을 시작하십니다. 창세기 12장에서 하나님께서는 아브라함을 부르시며 그에게 "내가 너로 큰 민족을 이루고 네게 복을 주어 네 이름을 창대하게 하리니 너는 복이 될지라"(창 12:2)라고 약속하십니다. 이 언약은 하나님 나라의 회복을 위한 핵심적인 기초가 됩니다.

하나님께서는 아브라함에게 세 가지 중요한 약속을 주십니다.

첫째 하나님의 백성에 대한 약속입니다. 아브라함의 자손이 큰 민족을 이루게 될 것이라는 약속은 하나님 나라의 백성 형성을 의미합니다(창 15:5).

둘째 하나님의 장소에 대한 약속입니다. 하나님께서는 아브라함과 그의 후손에게 가나안 땅을 주시겠다고 약속하십니다(창 15:18).

셋째 하나님의 통치에 대한 약속입니다. 하나님은 아브라함과 그의 후손과 언약을 맺으시며 그들의 하나님이 되시겠다고 선언하십니다(창 17:7).

이 언약은 단지 아브라함 개인에게 주어진 약속이 아니라 그의 후손을 통해 온 세상이 복을 받게 될 것이라는 구속사적 전망을 담고 있습니다(창 12:3). 하나님께서는 이스라엘 민족을 통해 하나님 나라의 회복을 모형적으로 실현하시고 궁극적으로는 예수 그리스도를 통해 모든 민족에게 복을 주시려는 계획을 펼쳐가십니다.

따라서 아브라함 언약은 하나님 나라의 회복을 향한 언약적 약속의 시작이며 이후 성경 전체의 회복사는 이 언약의 성취를 향해 나아가게 됩니다.

제4단계: 하나님 나라 회복에 대한 약속의 모형적 성취(출애굽기-열왕기상)

하나님께서는 아브라함과 맺으신 언약을 이스라엘 공동체 안에서 점차 모형적으로 실현해 가십니다. 하나님께서는 아브라함의 자손을 애굽에서 구원하시고 그들을 하나님의 백성으로 세우시며 하나님 나라의 회복을 위한 구체적인 틀을 마련하십니다.

출애굽 사건은 이스라엘이 하나님의 백성으로서 구속받는 결정적인 순간이며 하나님 나라의 회복이 역사 속에서 실현되기 시작한 첫걸음입니다(출 6:6-7).

하나님께서는 시내 산에서 이스라엘에게 율법을 주시고(출 20장), 성막을 지으라고 명령하심으로써 하나님이 함께 거하시는 거룩한 공간을 마련하십니다(출 25:8-9). 성막은 하나님의 임재가 머무는 장소로서 에덴동산의 회복된 모형이자, 하나님 나라의 장소 개념을 다시 보여줍니다. 이후 성막은 성전으로 발전하며 하나님의 통치가 이스라엘 가운데 지속되도록 하는 중심 공간이 됩니다(왕상 6:1-13).

이스라엘 백성은 하나님의 인도하심 아래 가나안 땅을 정복하며 약속의 땅에 정착하게 됩니다. 이는 하나님 나라의 '장소'가 구체적으로 회복되는 과정이며 여호수아를 중심으로 한 정복 전쟁은 하나님의 주권 아래 이루어진 승리의 역사로 기록됩니다.

그러나 정착 이후 사사 시대에 들어서면서 이스라엘은 반복적으로 하나님을 떠나 우상 숭배에 빠지고 그로 인해 외적의 침략과 내적 혼란을 겪게 됩니다. 그럼에도 불구하고 하나님께서는 사사들을 세우셔서 백성을 구원하시고 언약을 지키시는 신실하신 통치자로 역사하십니다.

이스라엘은 이후 왕국을 세우며 정치적 질서를 갖추게 되고 하나님께서는 다윗과 언약을 맺으시며 그의 왕위를 영원히 견고하게 하시겠다고 약속하십니다(삼하 7:12-16). 이 다윗 언약은 메시아 왕국의 예표로서 하나님 나라의 통치가 왕을 통해 실현되는 모형적 방식입니다.

이처럼 출애굽, 율법, 성막, 가나안 정복, 사사 시대, 성전, 왕국의 설립은 모두 하나님 나라의 세 요소 즉 하나님 나라의 백성, 하나님 나라의 장소, 하나님 나라의 통치를 모형적으로 회복하려는 하나님의 역사적 시도이며 아브라함 언약의 구체적 실현입니다.

제5단계: 하나님 나라 회복에 대한 약속의 모형적 성취의 실패 (열왕기하-선지서: 이사야-스바냐)

하나님께서는 이스라엘 공동체 안에서 하나님 나라의 회복을 모형적으로 보여주셨지만 인간의 반복되는 불순종과 죄로 인해 그 모형은 실패로 돌아가게 되었습니다. 이스라엘은 하나님의 율법을 지키지 않고 우상 숭배와 도덕적 타락을 반복하며 하나님의 뜻을 거스르는 길을 걸었고 사사 시대에는 "왕이 없으므로 각기 자기 소견에 옳은 대로 행하였더라"(삿 21:25)는 말씀이 그들의 영적 혼란을 단적으로 드러냈습니다. 왕국 시대에도 대부분의 왕은 하나님 앞에 악을 행하였으며 백성들은 하나님의 말씀을 무시하고 우상을 따랐습니다(왕하 17:7-17). 그 가운데 가장 결정적인 사건은 솔로몬이 수많은 이방 여인과 혼인하여 그들의 신들을 따름으로써 마음이 하나님께 온전히 향하지 않았던 일이었습니다(왕상 11:1-8). 이로 인해 하나님께서는 솔로몬의 죄를 책망하시며 왕국을 찢어 열 지파를 북 이스라엘 여로보암에게 주시고 남 유다는 다윗을 위한 언약 때문에 유다와 베냐민만 남기셨습니다(왕상 11:9-13).

결국 통일 왕국은 분열되어 북이스라엘과 남유다로 나뉘게 되었고 이는 하나님 나라의 모형적 실현이 인간의 죄로 인해 무너진 대표적인 사례가 되었습니다.

분열된 왕국은 더 큰 불순종과 우상숭배로 치닫게 되었으며 북이스라엘은 앗수르에 의해 멸망하고(왕하 17:18) 남 유다는 바벨론에 의해 성전이 파괴되고 포로로 끌려가는 비극을 맞이하게 되었습니다(왕하 25:8-11). 이는 하나님 나라의 장소였던 성전과 예루살렘이 무너지고 하나님의 백성이 흩어지며 하나님의 통치가 거부된 상태를 상징했습니다.

하나님께서는 선지자들을 통해 백성의 죄를 책망하시고 회개를 촉구하셨지만, 백성은 듣지 않았습니다(렘 7:23-26). 이처럼 모형적 성취는 인간의 한계와 죄로 인해 온전히 이루어지지 못했습니다. 솔로몬의 우상숭배와 왕국의 분열은 인간의 연약함을 드러내며, 하나님 나라의 회복이 인간의 힘과 노력만으로는 완전하게 실현될 수 없음을 보여줍니다. 이러한 실패는 하나님 나라가 궁극적으로 성취되기 위해서는 더 깊은 차원의 역사와 개입이 필요함을 드러내는 중요한 전환점이 되었습니다.

제6단계: 하나님 나라의 회복에 대한 새로운 약속 (이사야, 예레미야, 에스겔, 다니엘)

이스라엘 공동체 안에서 하나님 나라 회복에 대한 약속의 모형적 실현이 실패로 돌아간 이후에도 하나님께서는 선지자들을 통해 새로운 회복의 계획을 선포하십니다. 선지자들은 백성의 죄를 책망하면서도 하나님의 긍휼과 구속의 약속을 함께 전하며 장차 오실 메시아와 하나님 나라의 회복을 예언합니다. 이 예언은 하나님 나라의 회복에 대한 희망을 심어주는 중요한 전환점입니다.

이사야는 "이는 한 아기가 우리에게 났고 한 아들을 우리에게 주신 바 되었는데… 그의 정사와 평강의 더함이 무궁하며… 그 나라를 굳게 세우고"(사 9:6-7)라고 선포하며 메시아 왕국의 도래를 예고합니다.

예레미야는 하나님께서 장차 새 언약을 맺으실 것이라고 선언하며 하나님 나라의 회복이 단지 외적인 제도나 율법이 아니라 내면의 변화와 관계 회복을 통해 이루어질 것임을 강조합니다. "내가 나의 법을 그들의 속에 두며 그 마음에 기록하여 나는 그들의 하나님이 되고 그들은 내 백성이 될 것이라"(렘 31:33)는 말씀은 하나님 나라의 백성과 통치가 새롭게 재구성될 것을 보여줍니다.

에스겔은 "내가 너희에게 새 마음을 주고 새 영을 너희 속에 두며"(겔 36:26)라고 하며, 성령의 내주와 내면의 회복을 약속하십니다.

다니엘은 바벨론과 여러 제국의 흥망성쇠 속에서도 결국 하나님의 나라가 영원히 세워질 것을 환상으로 보여줍니다. "사람의 아들과 같은 이가 하늘 구름을 타고 와서… 권세와 영광과 나라를 주시니 그 권세는 영원한 권세라"(단 7:13-14)는 말씀은 메시아 왕국의 영원성과 하나님 나라의 궁극적 승리를 선포합니다.

이러한 예언들은 하나님 나라의 세 요소, 즉 하나님의 백성·하나님의 영토·하나님의 통치가 다시 회복될 것이라는 약속을 담고 있습니다. 하나님의 백성은 새 마음과 새 영을 받은 회개한 공동체가 될 것이며, 하나님의 장소는 성전의 재건과 함께 회복될 것이고, 하나님의 통치는 메시아 왕을 통해 온전히 실현될 것입니다.

제7단계: 하나님 나라 회복에 대한 새로운 약속의 불완전한 모형적 성취(에스라, 느헤미야, 학개, 스가랴, 말라기)

포로에서 돌아온 이스라엘은 하나님 나라의 회복을 향한 열망 속에서 성전을 재건하고 율법을 회복하려 노력합니다. 에스라와 느헤미야 시대에는 공동체의 정체성을 회복하고 하나님의 말씀에 순종하려는 경건한 시도들이 이어집니다(에스라 3:10-13, 느헤미야 9:36-37).

그러나 이러한 회복은 여전히 모형적이고 불완전한 상태에 머물러 있습니다. 외형적으로는 성전이 다시 세워지고 제사가 회복되었지만 백성의 내면은 여전히 죄와 연약함 속에 있었고 하나님의 통치는 온전히 실현되지 못했습니다. 이스라엘은 주변 제국의 지배 아래 놓여 있었으며 하나님의 임재와 영광은 성전 안에 충만하게 나타나지 않았습니다(학개 2:3-9).

이로 인해 백성은 더욱 간절히 메시아의 오심을 기다리게 되었고 하나님 나라의 궁극적 회복을 향한 기대는 점점 고조되었습니다. 선지자들의 예언은 여전히 이루어지지 않은 상태였으며 하나님의 백성은 그 약속의 성취를 바라보며 기다리는 '기대의 시대'를 살아가게 됩니다.

제8단계: 하나님 나라 회복에 대한 새로운 약속의 실제적 성취(복음서)

하나님 나라의 궁극적인 회복은 예수 그리스도의 오심으로 시작됩니다. 예수님께서는 공생애를 시작하시며 "때가 찼고 하나님 나라가 가까이 왔으니 회개하고 복음을 믿으라"(막 1:15)고 선포하셨습니다. 이는 하나님 나라가 단지 미래의 이상이 아니라 예수님의 사역을 통해 실제로 시작되었음을 의미합니다.

예수님은 말씀과 기적, 치유와 권능을 통해 하나님 나라의 통치가 이 땅 가운데 임하고 있음을 보여주셨습니다. 귀신을 쫓아내시고 병든 자를 고치시며 죄인을 용서하시고 사회적 약자들과 함께하심으로써 하나님 나라의 정의와 은혜가 실현되는 모습을 드러내셨습니다(눅 4:18-19, 마 12:28).

예수님은 하나님 나라의 백성을 새롭게 구성하셨습니다. 혈통이나 율법이 아니라 믿음과 회개를 통해 하나님 나라에 들어갈 수 있음을 가르치셨습니다(요 3:3-5). 또한 예수님 자신이 성전보다 더 크신 분으로서(마 12:6), 하나님의 임재가 머무는 장소로 기능하시며 하나님 나라의 장소 개념을 새롭게 정의하셨습니다.

예수님의 십자가 죽음과 부활은 하나님 나라의 통치가 죄와 죽음을 이기는 방식으로 실현되었음을 보여줍니다. 예수님은 왕으로서 고난을 받으셨고 부활을 통해 하나님의 승리를 선포하셨습니다. 이는 하나님 나라의 통치가 세상의 방식과는 다른 사랑과 희생을 통한 통치임을 나타냅니다.

이처럼 예수 그리스도의 오심은 하나님 나라의 완전한 성취를 향한 결정적인 전환점이며 성경 전체가 기다려온 구속사의 중심입니다. 그러나 이 성취는 아직 완결된 것이 아니며 다음 단계인 교회 시대를 통해 계속 확장되어 갑니다.

제9단계: 하나님 나라 회복의 실제적 성취의 확장(사도행전, 서신서)

예수 그리스도의 죽음과 부활 그리고 승천 이후 하나님 나라의 실제적 성취는 성령의 임재와 함께 교회 시대 속에서 확장되어 갑니다. 오순절에 성령께서 강림하심으로(행 2:1-4) 하나님께서는 자신의 백성 가운데 직접 거하시며 교회를 통해 하나님 나라의 통치를 계속 이어가십니다.

교회는 하나님 나라의 백성으로서 세상 속에서 복음을 전파하고(마 28:19-20), 하나님의 뜻을 실현하는 사명을 감당합니다. 사도 바울은 교회를 "그리스도의 몸"(고전 12:27)이라고 부르며 성도들이 각자의 역할을 통해 하나님 나라의 질서를 구현해 나간다고 설명합니다. 또한 교회는 "하나님의 집"이며 "진리의 기둥과 터"(딤전 3:15)로서 하나님 나라의 장소적 의미를 지닌 공동체로 기능합니다.

이 시대는 '이미 시작되었지만 아직 완성되지 않은' 하나님 나라의 긴장 속에 존재합니다. 예수 그리스도를 통해 하나님 나라가 시작되었지만 그 완전한 회복은 아직 미래에 남아 있습니다. 따라서 교회는 이 땅에서 하나님 나라의 복음을 전하며 그 완성을 기다리는 '종말론적 공동체'로 살아갑니다(롬 8:23-25).

교회 시대는 하나님 나라의 세 요소 즉 하나님 나라의 백성, 하나님 나라의 장소, 하나님 나라의 통치가 부분적으로 실현된 상태입니다. 성도는 하나님의 백성으로서 성령의 인도하심을 받으며 교회는 하나님의 임재가 머무는 장소로 기능하고 하나님의 말씀과 성령을 통해 통치가 이루어집니다. 그러나 이 모든 것은 궁극적인 완성을 향한 여정 속에 있으며 마지막 단계인 '하나님 나라 회복의 궁극적 완성'을 향해 나아가고 있습니다.

제10단계: 하나님 나라 회복의 궁극적 완성 (요한계시록)

성경의 마지막 장면은 하나님 나라의 완전한 회복으로 마무리됩니다. 요한계시록은 새 하늘과 새 땅의 도래를 통해 하나님 나라가 궁극적으로 완성되는 모습을 보여줍니다. 하나님께서는 모든 죄와 고통, 죽음을 제거하시고 자신의 백성과 영원히 함께 거하십니다(계 21:3-4).

"하나님의 장막이 사람들과 함께 있으매… 그들과 함께 거하시리니… 모든 눈물을 그 눈에서 닦아 주시니 다시는 사망이 없고 애통하는 것이나 곡하는 것이나 아픈 것이 다시 있지 아니하리니"(계 21:3-4)라는 말씀은 하나님 나라의 회복이 단지 영적 상태가 아니라 실제적이고 완전한 현실임을 보여줍니다.

새 예루살렘은 하나님 나라의 장소로서 정결하고 거룩한 공간이며 하나님의 영광이 그 안에 충만합니다(계 21:10-11, 23). 하나님 나라의 백성은 생명책에 기록된 자들이며(계 21:27) 그들은 하나님과 완전한 관계 속에서 영원히 살아갑니다. 하나님 나라의 통치는 더 이상 부분적이거나 제한적이지 않고 온전히 실현되어 "그의 종들이 그를 섬기며 그의 얼굴을 볼 것이요… 그들이 세세토록 왕 노릇 하리로다"(계 22:3-5)라는 말씀으로 표현됩니다.

이 궁극적 완성은 창세기의 에덴동산에서 시작된 하나님 나라의 창조 질서가 완전히 회복된 상태이며 성경 전체가 향해 온 회복사의 종착점입니다. 하나님께서는 처음 계획하셨던 대로 자신의 백성과 함께 거하시며 그들과 영원한 사랑과 통치의 관계를 이루십니다.

이처럼 성경신학적 성경연구는 창세기에서 요한계시록에 이르기까지 하나님 나라의 창조와 붕괴, 회복과 완성에 이르는 회복사의 흐름을 따라가며 하나님의 뜻과 성품을 깊이 묵상하게 합니다. 각 시대를 통해 드러나는 하나님의 계획은 단절된 관계를 회복하시고, 결국 하나님과 함께 거하는 완전한 나라를 이루시려는 사랑의 이야기입니다. 이 회복의 여정 속에서 우리는 단지 관찰자가 아니라, 하나님의 백성으로서 그분의 나라를 함께 세워가는 참여자임을 깨닫게 됩니다. 성경은 곧 하나님의 나라를 향한 초대이며 우리의 삶 또한 그 이야기 안에 포함되어 있습니다.

6) 성경연구 5단계: 조직신학적 성경연구

조직신학적 성경연구는 성경에 담긴 내용을 주제별로 정리해서 하나님에 대한 믿음과 가르침을 체계적으로 배우는 방식입니다. 이 관점은 신론, 인간론, 기독론, 성령론, 구원론, 교회론, 종말론 등 주요 주제들을 중심으로 성경을 분류하여 하나님은 어떤 분이신지, 인간은 왜 구원이 필요한 존재인지 그리고 그 구원이 어떻게 이루어지는지를 체계적으로 밝혀줍니다.

이러한 방식은 신앙의 기초를 튼튼히 세우고 성경의 진리를 바르게 이해함으로써 이단이나 잘못된 가르침을 분별하는 데에도 도움을 줍니다. 동시에 성경의 흐름과 주제를 함께 살펴보는 과정에서 신학적 통합과 깊이를 경험하게 됩니다.

다만 조직신학적 접근에는 몇 가지 주의할 점도 있습니다. 특정 주제에 맞추어 성경을 해석하다 보면 본문의 문맥이나 역사적 배경을 간과할 수 있고 하나님의 살아 있는 말씀을 단순한 이론 체계로 환원해버릴 위험도 있습니다. 또한 교단마다 강조하는 교리적 관점이 다르기 때문에 균형 잡힌 시각이 필요하며 이야기의 흐름과 구속사의 전개를 중시하는 성경신학과의 조화를 이루는 것이 중요합니다. 결국 조직신학과 성경신학은 서로 보완적인 관점으로 함께 활용될 때 성경을 더욱 깊이 있고 풍성하게 이해할 수 있도록 도와줍니다.

이제 이러한 조직신학적 틀을 바탕으로 성경 전체의 메시지를 주제별로 조망해보겠습니다.

(1) 하나님에 대한 교리(신론)

하나님은 성경 전체에서 세상의 창조자이자 주권자로 나타나십니다. 그는 모든 만물의 근원이시며 시간과 공간을 초월하여 존재하시는 분입니다. 하나님은 스스로 존재하시며(출 3:14), 변함이 없으신 영이십니다(요 4:24). 그분은 시작도 끝도 없으시며 창조 이전부터 계셨고 모든 것을 존재하게 하신 분입니다.

성경은 하나님을 사랑이 많으신 분(요일 4:8), 거룩하신 분(사 6:3), 정의롭고 공의로우신 분(시 89:14), 은혜로우신 분(출 34:6)으로 소개합니다. 또한 하나님은 신실하셔서 약속을 반드시 지키시는 분이며(신 7:9), 전지전능하셔서 모든 것을 아시고 모든 일을 이루실 수 있는 분입니다(렘 32:17). 이러한 하나님의 성품은 그분의 모든 행위와 계획 속에 드러나며 인간과의 관계에서도 변함없이 일관되게 나타납니다.

하나님은 성부, 성자, 성령의 세 위격으로 존재하시며 본질적으로 하나이신 하나님으로 역사하십니다. 이 삼위일체 교리는 하나님이 공동체적 존재이시며 창조와 구속, 성화의 모든 과정에서 세 위격이 조화롭게 일하신다는 것을 보여줍니다.

이처럼 하나님은 세상을 창조하시고, 인간을 구원하시며 모든 역사를 주관하시는 절대적 주권자이십니다. 그의 뜻은 반드시 이루어지며 그의 계획은 시간 속에서 점진적으로 성취되어 갑니다. 신론은 하나님이 누구이신지를 바르게 이해함으로써 모든 신학적 주제의 기초를 세우는 핵심 교리입니다.

(2) 인간에 대한 교리(인간론)

인간은 하나님의 형상대로 지음받은 존귀한 존재입니다(창 1:27). 이는 단순한 외형적 유사성이 아니라 하나님과 인격적인 관계를 맺고 그의 뜻을 따라 세상을 돌보며 살아가도록 창조되었다는 의미입니다. 하나님께서는 인간에게 생육하고 번성하며 땅을 정복하고 모든 생물을 다스릴 책임을 부여하셨습니다(창 1:28).

그러나 인간은 하나님의 명령을 거역하고 불순종함으로써 죄가 세상에 들어오게 되었고, 그 결과 하나님과의 관계는 단절되었습니다(창 3장). 이 타락은 인간의 본성과 삶 전체에 영향을 미쳤으며, 이후 모든 사람은 죄의 영향 아래 살아가게 되었습니다(원죄).

이로 인해 인간은 스스로 하나님께 나아갈 수 없는 존재가 되었으며 다시 하나님과 올바른 관계를 회복하기 위해서는 하나님의 은혜에 의한 구원이 절실히 필요하게 되었습니다. 인간론은 인간의 본질과 타락, 그리고 구속의 필요성을 이해하게 하며 구원론과 연결되는 중요한 신학적 기초를 제공합니다.

(3) 구원에 대한 교리 (구원론)

구원은 전적으로 하나님의 은혜로 주어지는 선물이며 인간의 노력이나 행위로 얻을 수 있는 것이 아닙니다(엡 2:8-9). 하나님께서는 죄로 인해 단절된 인간과의 관계를 회복하시기 위해 예수 그리스도를 보내셨고 그를 믿는 자에게 구원을 베푸십니다. 그를 믿는 자란 곧 십자가에서 우리의 죄를 대신하여 죽으시고 사흘 만에 다시 살아나신 예수 그리스도의 죽음과 부활을 믿는 자를 의미합니다. 십자가의 죽음은 죄의 형벌을 담당하신 사건이며 부활은 죄와 사망을 이기시고 영원한 생명을 여신 승리의 사건입니다. 그러므로 예수 그리스도의 십자가와 부활을 믿는 자는 죄 사함과 새 생명을 얻으며 하나님과의 관계가 회복되고 영원한 구원의 약속을 누리게 됩니다.

믿음으로 의롭다 하심을 받는 '칭의'(롬 5:1)는 구원의 시작이며, 이는 하나님 앞에서 법적으로 무죄 선언을 받는 은혜의 사건입니다. 이후 성령의 역사로 인해 점점 거룩해지는 '성화'의 과정이 이어집니다. 마지막에는 하나님과 완전히 하나 되는 '영화'의 단계에 이르게 됩니다(롬 8:30).

구원은 단순히 개인적인 경험에 그치지 않고 교회 공동체 안에서 함께 살아가는 관계적이고 공동체적인 여정입니다. 성도는 서로를 돌보고 격려하며 하나님의 나라를 함께 세워가는 사명을 감당합니다.

구원론은 하나님의 은혜, 예수님의 구속, 성령의 적용이 유기적으로 연결된 교리로서 신앙의 중심을 이루는 핵심 진리이며 우리의 삶과 사역을 이끄는 근본적인 기준이 됩니다.

(4) 예수님에 대한 교리 (기독론)

예수 그리스도는 참 하나님이시며 동시에 참 사람이 되셔서(양성론) 이 땅에 오신 분입니다(요 1:1, 14). 성육신은 하나님의 아들이 인간의 몸을 입고 역사 속에 들어오신 사건으로 하나님께서 인간을 구원하시기 위해 친히 인간의 자리로 내려오신 은혜의 표현입니다.

예수님은 선지자처럼 말씀을 선포하시고 제사장처럼 죄를 대신하여 희생되셨으며 왕처럼 하나님의 나라를 다스리시는 삼중 직분을 감당하셨습니다. 그의 십자가 죽음은 하나님의 사랑과 공의가 동시에 드러나는 자리이며(롬 5:8), 부활은 죽음을 이긴 승리로서 믿는 자들에게 영원한 소망을 제공합니다(고전 15:20).

예수님은 하나님과 인간 사이를 이어주는 유일한 중보자이시며(딤전 2:5), 그의 삶과 죽음, 부활과 승천은 하나님의 구속 계획을 완성하는 결정적인 전환점입니다.

기독론은 모든 조직신학적 교리의 중심축을 형성하며 성도들이 예수님을 통해 하나님을 알고 구속의 은혜를 누리며 하나님의 나라를 살아가도록 이끄는 핵심 진리입니다.

(5) 성령에 대한 교리 (성령론)

성령 하나님은 하나님의 능력과 임재로서 믿는 자 안에 거하시며 그들을 돕고 변화시키시는 인격적인 하나님이십니다. 성령은 창조의 순간부터 역사 속에 함께하셨으며(창 1:2), 예수님의 사역과 교회의 시작에 능력을 부어주셨습니다(행 2장).

성령은 각 사람을 새롭게 하시며(딛 3:5), 성령의 열매를 맺게 하시고(갈 5:22-23), 교회에 다양한 은사를 주셔서(고전 12장) 공동체를 세우고 복음을 전파하는 사역을 감당하게 하십니다. 또한 성령은 우리를 모든 진리 가운데로 인도하시는 '진리의 영'이시며(요 16:13), 하나님과 깊이 교제하도록 도우시는 '기도의 영'이십니다(롬 8:26-27).

성령론은 하나님께서 지금도 살아 역사하시며 믿는 자들과 공동체 안에서 구속의 사역을 계속 이루어 가신다는 사실을 보여줍니다. 성령은 단순한 능력이 아니라 우리와 함께하시는 하나님으로서 구원의 적용과 성화의 중심에 계신 분입니다.

(6) 교회에 대한 교리(교회론)

교회는 예수 그리스도를 믿는 성도들의 공동체로 성경은 이를 그리스도의 몸(고전 12:27), 하나님의 집(엡 2:19), 성령의 전(고전 3:16)으로 설명합니다. 교회의 시작은 예수님의 십자가와 부활(고전 15:3-4), 그리고 성령 강림(행 2:1-4)을 통해 이루어졌으며, 이후 교회는 하나님 나라를 확장하는 중심 역할을 감당해 왔습니다.

교회의 본질은 하나님과의 관계 속에서 살아가는 공동체이며 예배(요 4:23), 교육(딤후 3:16), 교제(행 2:42), 봉사(갈 5:13), 선교(마 28:19-20)라는 사명을 통해 하나님의 뜻을 실현합니다. 성령께서는 다양한 은사를 주셔서(고전 12:4-11) 성도들이 각자의 역할을 감당하게 하시며, 교회를 세우고 복음을 전하게 하십니다.

교회는 '이미 시작되었지만 아직 완성되지 않은' 하나님 나라의 긴장 속에 존재하며(롬 8:23-25), 예수님의 재림과 함께 그 완전한 회복을 기다리는 종말론적 공동체입니다(계 21:1-4). 결국 교회는 하나님께서 이 땅에서 당신의 뜻을 이루어 가시는 살아있는 공동체이며 성도는 그 사명에 참여하는 부르심을 받은 존재입니다(엡 4:11-13).

교회론은 교회를 단순한 종교 조직이 아닌 하나님께서 친히 세우신 구속 공동체로 이해합니다. 교회는 그리스도를 머리로 삼고 성령의 인도하심 속에서 하나님 나라를 이 땅에 드러내는 사명을 감당하는 살아 있는 공동체입니다. 모든 성도는 이 교회의 지체로 부르심을 받았으며 각자의 자리에서 하나님 나라의 확장을 위해 함께 동역하는 하나님의 백성입니다.

(7) 마지막 때에 대한 교리(종말론)

종말론은 하나님의 구속 계획이 완성되는 절정의 순간을 다루는 교리입니다. 이는 단순히 시간이 끝나는 사건이 아니라 하나님 나라가 온전히 이루어지고 하나님의 뜻이 역사 속에서 완전하게 성취되는 회복사(구속사)의 마무리입니다. 하나님께서는 마지막 때에 새 하늘과 새 땅을 여시며 모든 피조물을 새롭게 하십니다(요한계시록 21:1).

예수 그리스도께서 다시 오실 때 모든 사람은 하나님의 심판대 앞에 서게 되며, 믿음으로 구원받은 자는 영원한 생명을 누리게 됩니다(계 19-22장). 이때 죽은 자들은 부활하고 하나님과의 관계가 회복된 자들은 영광 가운데 거하게 되며 그렇지 않은 자들은 영원한 분리와 심판을 경험하게 됩니다.

종말론의 핵심 주제는 죽음 이후의 삶, 육체의 부활, 천국과 지옥, 그리고 새 창조입니다. 이 모든 것은 단지 미래의 사건이 아니라 현재를 살아가는 성도들에게 소망과 책임을 동시에 부여하는 교리입니다.

종말론은 우리가 지금 어떻게 살아야 하는지를 알려주는 방향타이며 거룩한 삶과 복음적 사명을 촉진하는 동기입니다.

성경은 하나님 나라의 완성을 향해 나아가는 영원한 희망으로 가득 차 있으며 종말론은 그 희망을 붙들고 오늘을 살아가게 하는 신앙의 길잡이입니다. 결국 종말은 끝이 아니라 하나님과 함께하는 영원한 시작입니다.

결론적으로 조직신학적 성경연구는 단순한 지식 습득을 넘어 성경을 통해 하나님과의 관계를 회복하고 공동체 안에서 그분의 뜻을 실현해가는 신앙의 여정으로 우리를 이끕니다. 이는 성경의 주제들을 체계적으로 조망함으로써 신앙의 방향성과 삶의 목적을 분명히 세워주는 신학적 나침반이 되며 성도들이 하나님의 구속 계획안에서 자신의 자리와 사명을 발견하도록 돕는 통합적 도구가 됩니다.

7) 성경연구의 6단계: 권별 성경연구

지금까지 우리는 성경을 한 문장으로 요약하고 회복사와 구속사의 흐름을 따라 하나의 이야기로, 성경신학적으로, 조직신학적으로 이해하는 거시적 관점을 살펴보았습니다. 이제 그 큰 이야기 속에서 각 권이 어떻게 제자리를 찾고 어떤 메시지를 전달하는지를 살펴보기 위해 성경 66권을 개별적으로 연구하는 단계로 나아갑니다.

각 권의 내용은 핵심 주제를 중심으로 압축된 개론 수준으로 정리되며 이를 통해 각 책이 하나님의 말씀 안에서 어떤 역할과 의미를 갖는지를 발견하는 여정이 될 것입니다

창세기

창세기는 성경의 첫 번째 책으로 세상의 기원과 인간의 시작을 보여주며 하나님과 인간의 관계가 어떻게 형성되고 단절되었는지를 기록한 책입니다. 창조와 타락, 심판과 언약이라는 큰 흐름 속에서 인류의 근본 문제와 하나님의 구원 계획이 드러나며 성경 전체의 구속사적 이야기를 여는 서론 역할을 합니다.

서두는 하나님께서 말씀으로 천지를 창조하시고 인간을 자신의 형상대로 지으신 사건으로 시작됩니다. 인간은 생육하고 번성하며 땅을 다스릴 사명을 받았으나 하나님의 명령을 어기고 죄를 범함으로써 에덴동산에서 추방되고 하나님과의 관계가 단절됩니다. 이후 가인의 살인, 노아 시대의 타락, 바벨탑 사건은 죄가 확산되는 모습을 보여주며 인류의 연약함을 드러냅니다.

중반부는 하나님께서 아브라함을 부르시고 언약을 맺으시는 장면을 중심으로 전개됩니다. 하나님은 그의 후손을 통해 큰 민족을 이루고 복을 주시겠다고 약속하시며 이 언약은 이삭과 야곱에게 이어집니다. 야곱은 이스라엘이라는 이름을 받고 열두 아들을 낳으며 하나님의 선택과 인도하심이 가정과 민족의 역사 속에서 나타납니다.

후반부는 요셉의 이야기를 중심으로 이어집니다. 요셉은 형들의 시기로 애굽에 팔려가지만 하나님의 섭리로 총리가 되어 가족을 구원하게 됩니다. 그의 삶은 인간의 시기와 죄 속에서도 하나님의 계획과 은혜가 어떻게 드러나는지를 보여주며 이스라엘 가족이 애굽에 정착하는 과정으로 창세기의 마지막 장이 마무리됩니다.

책의 요약은 창세기가 단순한 기원 이야기를 넘어 하나님이 창조주이시며 언약을 통해 인류를 구원하시는 분임을 드러낸다는 점입니다. 죄와 은혜, 심판과 회복, 선택과 인도라는 주제가 책 전체에 흐르며 하나님 나라의 시작과 백성의 정체성을 보여주고 인류 구원의 큰 흐름을 깊이 묵상하게 하는 책입니다.

출애굽기

출애굽기는 성경의 두 번째 책으로 애굽에 정착한 이스라엘 백성이 큰 민족을 이루었으나 노예로 억압받게 된 상황에서 하나님께서 그들을 구원하시고 언약 공동체로 세우시는 과정을 기록합니다. 이 책은 하나님의 구원 역사와 율법을 통한 공동체 형성이라는 중요한 주제를 담고 있으며, 성경 전체에서 구속사의 큰 전환점을 보여줍니다.

서두는 애굽에서 고통받는 이스라엘 백성의 부르짖음을 하나님께서 들으시고 모세를 부르시는 장면으로 시작됩니다. 모세는 하나님의 부르심을 받아 바로 앞에 서게 되고 열 가지 재앙을 통해 하나님의 권능이 드러나며 이스라엘은 애굽에서 해방됩니다. 홍해를 건너는 사건은 하나님의 구원 능력을 가장 극적으로 보여주는 장면입니다.

중반부는 광야에서의 여정과 시내 산 언약 체결을 중심으로 전개됩니다. 하나님은 이스라엘 백성에게 율법을 주시며 그들이 하나님의 백성으로 살아갈 규범을 제시합니다. 십계명과 다양한 규례들은 단순한 법률이 아니라 하나님과의 언약 관계를 유지하는 삶의 방식으로 주어졌습니다. 그러나 금송아지 사건은 인간의 연약함과 불순종을 드러내며 동시에 하나님의 용서와 은혜가 다시 확인되는 계기가 됩니다.

후반부는 성막 건축과 제사 제도의 확립으로 이어집니다. 하나님은 성막을 통해 백성 가운데 거하시며 그들과 동행하시는 임재를 보여주십니다. 성막은 단순한 건축물이 아니라 하나님과 백성의 관계를 상징하는 중심이 되었고 이스라엘 공동체가 하나님의 백성으로서 정체성을 확립하는 중요한 역할을 했습니다.

책의 요약은 출애굽기가 단순한 탈출 이야기가 아니라 하나님께서 구원하신 백성을 언약 공동체로 세우시고 그들과 함께 거하시는 과정을 보여준다는 점입니다. 구원과 율법, 임재와 공동체라는 주제가 책 전체에 흐르며 하나님 나라의 백성이 어떤 삶을 살아야 하는지를 깊이 묵상하게 하는 책입니다.

레위기

레위기는 성경의 세 번째 책으로 출애굽기를 통해 구원받은 이스라엘 백성이 하나님의 백성으로서 어떻게 거룩하게 살아야 하는지를 보여주는 책입니다. 하나님께서 성막 가운데 거하시며 그 임재 속에서 백성이 지켜야 할 제사 규례와 생활 규범을 제시함으로써 공동체의 정체성을 확립하게 합니다.

서두는 제사 제도와 제사장의 직무를 중심으로 시작됩니다. 번제, 소제, 화목제, 속죄제, 속건제 등 다양한 제사의 규례가 주어지며 이는 죄와 속죄, 하나님과의 관계 회복을 상징합니다. 제사장은 백성과 하나님 사이에서 중보 역할을 감당하며 거룩한 직무를 수행해야 했습니다.

중반부는 이스라엘 백성이 일상 속에서 지켜야 할 규례와 정결법을 중심으로 전개됩니다. 음식 규례, 정결과 부정에 관한 규정, 속죄일의 제정 등은 하나님 앞에서 거룩한 삶을 유지하기 위한 지침이었습니다. 특히 속죄일은 공동체 전체가 죄를 깨닫고 하나님의 용서를 경험하는 중요한 절기였습니다.

후반부는 거룩한 백성으로서의 생활 규범과 축제 규례를 담고 있습니다. 성도의 삶은 단순히 제사에 국한되지 않고 사회적 정의와 사랑, 이웃과의 관계 속에서 드러나야 했습니다. 안식일과 절기, 희년 규례는 하나님 나라의 질서를 반영하며 백성이 하나님과 동행하는 삶을 실천하도록 이끌었습니다.

책의 요약은 레위기가 단순한 제사 규정집이 아니라 하나님께서 구원하신 백성이 거룩한 공동체로 살아가기 위한 삶의 지침을 제시하는 책이라는 점입니다. 제사와 율법, 정결과 거룩, 사랑과 정의라는 주제가 책 전체에 흐르며 하나님 나라 백성의 정체성과 삶의 본질을 깊이 묵상하게 합니다.

민수기

민수기는 성경의 네 번째 책으로 출애굽한 이스라엘 백성이 광야에서 약속의 땅으로 들어가기까지의 여정을 기록합니다. 이 책은 하나님의 인도와 백성의 불순종 그리고 그 과정 속에서 드러나는 하나님의 공의와 은혜를 보여주며 공동체가 어떻게 하나님의 백성으로 성숙해 가야 하는지를 가르칩니다.

서두는 이스라엘 백성의 인구를 계수하는 장면으로 시작됩니다. 하나님은 각 지파를 세어 공동체의 질서를 세우시고 성막을 중심으로 진을 치며 이동하는 규례를 주십니다. 이는 단순한 숫자 기록이 아니라 하나님의 백성이 질서와 정체성을 갖춘 공동체로 준비되는 과정이었습니다.

중반부는 광야에서의 여정과 그 속에서 나타난 백성의 불평과 불순종을 중심으로 전개됩니다. 만나와 메추라기 사건, 가데스 바네아에서의 불신앙, 고라의 반역 등은 인간의 연약함을 드러내지만 동시에 하나님의 징계와 은혜가 교차하는 장면이 됩니다. 하나님은 불순종한 세대를 약속의 땅에 들어가지 못하게 하시고 새로운 세대를 준비시키십니다.

후반부는 새로운 세대가 약속의 땅을 향해 나아가는 과정으로 이어집니다. 발람 사건, 요단강 동편 땅의 분배, 그리고 모세의 마지막 인도는 하나님의 약속이 여전히 유효함을 보여줍니다. 광야의 긴 여정은 단순한 방황이 아니라 하나님의 백성이 믿음과 순종을 배우는 훈련의 시간이었습니다.

책의 요약은 민수기가 단순한 광야 기록이 아니라 하나님의 인도와 백성의 불순종 그리고 그 속에서 드러나는 하나님의 공의와 은혜를 보여주는 책이라는 점입니다. 질서와 공동체, 불신앙과 징계, 약속과 회복이라는 주제가 책 전체에 흐르며 하나님 나라 백성이 믿음과 순종으로 성숙해 가야 함을 깊이 묵상하게 합니다.

신명기

신명기는 성경의 다섯 번째 책으로 광야 여정을 마친 이스라엘 백성이 약속의 땅에 들어가기 직전 모세가 전한 마지막 설교와 권면을 담고 있습니다. 이 책은 율법의 재해석과 언약의 갱신을 통해 하나님의 백성이 어떤 삶을 살아야 하는지를 강조하며 구속사적 흐름에서 중요한 전환점을 보여줍니다.

서두는 모세가 과거 광야에서 있었던 사건들을 회상하며 이스라엘이 하나님의 인도와 은혜 속에서 걸어온 길을 되돌아보는 것으로 시작됩니다. 그는 백성에게 하나님의 말씀을 기억하고 순종할 것을 촉구하며 불순종의 결과와 순종의 축복을 대비시켜 보여줍니다.

중반부는 율법의 재선포와 언약의 갱신을 중심으로 전개됩니다. 모세는 십계명을 다시 선포하고 하나님을 사랑하며 그 말씀을 마음에 새길 것을 강조합니다. 또한 제사와 절기, 사회적 정의와 공동체 생활에 관한 규례들을 다시 설명하며 백성이 하나님의 백성으로서 거룩하게 살아야 함을 가르칩니다.

후반부는 모세의 마지막 권면과 축복으로 이어집니다. 그는 순종하면 생명과 번영이 주어지고 불순종하면 멸망과 저주가 따를 것임을 분명히 합니다. 모세는 백성 앞에 "생명과 사망, 복과 저주"를 두시며 하나님을 선택할 것을 촉구하고, 각 지파를 축복한 뒤 느보산에서 생을 마감합니다.

책의 요약은 신명기가 단순한 율법 반복이 아니라 약속의 땅에 들어가기 전 하나님의 백성이 언약을 새롭게 하고 삶의 방향을 확립하는 책이라는 점입니다. 회상과 순종, 사랑과 언약, 축복과 경고라는 주제가 책 전체에 흐르며, 하나님 나라 백성이 어떤 정체성과 삶을 가져야 하는지를 깊이 묵상하게 합니다.

여호수아

여호수아는 성경의 여섯 번째 책으로 모세의 뒤를 이어 지도자가 된 여호수아가 이스라엘 백성을 약속의 땅 가나안으로 인도하는 과정을 기록합니다. 이 책은 하나님의 약속이 성취되는 역사와 그 땅에서 하나님의 백성이 어떻게 살아야 하는지를 보여주는 중요한 전환점이 됩니다.

서두는 여호수아가 모세의 뒤를 이어 하나님의 부르심을 받고 요단강을 건너 가나안 땅에 들어가는 장면으로 시작됩니다. 하나님은 "강하고 담대하라"는 말씀으로 여호수아를 격려하시며 백성은 하나님의 인도하심 속에서 새로운 여정을 시작합니다. 여리고 성의 함락은 하나님의 능력이 어떻게 역사 속에서 드러나는지를 보여주는 대표적인 사건입니다.

중반부는 가나안 땅의 정복과 분배를 중심으로 전개됩니다. 이스라엘은 여러 성읍과 족속을 무너뜨리며 땅을 차지하고 각 지파에게 땅을 분배합니다. 이 과정은 단순한 전쟁 기록이 아니라 하나님께서 약속하신 땅을 실제로 주시는 성취의 역사입니다. 동시에 불순종과 타협의 문제도 드러나며 백성이 하나님의 말씀에 온전히 순종해야 함을 강조합니다.

후반부는 언약 갱신과 여호수아의 마지막 권면으로 이어집니다. 그는 백성에게 하나님만을 섬기고 다른 신들을 따르지 말 것을 촉구하며, "오직 나와 내 집은 여호와를 섬기겠노라"라는 고백으로 자신의 삶을 마무리합니다. 백성은 하나님과의 언약을 새롭게 확인하며 약속의 땅에서 살아갈 방향을 정립합니다.

책의 요약은 여호수아가 단순한 정복 기록이 아니라 하나님의 약속이 성취되고 백성이 언약 공동체로서 정체성을 확립하는 책이라는 점입니다. 약속과 성취, 순종과 불순종, 언약과 결단이라는 주제가 책 전체에 흐르며, 하나님 나라 백성이 어떤 믿음과 선택으로 살아야 하는지를 깊이 묵상하게 합니다.

사사기

사사기는 성경의 일곱 번째 책으로 여호수아 이후 약속의 땅에 정착한 이스라엘 백성이 왕이 없던 시대를 살아가는 모습을 기록합니다. 이 책은 반복되는 죄와 징계, 회개와 구원의 순환 구조를 통해 인간의 연약함과 하나님의 은혜를 보여주며 궁극적으로 하나님 나라의 참된 왕이 필요함을 드러냅니다.

서두는 이스라엘 백성이 가나안 땅에 정착한 후 하나님의 명령을 온전히 따르지 않고 가나안 족속과 타협하며 살아가는 모습을 보여줍니다. 그 결과 그들은 우상 숭배에 빠지고 하나님께 불순종함으로써 주변 민족들에게 억압을 받게 됩니다.

중반부는 하나님께서 사사들을 세워 백성을 구원하시는 이야기를 중심으로 전개됩니다. 드보라, 기드온, 입다, 삼손 등 다양한 사사가 등장하여 이스라엘을 구원하지만 그들의 삶 역시 완전하지 않고 인간적 한계를 드러냅니다. 이 과정은 죄와 징계, 회개와 구원의 반복되는 사이클을 보여주며 하나님의 은혜가 끊임없이 역사 속에 개입하심을 강조합니다.

후반부는 이스라엘 공동체의 심각한 타락과 혼란을 보여줍니다. 레위인의 첩 사건, 베냐민 지파와의 내전 등은 도덕적·영적 혼란이 극에 달했음을 보여주며 “그때에는 이스라엘에 왕이 없었으므로 사람이 각기 자기 소견에 옳은 대로 행하였더라"라는 말로 시대의 본질을 요약합니다.

책의 요약은 사사기가 단순한 영웅 이야기 모음이 아니라 반복되는 죄와 구원의 역사 속에서 인간의 한계와 하나님의 은혜를 드러내는 책이라는 점입니다. 불순종과 징계, 회개와 구원, 혼란과 은혜라는 주제가 책 전체에 흐르며 참된 왕이신 하나님과 그리스도를 통해서만 백성이 온전한 구원을 얻을 수 있음을 깊이 묵상하게 합니다.

룻기

룻기는 성경의 여덟 번째 책으로 사사 시대의 혼란 속에서도 하나님께서 개인과 가정을 통해 구원의 역사를 이어가시는 모습을 보여줍니다. 이 책은 한 이방 여인 룻의 믿음과 헌신을 통해 하나님의 은혜가 어떻게 드러나는지를 기록하며 메시아 계보 속에 포함되는 놀라운 구속사의 의미를 담고 있습니다.

서두는 엘리멜렉 가족이 흉년을 피해 모압으로 이주하는 이야기로 시작됩니다. 그러나 남편과 두 아들이 죽고 나오미와 두 며느리만 남게 됩니다. 나오미는 고향 베들레헴으로 돌아가기로 결심하고 룻은 "어머니의 하나님이 나의 하나님이 되실 것입니다"라는 고백으로 나오미와 함께 돌아가며 믿음의 길을 선택합니다.

중반부는 룻이 베들레헴에서 보아스를 만나 은혜를 입는 이야기로 전개됩니다. 룻은 겸손히 이삭을 줍는 가운데 보아스의 호의를 받으며 나오미의 지혜로운 인도로 보아스와 가까워집니다. 보아스는 기업 무를 자로서 룻과 나오미의 가정을 회복시키는 역할을 감당하게 됩니다.

후반부는 보아스가 룻과 결혼하고, 그들의 가정이 회복되는 이야기로 이어집니다. 룻은 오벳을 낳게 되고 오벳은 다윗의 조상이 됩니다. 이는 룻의 믿음과 헌신이 단순히 한 가정을 회복하는 데 그치지 않고 메시아 계보 속에 연결되는 놀라운 은혜의 역사임을 보여줍니다.

책의 요약은 룻기가 단순한 가정사 기록이 아니라, 하나님께서 이방 여인의 믿음을 통해 구속사의 큰 흐름을 이어가시는 책이라는 점입니다. 헌신과 은혜, 회복과 구속이라는 주제가 책 전체에 흐르며 하나님 나라 백성이 어떤 믿음과 사랑으로 살아야 하는지를 깊이 묵상하게 합니다.

사무엘상

사무엘상은 성경의 아홉 번째 책으로 사사 시대에서 왕정 시대로 넘어가는 중요한 전환점을 기록합니다. 이 책은 사무엘의 출생과 사역, 사울의 왕위와 몰락 그리고 다윗의 부상이라는 세 가지 큰 흐름을 통해 하나님께서 이스라엘을 어떻게 다스리시는지를 보여줍니다.

서두는 사무엘의 출생과 부르심으로 시작됩니다. 한나의 기도로 태어난 사무엘은 어린 시절부터 하나님의 부르심을 받고 사사와 선지자로서 이스라엘을 인도합니다. 그는 백성에게 하나님의 말씀을 전하며 왕을 세우는 과정에서 중요한 역할을 감당합니다.

중반부는 사울의 왕위와 그의 사역을 중심으로 전개됩니다.

사울은 이스라엘의 첫 왕으로 세워지지만 하나님의 말씀에 불순종함으로써 점차 몰락의 길을 걷게 됩니다. 그의 불순종은 아말렉을 진멸하지 않은 사건과 제사 규례를 어긴 사건에서 드러나며 결국 하나님께서 그를 버리시고 다윗을 새로운 왕으로 준비시키십니다.

후반부는 다윗의 부상과 사울과의 갈등을 중심으로 이어집니다. 다윗은 골리앗을 물리치며 하나님의 능력을 드러내고 백성의 사랑을 받게 됩니다. 그러나 사울은 다윗을 시기하여 끊임없이 그를 죽이려 하지만 다윗은 사울을 두 번이나 살려주며 하나님의 기름 부으신 자를 존중하는 모습을 보여줍니다. 이 과정은 다윗의 신앙과 인내 그리고 하나님의 뜻을 기다리는 자세를 강조합니다.

책의 요약은 사무엘상이 단순한 역사 기록이 아니라 사사 시대에서 왕정 시대로 넘어가는 과정에서 인간의 불순종과 하나님의 주권, 그리고 참된 왕의 모습을 보여주는 책이라는 점입니다. 부르심과 불순종, 몰락과 준비, 갈등과 인내라는 주제가 책 전체에 흐르며 하나님 나라 백성이 어떤 지도자를 따라야 하는지를 깊이 묵상하게 합니다.

사무엘하

사무엘하는 성경의 열 번째 책으로 사무엘상에서 준비된 다윗이 실제로 왕위에 오르고 그의 통치가 어떻게 전개되는지를 기록합니다. 이 책은 다윗의 성공과 실패, 하나님의 은혜와 징계가 교차하는 가운데 참된 왕의 모습과 하나님의 주권을 드러냅니다.

서두는 다윗이 사울과 요나단의 죽음을 애도하며 왕위에 오르는 장면으로 시작됩니다. 그는 먼저 유다 지파의 왕으로 세워지고 이후 온 이스라엘의 왕으로 인정받으며 나라를 통합합니다. 예루살렘을 수도로 삼고 언약궤를 옮겨옴으로써 하나님 중심의 나라를 세우려는 의지를 보여줍니다.

중반부는 다윗의 전성기를 중심으로 전개됩니다. 그는 블레셋과 주변 민족들을 물리치며 강력한 왕국을 세우고 하나님께 성전을 짓고자 하는 마음을 표현합니다. 하나님은 다윗과 언약을 맺으시며 그의 후손을 통해 영원한 왕국을 세우겠다고 약속하십니다. 이는 메시아 언약으로 이어지는 중요한 구속사적 사건입니다.

후반부는 다윗의 죄와 그에 따른 징계 그리고 회복의 과정을 보여줍니다. 밧세바 사건과 우리아의 죽음은 다윗의 큰 죄로 기록되며 하나님은 그에게 징계를 내리십니다. 압살롬의 반역과 가정의 비극은 다윗의 삶을 흔들지만 그는 끝까지 하나님께 회개하며 의지합니다. 마지막에는 다윗의 감사 찬송과 장수의 기록으로 그의 삶이 마무리됩니다.

책의 요약은 사무엘하가 단순한 왕의 역사 기록이 아니라 다윗의 삶 속에서 하나님의 은혜와 징계, 약속과 회복이 교차하는 책이라는 점입니다. 성공과 실패, 죄와 회개, 언약과 은혜라는 주제가 책 전체에 흐르며 참된 왕은 인간의 능력이 아니라 하나님의 주권과 은혜 속에서 세워진다는 사실을 깊이 묵상하게 합니다.

열왕기상

열왕기상은 성경의 열한 번째 책으로 다윗 왕국 이후 이스라엘의 왕정이 어떻게 이어지고 분열되는지를 기록합니다. 이 책은 솔로몬의 통치와 성전 건축, 그리고 이후 왕들의 흥망성쇠를 통해 하나님의 언약과 백성의 불순종이 교차하는 역사를 보여줍니다.

서두는 다윗이 죽고 솔로몬이 왕위에 오르는 장면으로 시작됩니다. 솔로몬은 지혜를 구하여 하나님께 은혜를 입고 그의 통치는 초기에는 안정과 번영으로 가득했습니다. 그는 예루살렘에 성전을 건축하여 하나님께 봉헌하며 이스라엘 역사에서 중요한 신앙의 중심을 세웠습니다.

중반부는 솔로몬의 통치 후반과 그의 타락을 중심으로 전개됩니다. 그는 많은 이방 여인과의 혼인을 통해 우상 숭배에 빠지게 되었고, 결국 하나님께서 그의 왕국을 분열시키겠다고 선언하십니다. 이후 북이스라엘과 남 유다로 나라가 나뉘며 각 왕의 통치가 이어집니다.

후반부는 분열된 왕국의 역사 속에서 나타난 여러 왕들의 행적을 기록합니다. 북이스라엘은 여로보암을 시작으로 우상 숭배와 불순종이 반복되었고 남유다 역시 하나님의 뜻을 따르지 않는 왕들이 등장했습니다. 그러나 하나님은 엘리야와 같은 선지자를 보내어 백성을 회개로 이끌고 하나님의 주권을 드러내셨습니다.

책의 요약은 열왕기상이 단순한 왕들의 역사 기록이 아니라 하나님의 언약과 인간의 불순종, 그리고 선지자를 통한 하나님의 경고와 은혜가 교차하는 책이라는 점입니다. 지혜와 타락, 분열과 경고, 심판과 은혜라는 주제가 책 전체에 흐르며 참된 왕은 인간의 능력이 아니라 하나님의 뜻을 따르는 자임을 깊이 묵상하게 합니다.

열왕기하

열왕기하는 성경의 열두 번째 책으로 분열된 왕국의 역사가 계속 이어지며 북이스라엘과 남유다의 왕들이 어떻게 하나님의 말씀에 반응했는지를 기록합니다. 이 책은 하나님의 언약과 심판, 그리고 선지자를 통한 경고와 은혜가 교차하는 가운데 결국 두 왕국이 멸망에 이르는 과정을 보여줍니다.

서두는 엘리야가 하늘로 올라가고 엘리사가 그의 뒤를 이어 선지자로 활동하는 장면으로 시작됩니다. 엘리사는 여러 기적을 행하며 하나님의 능력을 드러내고 백성에게 하나님의 말씀을 전하는 사명을 감당합니다. 이는 분열된 왕국 속에서도 하나님의 은혜가 여전히 역사하고 있음을 보여줍니다.

중반부는 북이스라엘과 남유다의 왕들의 통치를 중심으로 전개됩니다. 대부분의 왕은 하나님의 뜻을 따르지 않고 우상 숭배에 빠지며 그 결과 나라가 점점 약해지고 혼란에 빠집니다. 그러나 하나님은 선지자들을 보내어 경고하시고 회개를 촉구하십니다. 북이스라엘은 결국 앗수르에 의해 멸망하게 되며 이는 하나님의 말씀을 거역한 결과였습니다.

후반부는 남유다의 역사와 멸망을 기록합니다. 히스기야와 요시야 같은 선한 왕들이 잠시 개혁을 일으켰지만 대부분의 왕은 불순종으로 나라를 어지럽혔습니다. 결국 바벨론이 예루살렘을 함락하고 성전을 파괴하며 백성은 포로로 끌려가게 됩니다. 이는 하나님의 심판이지만 동시에 회복을 향한 구속사의 새로운 단계를 예비하는 사건이기도 합니다.

책의 요약은 열왕기하가 단순한 왕들의 역사 기록이 아니라 하나님의 언약과 인간의 불순종, 그리고 선지자를 통한 경고와 은혜가 교차하는 책이라는 점입니다. 순종과 불순종, 경고와 심판, 멸망과 희망이라는 주제가 책 전체에 흐르며 하나님 나라 백성이 어떤 길을 선택해야 하는지를 깊이 묵상하게 합니다.

역대상

역대상은 성경의 열세 번째 책으로 바벨론 포로 이후 돌아온 공동체가 과거 이스라엘의 역사를 다시 바라보며 하나님의 언약과 다윗 왕조의 의미를 되새기도록 기록된 책입니다. 이 책은 족보와 다윗의 왕위 그리고 성전 준비 과정을 중심으로 하나님의 백성이 어떤 정체성을 가져야 하는지를 강조합니다.

서두는 아담으로부터 시작되는 긴 족보로 시작됩니다. 이는 단순한 혈통 기록이 아니라 하나님의 언약이 세대를 이어 지속되고 있음을 보여줍니다. 족보는 이스라엘 공동체가 하나님의 선택된 백성임을 다시 확인하게 하는 신앙적 선언이었습니다.

중반부는 사울의 죽음과 다윗의 왕위 등극을 중심으로 전개됩니다. 다윗은 하나님께 선택받아 왕이 되고 그의 통치는 이스라엘을 하나로 묶는 중요한 전환점이 됩니다. 그는 예루살렘을 중심으로 나라를 세우고 하나님의 언약궤를 옮겨와 신앙 공동체의 중심을 확립합니다.

후반부는 다윗이 성전 건축을 준비하는 과정으로 이어집니다. 그는 직접 성전을 짓지는 못했지만 레위인과 제사장의 조직을 세우고 성전 예배의 질서를 마련했습니다. 또한 성전 건축에 필요한 재료와 계획을 준비하여 후손에게 맡김으로써 하나님의 임재가 백성 가운데 거할 수 있도록 길을 열었습니다.

책의 요약은 역대상이 단순한 역사 기록이 아니라 족보와 다윗의 왕위, 성전 준비를 통해 하나님의 언약과 백성의 정체성을 되새기게 하는 책이라는 점입니다. 언약과 선택, 왕위와 성전, 준비와 정체성이라는 주제가 책 전체에 흐르며 하나님 나라 백성이 어떤 뿌리와 사명을 가지고 살아야 하는지를 깊이 묵상하게 합니다.

역대하

역대하는 성경의 열네 번째 책으로 솔로몬의 통치에서 시작하여 남유다 왕국의 역사와 멸망까지를 기록합니다. 이 책은 성전 중심의 신앙과 하나님의 언약 그리고 왕들의 순종과 불순종이 어떻게 공동체의 운명을 좌우했는지를 보여줍니다.

서두는 솔로몬의 왕위와 성전 건축으로 시작됩니다. 그는 하나님께 지혜를 구하여 풍요와 번영을 누렸으며 예루살렘 성전을 완공하여 하나님께 봉헌합니다. 성전은 하나님의 임재와 백성의 신앙 중심을 상징하는 중요한 사건이었습니다.

중반부는 솔로몬 이후 남 유다 왕들의 통치를 중심으로 전개됩니다. 아사, 여호사밧, 히스기야, 요시야와 같은 선한 왕들은 개혁을 일으켜 백성을 하나님께로 돌이켰지만 많은 왕은 불순종과 우상 숭배에 빠져 나라를 혼란에 빠뜨렸습니다. 선지자들은 끊임없이 경고를 전했지만 백성은 하나님의 말씀을 거역하기 일쑤였습니다.

후반부는 남유다의 멸망 과정을 기록합니다. 요시야의 죽음 이후 나라가 급격히 약해지고 결국 바벨론이 예루살렘을 함락하여 성전을 파괴하고 백성을 포로로 끌고 갑니다. 그러나 책은 고레스 왕의 칙령으로 포로 귀환의 희망을 언급하며 하나님의 구속사가 여전히 이어지고 있음을 보여줍니다.

책의 요약은 역대하가 단순한 왕들의 역사 기록이 아니라 성전 중심의 신앙과 하나님의 언약, 그리고 순종과 불순종이 공동체의 운명을 결정하는 책이라는 점입니다. 성전과 언약, 개혁과 타락, 심판과 희망이라는 주제가 책 전체에 흐르며 하나님 나라 백성이 어떤 삶을 선택해야 하는지를 깊이 묵상하게 합니다.

에스라

에스라는 성경의 열다섯 번째 책으로 바벨론 포로에서 돌아온 이스라엘 공동체가 다시 하나님의 율법과 성전을 중심으로 신앙을 회복하는 과정을 기록합니다. 이 책은 회복과 개혁, 말씀과 공동체라는 주제를 통해 하나님의 언약이 여전히 살아 있음을 보여줍니다.

서두는 고레스 왕의 칙령으로 시작됩니다. 그는 하나님의 감동을 받아 이스라엘 백성이 예루살렘으로 돌아가 성전을 재건할 수 있도록 허락합니다. 이에 많은 백성이 귀환하여 성전 기초를 놓고 예배를 회복하려 하지만 주변 민족들의 방해로 공사가 중단되기도 합니다.

중반부는 성전 재건의 완성과 공동체의 회복을 중심으로 전개됩니다. 학개와 스가랴 선지자의 격려로 성전 건축이 다시 시작되어 마침내 완공되고 봉헌됩니다. 이는 하나님의 임재가 다시 백성 가운데 거하심을 상징하는 중요한 사건이었습니다.

후반부는 에스라가 예루살렘에 돌아와 율법을 가르치고 개혁을 일으키는 장면으로 이어집니다. 그는 백성의 이방 결혼 문제를 바로잡고 하나님의 말씀을 중심으로 공동체를 정결하게 세우려 합니다. 백성은 회개하며 언약을 새롭게 하고 말씀을 따라 살아가기로 결단합니다.

책의 요약은 에스라가 단순한 귀환 기록이 아니라 포로에서 돌아온 공동체가 성전과 율법을 중심으로 신앙을 회복하는 책이라는 점입니다. 회복과 개혁, 말씀과 공동체, 언약과 정결이라는 주제가 책 전체에 흐르며 하나님 나라 백성이 어떤 삶을 살아야 하는지를 깊이 묵상하게 합니다.

느헤미야

느헤미야는 성경의 열여섯 번째 책으로 바벨론 포로에서 돌아온 공동체가 무너진 예루살렘 성벽을 재건하고 신앙과 공동체를 회복하는 과정을 기록합니다. 이 책은 지도자의 헌신과 백성의 협력, 그리고 하나님의 은혜가 어떻게 역사 속에서 나타나는지를 보여줍니다.

서두는 느헤미야가 포로 귀환 공동체의 어려운 상황을 듣고 깊이 슬퍼하며 하나님께 기도하는 장면으로 시작됩니다. 그는 아닥사스다 왕의 허락을 받아 예루살렘으로 돌아와 성벽 재건을 지도하게 됩니다. 성벽은 단순한 건축물이 아니라 공동체의 정체성과 하나님의 보호를 상징하는 중요한 요소였습니다.

중반부는 성벽 재건 과정과 그 속에서 나타난 방해와 극복을 중심으로 전개됩니다. 주변 민족들의 조롱과 공격에도 불구하고 느헤미야와 백성은 기도와 협력으로 성벽을 완성합니다. 동시에 공동체는 율법을 낭독하고 회개하며 하나님의 말씀을 중심으로 삶을 새롭게 정립합니다.

후반부는 공동체의 개혁과 언약 갱신으로 이어집니다. 느헤미야는 이방 결혼 문제, 안식일 규례, 성전 봉사와 헌신을 바로잡으며 공동체를 정결하게 세웁니다. 백성은 하나님 앞에서 언약을 새롭게 하고, 말씀에 따라 살아가기로 결단합니다.

책의 요약은 느헤미야가 단순한 성벽 재건 기록이 아니라 지도자의 헌신과 공동체의 회복 그리고 하나님의 은혜가 교차하는 책이라는 점입니다. 기도와 협력, 방해와 극복, 개혁과 언약이라는 주제가 책 전체에 흐르며 하나님 나라 백성이 어떤 믿음과 헌신으로 살아야 하는지를 깊이 묵상하게 합니다.

에스더

에스더는 성경의 열일곱 번째 책으로 바벨론 포로 이후 페르시아 제국에서 살아가던 유대인 공동체의 구원을 기록합니다. 이 책은 하나님의 이름이 직접 언급되지 않지만 역사 속에서 하나님의 섭리와 보호가 어떻게 나타나는지를 보여주는 독특한 책입니다.

서두는 아하수에로 왕의 잔치와 왕비 와스디의 폐위 사건으로 시작됩니다. 이후 왕은 새로운 왕비를 찾게 되고 유대인 여인 에스더가 선택되어 왕비가 됩니다. 그녀의 삼촌 모르드개는 왕궁 문 앞에서 충성스럽게 섬기며 유대 공동체와 연결된 중요한 인물로 등장합니다.

중반부는 하만의 음모와 모르드개의 충성으로 전개됩니다. 하만은 모르드개가 자신에게 절하지 않는 것을 분노하여 유대인을 전멸시키려는 계획을 세웁니다. 그러나 모르드개는 왕을 암살하려는 음모를 밝혀내어 왕의 신임을 얻게 되고 에스더는 왕비로서 자신의 정체성을 드러내야 하는 중대한 순간을 맞이합니다.

후반부는 에스더의 용기와 하나님의 섭리로 이어집니다. 그녀는 "죽으면 죽으리이다"라는 결단으로 왕 앞에 나아가 하만의 음모를 폭로합니다. 결국 하만은 처형되고 유대인은 구원을 받습니다. 이 사건은 부림절의 기원이 되어 공동체가 하나님의 구원을 기념하게 됩니다.

책의 요약은 에스더가 단순한 궁중 이야기나 정치적 사건이 아니라 하나님의 섭리와 보호가 역사 속에서 어떻게 나타나는지를 보여주는 책이라는 점입니다. 위기와 음모, 용기와 구원, 섭리와 기념이라는 주제가 책 전체에 흐르며 하나님 나라 백성이 어떤 믿음과 결단으로 살아야 하는지를 깊이 묵상하게 합니다.

욥기

욥기는 성경의 열여덟 번째 책으로 고난과 신앙, 하나님의 주권과 인간의 한계를 깊이 탐구하는 지혜 문학입니다. 이 책은 의로운 사람 욥이 극심한 고난을 겪는 과정을 통해 인간의 고통과 하나님의 뜻 사이의 신비를 묵상하게 합니다.

서두는 욥의 의로운 삶과 갑작스러운 고난으로 시작됩니다. 그는 하나님을 경외하며 흠 없는 삶을 살았지만 사탄의 시험으로 인해 재산과 자녀를 잃고 심각한 질병까지 겪게 됩니다. 그러나 욥은 처음에는 하나님을 원망하지 않고 믿음을 지키려 합니다.

중반부는 욥과 친구들의 긴 대화로 전개됩니다. 친구들은 욥의 고난이 죄 때문이라고 주장하며 그를 책망하지만 욥은 자신의 무죄를 주장하며 하나님께 직접 답을 듣고 싶어 합니다. 이 논쟁은 인간의 지혜와 한계를 드러내며 고난의 이유를 단순히 죄와 벌로 설명할 수 없음을 보여줍니다.

후반부는 하나님께서 직접 말씀하시는 장면으로 이어집니다. 하나님은 욥에게 창조 세계의 신비와 인간이 알 수 없는 하나님의 주권을 보여주며 인간의 이해가 제한적임을 깨닫게 하십니다. 욥은 겸손히 회개하며 하나님의 뜻을 인정하고 결국 하나님은 그의 삶을 회복시키시며 이전보다 더 큰 복을 주십니다.

책의 요약은 욥기가 단순한 고난의 기록이 아니라 인간의 고통과 하나님의 주권 사이의 깊은 신비를 탐구하는 책이라는 점입니다. 고난과 신앙, 논쟁과 깨달음, 회개와 회복이라는 주제가 책 전체에 흐르며 하나님 나라 백성이 어떤 믿음과 겸손으로 살아야 하는지를 깊이 묵상하게 합니다.

시편

시편은 성경의 열아홉 번째 책으로 다양한 시대와 상황 속에서 하나님의 백성이 드린 찬양과 기도의 모음집입니다. 다윗을 비롯한 여러 시인이 기록한 이 노래들은 개인의 고백과 공동체의 예배를 아우르며, 하나님과의 관계 속에서 인간의 감정을 진솔하게 표현합니다.

서두는 하나님을 찬양하고 의인의 길과 악인의 길을 대비하는 시편으로 시작됩니다. 이는 시편 전체의 주제를 요약하듯 하나님을 경외하는 삶이 복된 길임을 선포합니다. 초기의 시편들은 주로 다윗의 개인적 경험을 반영하며 고난 속에서도 하나님을 신뢰하는 믿음을 드러냅니다.

중반부는 다양한 장르의 시편으로 전개됩니다. 찬양시, 탄식시, 감사시, 왕의 시편, 지혜시 등이 등장하며 이는 인간의 삶이 단순히 기쁨과 승리만이 아니라 슬픔과 고통, 회개와 소망으로 가득 차 있음을 보여줍니다. 시편은 하나님께서 모든 상황 속에서 백성과 함께하시며 그들의 기도를 들으신다는 사실을 강조합니다.

후반부는 공동체적 찬양과 예배의 시편으로 이어집니다. 성전 예배에서 불린 찬양, 절기와 행사를 위한 노래들이 포함되어 있으며, 이는 하나님 나라 백성이 함께 모여 하나님을 높이는 삶을 보여줍니다. 마지막 부분은 "할렐루야"로 시작되는 찬양시들이 이어지며 하나님을 향한 영원한 찬양으로 책을 마무리합니다.

책의 요약은 시편이 단순한 노래 모음집이 아니라 인간의 모든 감정과 상황 속에서 하나님을 향한 신앙을 고백하는 책이라는 점입니다. 찬양과 탄식, 감사와 회개, 공동체와 개인의 기도가 책 전체에 흐르며 하나님 나라 백성이 어떤 마음으로 하나님을 예배해야 하는지를 깊이 묵상하게 합니다.

잠언

잠언은 성경의 스무 번째 책으로 지혜 문학의 대표적인 책입니다. 주로 솔로몬과 다른 지혜자들이 기록한 이 말씀들은 일상의 삶 속에서 하나님의 지혜를 어떻게 실천해야 하는지를 보여줍니다. 잠언은 단순한 격언 모음이 아니라 하나님을 경외하는 것이 참된 지혜의 근본임을 강조하는 책입니다.

서두는 지혜의 근본이 하나님을 경외하는 것임을 선포하며 시작됩니다. 부모의 교훈을 따르고 악인의 길을 피하며 지혜를 찾는 자가 복을 얻는다는 메시지가 반복됩니다. 이는 잠언 전체의 기초를 세우는 핵심 주제입니다.

중반부는 다양한 주제의 잠언이 이어집니다. 게으름과 부지런함, 정직과 거짓, 겸손과 교만, 말의 힘과 절제, 가정과 사회적 관계 등 삶의 모든 영역에서 지혜가 어떻게 드러나야 하는지를 보여줍니다. 잠언은 단순히 도덕적 교훈이 아니라 하나님을 경외하는 신앙적 삶의 실천을 강조합니다.

후반부는 아굴과 르무엘의 잠언 그리고 지혜로운 여인의 모습으로 이어집니다. 특히 잠언 31장은 현숙한 여인의 삶을 묘사하며 가정과 사회 속에서 지혜와 신앙을 실천하는 이상적인 모습을 보여줍니다. 이는 잠언 전체의 결론으로서 지혜가 삶 속에서 어떻게 구체적으로 드러나야 하는지를 보여줍니다.

책의 요약은 잠언이 단순한 격언 모음집이 아니라 하나님을 경외하는 삶 속에서 지혜를 실천하는 책이라는 점입니다. 경외와 지혜, 교훈과 실천, 삶과 신앙이라는 주제가 책 전체에 흐르며 하나님 나라 백성이 어떤 삶을 살아야 하는지를 깊이 묵상하게 합니다.

전도서

전도서는 성경의 스물한 번째 책으로 인생의 의미와 인간의 한계를 깊이 성찰하는 지혜 문학입니다. 전도자는 세상의 모든 수고와 즐거움이 결국 "헛되고 헛되다"라는 결론에 이른다고 고백하며 참된 지혜와 만족은 하나님을 경외하는 데 있음을 강조합니다.

서두는 인생의 덧없음을 선언하며 시작됩니다. "헛되고 헛되며 헛되고 헛되니 모든 것이 헛되도다"라는 말은 전도서 전체의 주제를 요약합니다. 인간의 수고와 성취가 결국 사라지고 세상은 반복되는 순환 속에 의미 없는 듯 보인다는 사실을 드러냅니다.

중반부는 인생의 다양한 영역을 탐구하는 내용으로 전개됩니다. 지혜와 어리석음, 부와 가난, 즐거움과 고통, 권력과 억압 등 인간이 추구하는 모든 것이 결국 만족을 주지 못함을 보여줍니다. 전도자는 삶의 불확실성과 죽음의 보편성을 강조하며 인간의 한계를 깨닫게 합니다.

후반부는 인생의 참된 길을 제시합니다. 세상의 모든 것이 헛되지만 하나님을 경외하고 그분의 명령을 지키는 것이 인간의 본분임을 강조합니다. 삶의 즐거움은 하나님께서 주신 선물로 받아들이되 궁극적인 의미와 만족은 하나님께만 있다는 결론으로 이어집니다.

책의 요약은 전도서가 단순한 허무주의적 기록이 아니라 인간의 한계를 인정하고 하나님을 경외하는 삶 속에서 참된 의미를 찾도록 인도하는 책이라는 점입니다. 헛됨과 탐구, 한계와 경외, 본분과 만족이라는 주제가 책 전체에 흐르며 하나님 나라 백성이 어떤 지혜와 태도로 살아야 하는지를 깊이 묵상하게 합니다.

아가

아가는 성경의 스물두 번째 책으로 사랑의 아름다움과 깊이를 노래하는 지혜 문학입니다. 이 책은 솔로몬과 한 여인의 사랑 이야기를 중심으로 인간의 사랑이 하나님의 창조 질서 속에서 얼마나 귀하고 거룩한지를 보여줍니다. 동시에 하나님과 그의 백성 사이의 언약적 사랑을 상징적으로 드러내기도 합니다.

서두는 연인들의 사랑 고백으로 시작됩니다. 여인은 자신의 사랑을 갈망하며 연인의 사랑이 포도주보다 달콤하다고 노래합니다. 이는 사랑의 열정과 순수함을 강조하며 책 전체의 분위기를 설정합니다.

중반부는 연인들의 대화와 사랑의 표현으로 전개됩니다. 서로의 아름다움을 찬양하고 함께 있는 기쁨을 노래하며 사랑의 힘이 모든 장애를 뛰어넘는다는 사실을 보여줍니다. 자연과 계절의 비유를 통해 사랑의 생명력과 풍성함을 묘사합니다.

후반부는 사랑의 결단과 영속성을 강조합니다. “사랑은 죽음같이 강하고 질투는 음부같이 잔인하다”라는 고백은 사랑의 강력한 힘을 드러내며 그 사랑이 단순한 감정이 아니라 삶을 지탱하는 본질임을 보여줍니다. 연인들은 서로에게 속하며 그 사랑이 끝까지 지속될 것을 다짐합니다.

책의 요약은 아가가 단순한 연애 시집이 아니라 사랑의 거룩함과 힘을 노래하는 책이라는 점입니다. 열정과 아름다움, 기쁨과 결단, 영속성과 언약이라는 주제가 책 전체에 흐르며 하나님 나라 백성이 사랑을 어떻게 이해하고 살아야 하는지를 깊이 묵상하게 합니다.

이사야

이사야는 성경의 스물세 번째 책으로 대선지서의 첫 번째 책입니다. 이 책은 유다와 예루살렘을 향한 하나님의 심판과 구원 그리고 메시아의 약속을 중심으로 기록되어 있습니다. 이사야는 40년 이상 활동하며 당시 정치적·영적 혼란 속에서 하나님의 말씀을 선포했습니다.

서두는 유다와 예루살렘의 죄악을 고발하며 시작됩니다. 백성은 하나님을 떠나 우상 숭배와 불의에 빠졌고 하나님은 그들을 심판하시겠다고 경고하십니다. 그러나 동시에 회개하는 자들에게는 구원의 소망을 약속하십니다. 이사야는 하나님의 거룩하심을 강조하며 백성이 돌아오기를 촉구합니다.

중반부는 하나님의 심판과 구원의 메시지가 교차하는 내용으로 전개됩니다. 앗수르와 바벨론 같은 열강들이 하나님의 도구로 사용되어 유다를 징계하지만 결국 하나님의 구원은 예루살렘을 회복시키고 남은 자를 통해 새로운 역사를 이루십니다. 이사야는 메시아의 오심을 예언하며 "한 아기가 우리에게 났고, 그의 이름은 기묘자라, 모사라, 전능하신 하나님이라"라는 말씀으로 구속사의 희망을 선포합니다.

후반부는 위로와 회복의 메시지로 이어집니다. 바벨론 포로 이후 돌아올 백성을 향해 하나님은 새 하늘과 새 땅을 약속하시며 메시아를 통한 영원한 구원을 보여주십니다. 고난받는 종의 노래는 예수 그리스도의 십자가 사역을 예언하며 하나님의 구원이 모든 민족에게 확장될 것을 드러냅니다.

책의 요약은 이사야가 단순한 역사적 예언서가 아니라 하나님의 심판과 구원 그리고 메시아의 약속을 통해 구속사의 큰 그림을 보여주는 책이라는 점입니다. 죄와 심판, 회개와 구원, 메시아와 영원한 나라라는 주제가 책 전체에 흐르며 하나님 나라 백성이 어떤 소망과 믿음으로 살아야 하는지를 깊이 묵상하게 합니다.

예레미야

예레미야는 성경의 스물네 번째 책으로 남유다의 마지막 시기에 활동한 선지자의 메시지를 담고 있습니다. 그는 "눈물의 선지자"라 불리며 백성의 죄와 멸망을 애통해하면서도 하나님의 구원과 새 언약을 선포했습니다.

서두는 예레미야의 부르심으로 시작됩니다. 하나님은 그를 젊은 나이에 선지자로 세우시며, 두려워하지 말고 하나님의 말씀을 전하라고 명령하십니다. 예레미야는 백성의 완악함과 우상숭배를 고발하며 회개를 촉구합니다.

중반부는 유다의 불순종과 멸망의 경고로 전개됩니다. 백성은 하나님의 말씀을 거부하고 거짓 선지자들의 달콤한 말에 귀를 기울입니다. 예레미야는 성전이 파괴될 것과 바벨론 포로가 임박했음을 선포하지만, 사람들은 그를 박해하고 조롱합니다. 그의 삶은 고난으로 가득했지만 그는 끝까지 하나님의 말씀을 전했습니다.

후반부는 심판 속에서도 소망을 보여줍니다. 하나님은 새 언약을 약속하시며, 율법을 돌판이 아닌 사람들의 마음에 새기실 것을 말씀하십니다. 또한 바벨론 포로가 끝나고 회복이 올 것을 예언하며 하나님의 구속사가 멈추지 않음을 드러냅니다. 예레미야는 눈물 속에서도 하나님의 은혜와 소망을 붙들었습니다.

책의 요약은 예레미야가 단순한 심판의 메시지가 아니라 죄와 멸망 속에서도 하나님의 구원과 새 언약을 선포하는 책이라는 점입니다. 죄와 심판, 눈물과 소망, 언약과 회복이라는 주제가 책 전체에 흐르며 하나님 나라 백성이 어떤 믿음과 회개로 살아야 하는지를 깊이 묵상하게 합니다.

예레미야애가

예레미야 애가는 성경의 스물다섯 번째 책으로 예루살렘이 바벨론에 의해 멸망한 후 선지자 예레미야가 기록한 슬픔의 노래입니다. 이 책은 단순한 역사적 기록이 아니라 하나님의 심판 앞에서 백성이 느낀 고통과 회개 그리고 회복을 향한 희망을 담고 있습니다.

서두는 예루살렘의 황폐함을 애통하는 노래로 시작됩니다. 한

때 번영했던 성이 이제는 황무지가 되었고 백성은 포로로 끌려가며 고통을 겪습니다. 예레미야는 이 모든 것이 하나님의 심판임을 깨닫고 깊은 슬픔 속에서 눈물을 흘립니다.

중반부는 고난과 슬픔의 깊이를 묘사하는 내용으로 전개됩니다. 굶주림과 파괴, 절망 속에서 백성은 하나님의 진노를 체험합니다. 그러나 그 가운데서도 예레미야는 "여호와의 인자와 긍휼이 무궁하시므로 우리가 진멸되지 아니하였음이니이다"라는 고백을 통해 희망의 빛을 발견합니다.

후반부는 회개와 회복을 향한 간구로 이어집니다. 예레미야는 백성이 하나님께 돌아와야 한다고 촉구하며 하나님의 긍휼이 다시 임하기를 기도합니다. 그는 멸망의 현실 속에서도 하나님의 언약과 은혜가 여전히 살아 있음을 믿었습니다.

책의 요약은 예레미야애가가 단순한 슬픔의 기록이 아니라 하나님의 심판 속에서도 회개와 희망을 노래하는 책이라는 점입니다. 황폐와 눈물, 심판과 긍휼, 회개와 회복이라는 주제가 책 전체에 흐르며 하나님 나라 백성이 어떤 믿음과 소망으로 살아야 하는지를 깊이 묵상하게 합니다.

에스겔

에스겔은 성경의 스물여섯 번째 책으로 바벨론 포로시기에 활동한 선지자의 메시지를 담고 있습니다. 그는 환상과 상징적인 행동을 통해 하나님의 심판과 회복을 선포하며, 포로 공동체가 하나님의 언약을 잊지 않도록 강력하게 경고했습니다.

서두는 에스겔의 부르심과 하나님 영광의 환상으로 시작됩니다. 그는 그발 강가에서 하나님의 영광을 보고 선지자로 부름을 받습니다. 이는 하나님의 임재가 성전과 예루살렘에만 머무는 것이 아니라, 포로지에서도 역사하신다는 사실을 보여줍니다.

중반부는 예루살렘과 유다에 대한 심판의 메시지로 전개됩니다. 에스겔은 상징적인 행동과 환상을 통해 성전의 부패와 백성의 죄악을 고발합니다. 그는 예루살렘의 멸망을 예언하며 하나님의 심판이 반드시 이루어질 것임을 강조합니다. 그러나 동시에 회개하는 자들에게는 하나님의 은혜가 여전히 남아 있음을 드러냅니다.

후반부는 회복과 소망의 메시지로 이어집니다. 에스겔은 마른 뼈들이 살아나는 환상을 통해 죽은 것 같은 공동체가 하나님의 영으로 다시 살아날 것을 보여줍니다. 또한 새 성전과 새 땅의 환상을 통해 하나님의 임재가 다시 백성 가운데 거할 것을 약속합니다. 이는 궁극적으로 메시아를 통한 영원한 회복을 예표합니다.

책의 요약은 에스겔이 단순한 심판의 예언서가 아니라 하나님의 영광과 회복을 선포하는 책이라는 점입니다. 죄와 심판, 환상과 경고, 회복과 소망이라는 주제가 책 전체에 흐르며, 하나님 나라 백성이 어떤 믿음과 소망으로 살아야 하는지를 깊이 묵상하게 합니다.

다니엘

다니엘은 성경의 스물일곱 번째 책으로, 바벨론 포로시기에 하나님의 백성이 어떻게 믿음을 지키며 살아야 하는지를 보여주는 책입니다. 이 책은 다니엘과 그의 친구들의 신앙적 결단 그리고 하나님의 주권을 드러내는 환상과 예언으로 구성되어 있습니다.

서두는 다니엘과 세 친구가 바벨론에 끌려가면서 시작됩니다. 그들은 왕의 음식과 술을 거부하고 하나님의 율법을 지키며 신앙을 지켜냅니다. 하나님은 그들에게 지혜와 능력을 주셔서 바벨론의 학문 속에서도 뛰어난 자로 세우십니다.

중반부는 다니엘과 친구들의 신앙적 시험과 하나님의 구원으로 전개됩니다. 풀무불 속에 던져진 세 친구가 하나님의 보호로 살아남고, 사자굴에 던져진 다니엘이 하나님의 은혜로 구원받습니다. 이 사건들은 하나님의 주권과 능력이 세상 권세보다 크다는 사실을 증거합니다.

후반부는 다니엘이 본 환상과 예언으로 이어집니다. 그는 여러 나라와 왕국의 흥망성쇠를 예언하며 궁극적으로 하나님의 영원한 나라가 세워질 것을 선포합니다. 메시아의 오심과 마지막 때에 대한 예언은 구속사의 큰 그림을 보여주며 하나님의 백성에게 소망을 줍니다.

책의 요약은 다니엘이 단순한 포로 생활의 기록이 아니라 하나님의 주권과 백성의 신앙적 결단 그리고 영원한 나라의 소망을 보여주는 책이라는 점입니다. 시험과 구원, 환상과 예언, 주권과 소망이라는 주제가 책 전체에 흐르며 하나님 나라 백성이 어떤 믿음과 소망으로 살아야 하는지를 깊이 묵상하게 합니다.

호세아

호세아는 성경의 스물여덟 번째 책으로 북이스라엘을 향한 하나님의 사랑과 심판을 선포하는 소선지서입니다. 이 책은 선지자 호세아의 삶 자체가 하나님의 메시지를 담고 있으며, 불순종하는 백성을 향한 하나님의 끊임없는 사랑을 보여줍니다.

서두는 호세아의 결혼 이야기로 시작됩니다. 하나님은 호세아에게 음란한 여인 고멜과 결혼하라고 명령하시며 이를 통해 이스라엘의 영적 음행을 상징적으로 드러내십니다. 호세아의 가정은 하나님의 메시지를 담은 살아 있는 비유가 됩니다.

중반부는 이스라엘의 죄악과 하나님의 심판으로 전개됩니다. 백성은 우상 숭배와 불의에 빠져 하나님의 언약을 저버렸습니다. 하나님은 그들을 심판하시겠다고 경고하시지만, 동시에 그들을 완전히 버리지 않으시겠다고 말씀하십니다. 심판과 사랑이 교차하며 하나님의 마음이 드러납니다.

후반부는 회복과 사랑의 메시지로 이어집니다. 하나님은 이스라엘을 다시 사랑하시고, 그들을 광야에서 새롭게 만나 언약을 회복하시겠다고 약속하십니다. "내가 너를 영원히 내게 장가들게 하리니"라는 말씀은 하나님의 변함없는 사랑을 보여줍니다.

책의 요약은 호세아가 단순한 심판의 예언서가 아니라 불순종하는 백성을 향한 하나님의 끊임없는 사랑과 회복의 메시지를 담은 책이라는 점입니다. 음행과 심판, 사랑과 회복, 언약과 은혜라는 주제가 책 전체에 흐르며, 하나님 나라 백성이 어떤 관계와 사랑 속에서 살아야 하는지를 깊이 묵상하게 합니다.

요엘

요엘은 성경의 스물아홉 번째 책으로 남 유다를 향한 하나님의 심판과 회복을 선포하는 소선지서입니다. 이 책은 메뚜기 재앙이라는 실제적 사건을 통해 하나님의 심판을 보여주며 동시에 회개하는 자들에게 임할 하나님의 은혜와 성령의 부어짐을 약속합니다.

서두는 메뚜기 재앙의 참상을 묘사하며 시작됩니다. 요엘은 이 재앙을 단순한 자연재해가 아니라 하나님의 심판으로 해석하며, 백성에게 회개를 촉구합니다. 땅은 황폐해지고 곡식과 포도주가 사라지며, 공동체는 절망에 빠집니다.

중반부는 회개와 하나님의 긍휼로 전개됩니다. 요엘은 금식과 기도를 통해 하나님께 돌아오라고 촉구하며 하나님은 마음을 찢고 돌아오는 자를 긍휼히 여기실 것을 약속합니다. 이 과정에서 하나님의 은혜와 회복의 메시지가 드러납니다.

후반부는 회복과 성령의 약속으로 이어집니다. 하나님은 회개한 백성에게 풍성한 곡식과 포도주를 주시며 성령을 모든 육체에 부어 주실 것을 약속합니다. 이는 오순절 성령 강림 사건으로 성취되며, 하나님의 구원이 모든 민족에게 확장될 것을 보여줍니다. 또한 마지막 심판과 하나님의 영원한 나라가 선포됩니다.

책의 요약은 요엘이 단순한 재앙의 기록이 아니라, 심판과 회개, 회복과 성령의 약속을 담은 책이라는 점입니다. 재앙과 심판, 회개와 긍휼, 성령과 구원이라는 주제가 책 전체에 흐르며, 하나님 나라 백성이 어떤 믿음과 소망으로 살아야 하는지를 깊이 묵상하게 합니다.

아모스

아모스는 성경의 서른 번째 책으로 북이스라엘을 향한 하나님의 심판과 정의를 선포하는 소선지서입니다. 그는 남유다 출신의 목자였지만 하나님의 부르심을 받아 북이스라엘에 가서 강력한 메시지를 전했습니다. 아모스의 예언은 사회적 불의와 종교적 타락을 고발하며 하나님의 정의와 공의가 공동체의 중심이어야 함을 강조합니다.

서두는 주변 나라들과 이스라엘에 대한 심판 선언으로 시작됩니다. 아모스는 이방 민족들의 죄악을 지적한 뒤 결국 하나님의 백성인 이스라엘의 죄가 더 크다고 선포합니다. 이는 선택받은 백성이 더 큰 책임을 져야 한다는 사실을 드러냅니다.

중반부는 이스라엘의 사회적 불의와 종교적 위선을 고발하는 내용으로 전개됩니다. 부유층은 가난한 자를 압제하고, 성전 예배는 형식적이며, 정의와 공의는 땅에서 사라졌습니다. 아모스는 "오직 정의를 물 같이, 공의를 마르지 않는 강 같이 흐르게 할지어다"라는 말씀으로 하나님의 뜻을 선포합니다.

후반부는 심판과 회복의 메시지로 이어집니다. 하나님은 이스라엘을 반드시 심판하시겠다고 말씀하시지만 동시에 다윗의 무너진 장막을 다시 세우고 회복하실 것을 약속하십니다. 이는 하나님의 구원이 결국 회복과 소망으로 이어질 것임을 보여줍니다.

책의 요약은 아모스가 단순한 심판의 예언서가 아니라 하나님의 정의와 공의를 선포하며 불의와 위선을 고발하는 책이라는 점입니다. 심판과 회개, 정의와 공의, 회복과 소망이라는 주제가 책 전체에 흐르며 하나님 나라 백성이 어떤 삶을 살아야 하는지를 깊이 묵상하게 합니다.

오바댜

오바댜는 성경의 서른한 번째 책으로 구약에서 가장 짧은 책입니다. 단 한 장으로 구성되어 있지만 에돔을 향한 하나님의 심판과 이스라엘의 회복이라는 강력한 메시지를 담고 있습니다.

서두는 에돔에 대한 심판 선언으로 시작됩니다. 에돔은 야곱의 형 에서의 후손으로 형제 민족이었음에도 불구하고 예루살렘이 멸망할 때 이스라엘을 조롱하고 공격했습니다. 하나님은 그들의 교만과 배신을 책망하시며 반드시 심판하시겠다고 말씀하십니다.

중반부는 에돔의 죄악과 그 결과를 구체적으로 묘사합니다. 그들은 형제를 돕지 않고 오히려 적들과 함께 이스라엘을 공격했습니다. 하나님은 그들의 교만을 꺾고 그들이 의지하던 산성과 지혜가 무너질 것이라고 선포하십니다.

후반부는 이스라엘의 회복과 하나님 나라의 완성을 보여줍니다. 하나님은 시온 산에서 구원이 임할 것을 약속하시며 이스라엘이 다시 땅을 회복하고 하나님의 나라가 세워질 것을 선포하십니다. 이는 궁극적으로 메시아를 통한 하나님의 영원한 나라를 예표합니다.

책의 요약은 오바댜가 단순한 민족 간의 갈등 기록이 아니라, 교만과 배신에 대한 하나님의 심판, 언약 백성의 회복을 선포하는 책이라는 점입니다. 심판과 교만, 배신과 회복, 언약과 나라라는 주제가 책 전체에 흐르며 하나님 나라 백성이 어떤 겸손과 신실함으로 살아야 하는지를 깊이 묵상하게 합니다.

요나

요나는 성경의 서른두 번째 책으로 하나님의 은혜와 선교적 사랑을 보여주는 독특한 소선지서입니다. 선지자 요나의 삶과 경험을 통해, 하나님께서 모든 민족을 향한 구원의 뜻을 가지고 계심을 드러냅니다.

서두는 요나의 부르심과 도망으로 시작됩니다. 하나님은 요나에게 니느웨로 가서 회개를 선포하라고 명령하시지만, 그는 하나님의 뜻을 거부하고 다시스로 도망칩니다. 결국 큰 풍랑이 일어나고, 요나는 바다에 던져져 큰 물고기 뱃속에 들어가게 됩니다.

중반부는 요나의 회개와 하나님의 구원으로 전개됩니다. 물고기 뱃속에서 요나는 하나님께 기도하며 회개하고, 하나님은 그를 구원하여 다시 사명을 맡기십니다. 요나는 결국 니느웨에 가서 하나님의 말씀을 선포하고, 놀랍게도 니느웨 백성은 회개하여 하나님의 심판을 면하게 됩니다.

후반부는 요나의 불만과 하나님의 은혜로 이어집니다. 요나는 니느웨가 멸망하지 않은 것을 불만스럽게 여기지만 하나님은 박넝쿨의 사건을 통해 요나에게 은혜와 긍휼의 교훈을 주십니다. 하나님은 모든 민족을 사랑하시며 회개하는 자를 용서하시는 분임을 강조합니다.

책의 요약은 요나가 단순한 선지자의 이야기나 기적의 기록이 아니라, 하나님의 은혜와 선교적 사랑을 보여주는 책이라는 점입니다. 도망과 회개, 심판과 구원, 불만과 은혜라는 주제가 책 전체에 흐르며, 하나님 나라 백성이 어떤 마음으로 하나님의 뜻에 순종해야 하는지를 깊이 묵상하게 합니다.

미가

미가는 성경의 서른세 번째 책으로 남 유다와 북이스라엘을 향한 하나님의 심판과 구원 메시지를 담은 소선지서입니다. 그는 사회적 불의와 종교적 타락을 고발하며 동시에 메시아를 통한 소망을 선포했습니다.

서두는 예루살렘과 사마리아의 죄악을 고발하며 시작됩니다. 미가는 백성이 우상 숭배와 불의에 빠져 하나님의 심판을 피할 수 없음을 선포합니다. 성읍과 성전이 무너질 것이라는 경고는 하나님의 거룩하심을 드러냅니다.

중반부는 지도자들과 백성의 죄악을 구체적으로 지적하는 내용으로 전개됩니다. 권력자들은 가난한 자를 억압하고, 거짓 선지자들은 백성을 속이며, 종교는 형식적 예배로 변질되었습니다. 그러나 하나님은 남은 자를 통해 회복을 이루실 것을 약속하시며, 메시아가 베들레헴에서 태어나 백성을 다스릴 것을 예언합니다.

후반부는 회개와 소망의 메시지로 이어집니다. 하나님은 정의와 긍휼을 요구하시며, "사람아 주께서 선한 것이 무엇임을 네게 보이셨나니… 오직 정의를 행하며 인자를 사랑하며 겸손히 네 하나님과 함께 행하는 것이 아니냐"라는 말씀으로 참된 신앙의 길을 제시합니다. 결국 하나님의 구원은 회복과 평화로 완성될 것을 보여줍니다.

책의 요약은 미가가 단순한 심판의 예언서가 아니라 하나님의 정의와 긍휼, 그리고 메시아의 소망을 선포하는 책이라는 점입니다. 죄와 심판, 불의와 회개, 메시아와 회복이라는 주제가 책 전체에 흐르며 하나님 나라 백성이 어떤 삶을 살아야 하는지를 깊이 묵상하게 합니다.

나훔

나훔은 성경의 서른네 번째 책으로 앗수르 제국의 수도 니느웨에 대한 하나님의 심판을 선포하는 소선지서입니다. 요나가 니느웨의 회개를 기록했다면 나훔은 그들의 다시 타락한 죄악으로 인해 하나님의 심판이 반드시 임할 것을 보여줍니다.

서두는 하나님의 성품과 심판의 선언으로 시작됩니다. 하나님은 질투하시며 원수를 갚으시는 분이시지만 동시에 오래 참으시고 능력이 크신 분임을 드러냅니다. 그러니 죄악을 끝내 그냥 두지 않으시며, 니느웨에 대한 심판을 선포하십니다.

중반부는 니느웨의 죄악과 멸망의 구체적인 모습으로 전개됩니다. 그들은 폭력과 잔혹함으로 다른 민족을 억압했고 교만과 우상 숭배에 빠졌습니다. 나훔은 니느웨가 반드시 무너질 것이며 그들의 성과 군대가 아무리 강해도 하나님의 심판을 피할 수 없음을 강조합니다.

후반부는 하나님의 백성에게 주어질 위로와 소망으로 이어집니다. 니느웨의 멸망은 단순한 파괴가 아니라 오랫동안 압제받던 하나님의 백성에게 자유와 평화를 가져올 사건입니다. 하나님은 자기 백성을 구원하시고 악한 세력을 심판하시는 분으로 드러납니다.

책의 요약은 나훔이 단순한 역사적 예언서가 아니라 하나님의 정의와 심판, 그리고 백성을 향한 위로를 선포하는 책이라는 점입니다. 죄와 심판, 교만과 멸망, 구원과 위로라는 주제가 책 전체에 흐르며 하나님 나라 백성이 어떤 믿음과 소망으로 살아야 하는지를 깊이 묵상하게 합니다.

하박국

하박국은 성경의 서른다섯 번째 책으로 선지자가 하나님께 직접 질문을 던지고 그 답을 받는 독특한 구조를 가진 소선지서입니다. 그는 세상의 불의와 악이 번성하는 현실 속에서 하나님의 정의가 어떻게 이루어지는지를 묻습니다.

서두는 선지자의 탄식으로 시작됩니다. 하박국은 세상에 가득한 폭력과 불의, 억압을 보며 하나님께 "어찌하여 악인이 형통하고 의인이 고통받는가"라고 질문합니다. 이는 인간의 시각에서 이해하기 어려운 현실을 그대로 드러냅니다.

중반부는 하나님의 응답과 심판의 선언으로 전개됩니다. 하나님은 바벨론을 들어 유다를 심판하시겠다고 말씀하시며 악을 결코 그냥 두지 않으신다고 선포합니다. 그러나 동시에 바벨론 역시 교만과 잔혹함으로 인해 심판을 받을 것임을 보여주십니다. 이 과정에서 "의인은 그의 믿음으로 말미암아 살리라"라는 핵심 메시지가 등장합니다.

후반부는 선지자의 찬양과 신뢰로 이어집니다. 하박국은 현실의 고난과 결핍 속에서도 하나님을 신뢰하며, "비록 무화과나무가 무성하지 못하며… 나는 여호와로 말미암아 즐거워하며"라는 고백으로 책을 마무리합니다. 이는 믿음으로 살아가는 신앙의 본질을 보여줍니다.

책의 요약은 하박국이 단순한 심판의 예언서가 아니라 인간의 질문과 하나님의 응답 그리고 믿음의 결단을 담은 책이라는 점입니다. 질문과 응답, 심판과 구원, 믿음과 찬양이라는 주제가 책 전체에 흐르며, 하나님 나라 백성이 어떤 신뢰와 믿음으로 살아야 하는지를 깊이 묵상하게 합니다.

스바냐

스바냐는 성경의 서른여섯 번째 책으로 요시야 왕 시대에 활동한 선지자의 메시지를 담고 있습니다. 그는 하나님의 심판과 회복을 동시에 선포하며 "여호와의 날"이라는 주제를 중심으로 강력한 경고와 소망을 전했습니다.

서두는 하나님의 심판 선언으로 시작됩니다. 스바냐는 온 땅과 모든 민족을 향한 하나님의 심판을 선포하며 특히 유다의 죄악을 지적합니다. 우상 숭배와 불의, 교만한 삶은 하나님의 진노를 불러올 것임을 경고합니다.

중반부는 "여호와의 날"의 무서운 모습으로 전개됩니다. 그 날은 어둡고 두려운 날이며 하나님의 심판이 피할 수 없이 임하는 날입니다. 스바냐는 백성에게 회개를 촉구하며, 겸손히 하나님을 찾는 자만이 구원을 얻을 수 있음을 강조합니다.

후반부는 회복과 소망의 메시지로 이어집니다. 하나님은 남은 자를 구원하시고 그들에게 기쁨과 평화를 주실 것을 약속하십니다. “너의 하나님 여호와가 너의 가운데에 계시니 그는 구원을 베푸실 전능자시라”라는 말씀은 하나님의 사랑과 회복을 선포하는 핵심 구절입니다.

책의 요약은 스바냐가 단순한 심판의 예언서가 아니라 하나님의 날을 통해 심판과 회복을 동시에 보여주는 책이라는 점입니다. 심판과 회개, 남은 자와 구원, 하나님의 사랑과 회복이라는 주제가 책 전체에 흐르며, 하나님 나라 백성이 어떤 겸손과 믿음으로 살아야 하는지를 깊이 묵상하게 합니다.

학개

학개는 성경의 서른일곱 번째 책으로 바벨론 포로에서 돌아온 유다 백성에게 성전 재건을 촉구하는 메시지를 담고 있습니다. 그는 하나님의 임재와 영광이 성전 가운데 다시 회복될 것을 선포하며 백성의 신앙과 삶을 새롭게 세우도록 이끌었습니다.

서두는 성전 재건의 필요성을 강조하며 시작됩니다. 백성은 포로에서 돌아온 후 자기 집을 짓는 데만 몰두하고 하나님의 성전은 방치되었습니다. 학개는 이것이 하나님의 뜻에 어긋남을 지적하며 성전을 다시 세우라고 촉구합니다.

중반부는 백성의 순종과 하나님의 격려로 전개됩니다. 백성은 학개의 말씀을 듣고 성전 재건을 시작합니다. 하나님은 그들에게 “내 영이 너희 가운데 머물러 있나니 두려워하지 말라”라고 말씀하시며, 그들의 수고를 격려하십니다. 또한 앞으로 임할 성전의 영광이 이전보다 더 클 것임을 약속하십니다.

후반부는 성전 재건과 하나님의 축복으로 이어집니다. 하나님은 순종하는 백성에게 풍성한 복을 주실 것을 약속하시며 성전이 단순한 건물이 아니라 하나님의 임재와 영광의 상징임을 드러내십니다. 또한 다윗 왕조의 회복과 메시아적 소망을 암시하며 하나님의 구속사가 계속 이어질 것을 보여줍니다.

책의 요약은 학개가 단순한 건축 독려가 아니라 하나님의 임재와 영광을 회복하는 신앙적 메시지를 담은 책이라는 점입니다. 방치와 순종, 성전과 영광, 격려와 축복이라는 주제가 책 전체에 흐르며, 하나님 나라 백성이 어떤 우선순위와 믿음으로 살아야 하는지를 깊이 묵상하게 합니다.

스가랴

스가랴는 성경의 서른여덟 번째 책으로 학개와 함께 포로 귀환 이후 성전 재건을 독려한 선지자의 메시지를 담고 있습니다. 그는 환상과 예언을 통해 하나님의 구원과 메시아적 소망을 선포하며 성전과 공동체의 회복을 강조했습니다.

서두는 성전 재건을 촉구하는 말씀으로 시작됩니다. 백성은 포로에서 돌아왔지만 여전히 낙심과 두려움 속에 있었고 스가랴는 하나님의 말씀을 통해 그들에게 용기를 주며 성전을 다시 세우라고 권면합니다.

중반부는 여러 환상과 상징으로 전개됩니다. 스가랴는 여덟 가지 환상을 통해 하나님의 심판과 회복, 그리고 공동체의 정결을 보여줍니다. 특히 대제사장 여호수아의 정결 의식은 하나님의 은혜와 회복을 상징하며 성전 재건이 단순한 건축이 아니라 영적 회복임을 드러냅니다.

후반부는 메시아적 예언과 하나님 나라의 완성으로 이어집니다. 스가랴는 장차 오실 왕이 겸손하게 나귀를 타고 예루살렘에 들어올 것을 예언하며, 이는 예수 그리스도의 입성으로 성취됩니다. 또한 마지막 때에 하나님의 나라가 완전히 세워지고 모든 민족이 여호와를 경배할 것을 선포합니다.

책의 요약은 스가랴가 단순한 성전 재건 독려가 아니라 환상과 예언을 통해 하나님의 구원과 메시아의 소망을 선포하는 책이라는 점입니다. 낙심과 격려, 환상과 회복, 메시아와 영원한 나라라는 주제가 책 전체에 흐르며 하나님 나라 백성이 어떤 믿음과 소망으로 살아야 하는지를 깊이 묵상하게 합니다.

말라기

말라기는 성경의 서른아홉 번째 책으로 구약의 마지막을 장식하는 소선지서입니다. 포로 귀환 이후 성전은 재건되었지만 백성의 신앙은 여전히 무너져 있었고, 하나님은 말라기를 통해 그들의 불성실과 타락을 책망하시며 언약의 회복을 촉구하셨습니다.

서두는 하나님의 사랑 선언으로 시작됩니다. 하나님은 "내가 너희를 사랑하였노라"라고 말씀하시지만, 백성은 그 사랑을 의심합니다. 이는 하나님과 백성 사이의 관계가 얼마나 멀어졌는지를 보여줍니다.

중반부는 제사장들과 백성의 불성실을 고발하는 내용으로 전개됩니다. 제사장들은 부정한 제물을 드리고 백성은 십일조와 헌물을 소홀히 하며 언약을 깨뜨렸습니다. 하나님은 그들의 불경건을 책망하시며 참된 경건과 순종을 요구하십니다.

후반부는 심판과 회복의 메시지로 이어집니다. 하나님은 불의한 자들을 심판하시겠다고 말씀하시지만, 동시에 경외하는 자들에게는 "치유하는 광선"이 떠올라 회복과 구원이 임할 것을 약속하십니다. 또한 엘리야가 다시 와서 여호와의 크고 두려운 날을 준비할 것이라는 예언은 신약에서 세례 요한을 통해 성취됩니다.

책의 요약은 말라기가 단순한 책망의 예언서가 아니라, 하나님의 사랑과 언약, 그리고 메시아적 소망을 담은 책이라는 점입니다. 사랑과 의심, 불성실과 책망, 심판과 회복, 언약과 소망이라는 주제가 책 전체에 흐르며 하나님 나라 백성이 어떤 경건과 믿음으로 살아야 하는지를 깊이 묵상하게 합니다.

마태복음

마태복음은 신약성경의 첫 번째 책으로 예수 그리스도의 생애와 사역을 기록한 네 복음서 중 하나입니다. 이 책은 유대인 독자를 주 대상으로 하며 예수께서 구약의 예언을 성취하신 메시아임을 강조합니다.

서두는 예수 그리스도의 족보와 탄생 이야기로 시작됩니다. 마태는 예수께서 아브라함과 다윗의 후손임을 보여주며 그분이 약속된 메시아임을 증명합니다. 동방 박사의 방문과 헤롯의 박해는 예수의 탄생이 단순한 사건이 아니라 하나님의 구속 계획의 시작임을 드러냅니다.

중반부는 예수의 공생애와 가르침으로 전개됩니다. 산상수훈에서 예수는 하나님 나라의 윤리와 참된 의를 가르치며 병자들을 고치고 귀신을 쫓아내며 하나님의 권능을 나타내십니다. 또한 비유를 통해 하나님 나라의 비밀을 설명하시며 제자들을 부르시고 그들에게 사명을 주십니다.

후반부는 예수의 고난과 죽음 그리고 부활로 이어집니다. 예수는 십자가에서 인류의 죄를 대신하여 죽으시고 사흘 만에 부활하심으로 구원의 완성을 이루십니다. 마지막으로 제자들에게 "너희는 가서 모든 민족을 제자로 삼아…"라는 지상명령을 주시며 복음이 온 세상에 전파될 것을 선포합니다.

책의 요약은 마태복음이 단순한 역사 기록이 아니라 예수께서 구약의 예언을 성취하신 메시아이며 하나님의 나라를 선포하고 완성하신 분임을 보여주는 책이라는 점입니다. 족보와 탄생, 가르침과 기적, 십자가와 부활, 그리고 지상명령이라는 주제가 책 전체에 흐르며, 하나님 나라 백성이 어떤 믿음과 사명으로 살아야 하는지를 깊이 묵상하게 합니다.

마가복음

마가복음은 신약성경의 두 번째 책으로 가장 짧고 간결한 복음서입니다. 이 책은 예수 그리스도의 사역을 빠른 전개와 생생한 묘사로 기록하며, 그분이 하나님의 아들이자 고난받는 종임을 강조합니다.

서두는 세례 요한의 사역과 예수의 세례로 시작됩니다. 예수께서 세례를 받으시고 성령이 임하심으로써 공생애가 시작되며 곧바로 광야에서 시험을 받으십니다. 이는 예수께서 하나님의 아들로서 사역을 준비하는 장면입니다.

중반부는 예수의 기적과 가르침으로 전개됩니다. 마가는 예수께서 귀신을 쫓아내고 병자를 고치며 권위 있는 말씀을 전하시는 모습을 집중적으로 기록합니다. 예수의 능력은 사람들에게 놀라움을 주었고 많은 무리가 그분을 따르게 되었습니다. 그러나 종교 지도자들은 그분을 대적하며 갈등이 심화됩니다.

후반부는 예수의 고난과 죽음, 그리고 부활로 이어집니다. 예수는 제자들에게 자신이 고난받고 죽을 것을 여러 차례 예고하시며 십자가의 길을 걸어가십니다. 결국 예수는 십자가에서 죽으시고 사흘 만에 부활하심으로 하나님의 구원을 완성하십니다. 마가는 부활하신 예수께서 제자들에게 복음을 전파할 사명을 주셨음을 강조합니다.

책의 요약은 마가복음이 단순한 사건 기록이 아니라 예수께서 하나님의 아들이자 고난받는 종으로서 세상에 오셨음을 보여주는 책이라는 점입니다. 세례와 사역, 기적과 갈등, 십자가와 부활, 그리고 사명이라는 주제가 책 전체에 흐르며 하나님 나라 백성이 어떤 믿음과 헌신으로 살아야 하는지를 깊이 묵상하게 합니다.

누가복음

누가복음은 신약성경의 세 번째 책으로 의사였던 누가가 기록한 복음서입니다. 그는 역사적 사실과 증언을 꼼꼼히 정리하여 예수 그리스도의 생애와 사역을 가장 체계적으로 보여줍니다. 특히 이방인과 사회적 약자를 향한 하나님의 사랑을 강조하며 예수께서 인류의 구주임을 드러냅니다.

서두는 예수의 탄생 이야기로 시작됩니다. 세례 요한의 출생과 예수의 탄생이 나란히 기록되며 이는 하나님의 구속 계획이 역사 속에서 이루어지고 있음을 보여줍니다. 천사의 수태고지, 목자들의 경배, 시므온과 안나의 찬송은 예수께서 참된 구주임을 증언합니다.

중반부는 예수의 공생애와 가르침으로 전개됩니다. 누가는 예수께서 가난한 자, 병든 자, 소외된 자를 찾아가신 모습을 강조합니다. 선한 사마리아인 비유, 잃은 양과 탕자의 비유 등은 하나님의 사랑과 자비를 보여주며 제자들에게 참된 제자도의 길을 가르칩니다.

후반부는 예수의 고난과 죽음 그리고 부활로 이어집니다. 예수는 십자가에서 인류의 죄를 대신하여 죽으시고 부활하심으로 구원의 완성을 이루십니다. 부활하신 예수께서는 엠마오로 가는 두 제자에게 나타나 성경을 풀어 설명하시며 제자들에게 성령의 약속을 주십니다.

책의 요약은 누가복음이 단순한 사건 기록이 아니라 예수께서 모든 사람을 위한 구주임을 보여주는 책이라는 점입니다. 탄생과 증언, 가르침과 기적, 십자가와 부활, 그리고 성령의 약속이라는 주제가 책 전체에 흐르며 하나님 나라 백성이 어떤 믿음과 사랑으로 살아야 하는지를 깊이 묵상하게 합니다.

요한복음

요한복음은 신약성경의 네 번째 책으로 다른 복음서들과 달리 예수 그리스도의 신성을 특별히 강조하는 복음서입니다. 사도 요한은 예수께서 단순한 인간 선지자가 아니라 태초부터 계신 하나님의 말씀(로고스)이심을 증거합니다.

서두는 예수의 신성을 선포하며 시작됩니다. “태초에 말씀이 계시니라… 이 말씀이 하나님과 함께 계셨고 이 말씀은 곧 하나님이시니라”라는 선언은 요한복음 전체의 주제를 압축합니다. 예수는 빛으로 세상에 오셨고 그를 믿는 자는 하나님의 자녀가 되는 권세를 받습니다.

중반부는 예수의 표적과 가르침으로 전개됩니다. 요한은 일곱 가지 표적을 통해 예수께서 하나님의 아들이심을 드러냅니다. 물을 포도주로 변화시키신 사건, 오병이어의 기적, 죽은 나사로를 살리신 사건 등은 단순한 기적이 아니라 예수의 신성과 구원의 능력을 보여줍니다. 또한 “나는 생명의 떡이라”, “나는 세상의 빛이라”, “나는 선한 목자라”와 같은 자기 선언은 예수의 정체성을 분명히 드러냅니다.

후반부는 예수의 고난과 죽음 그리고 부활로 이어집니다. 요한은 예수의 십자가 사건을 단순한 죽음이 아니라 하나님의 사랑과 구원의 완성으로 묘사합니다. 예수는 부활하신 후 제자들에게 나타나시며 도마에게 “나는 길이요 진리요 생명이니”라는 말씀을 확증하십니다. 마지막으로 베드로에게 사명을 회복시켜 주시며 교회의 사명을 이어가게 하십니다.

책의 요약은 요한복음이 단순한 사건 기록이 아니라 예수께서 하나님의 아들이자 구주임을 증거하는 책이라는 점입니다. 신성과 말씀, 표적과 자기 선언, 십자가와 부활, 그리고 사명이라는 주제가 책 전체에 흐르며 하나님 나라 백성이 어떤 믿음과 확신으로 살아야 하는지를 깊이 묵상하게 합니다.

사도행전

사도행전은 신약성경의 다섯 번째 책으로 누가가 기록한 복음서의 후속편입니다. 이 책은 예수 그리스도의 승천 이후 성령께서 교회를 세우시고 복음을 확장해 가시는 과정을 보여줍니다. 사도들의 행적을 통해 하나님의 나라가 어떻게 세상 속으로 퍼져 나갔는지를 생생하게 기록합니다.

서두는 예수의 승천과 성령 강림으로 시작됩니다. 예수께서는 제자들에게 성령을 약속하시며 "너희가 권능을 받고 예루살렘과 온 유대와 사마리아와 땅끝까지 이르러 내 증인이 되리라"라는 말씀을 주십니다. 오순절에 성령이 강림하자 제자들은 담대히 복음을 전하기 시작합니다.

중반부는 예루살렘 교회의 성장과 박해 그리고 복음의 확장으로 전개됩니다. 베드로와 요한은 기적을 행하며 복음을 전하고 스데반은 순교를 통해 믿음을 증거합니다. 박해로 흩어진 성도들은 사마리아와 이방 지역에 복음을 전하며 교회는 점점 확장됩니다. 바울의 회심은 복음 확장의 중요한 전환점이 됩니다.

후반부는 바울의 선교 여행과 로마로 향하는 여정으로 이어집니다. 바울은 여러 도시에서 복음을 전하며 교회를 세우고, 유대인과 이방인 모두에게 예수 그리스도를 증거합니다. 결국 그는 로마에 이르러 복음을 전하며 하나님의 나라가 세상 끝까지 확장되는 모습을 보여줍니다.

책의 요약은 사도행전이 단순한 역사 기록이 아니라 성령의 역사와 교회의 확장을 보여주는 책이라는 점입니다. 승천과 성령, 교회의 성장과 박해, 선교와 확장, 그리고 하나님의 나라라는 주제가 책 전체에 흐르며, 하나님 나라 백성이 어떤 증인의 삶을 살아야 하는지를 깊이 묵상하게 합니다.

로마서

로마서는 신약성경의 여섯 번째 책으로 사도 바울이 로마 교회에 보낸 서신입니다. 이 책은 복음의 본질과 하나님의 의 그리고 믿음을 통한 구원의 진리를 가장 체계적으로 설명한 서신으로 평가됩니다.

서두는 바울의 인사와 복음의 핵심 선언으로 시작됩니다. 바울은 자신을 복음에 부름받은 사도로 소개하며 "복음에는 하나님의 의가 나타나서 믿음으로 믿음에 이르게 하나니"라는 말씀으로 로마서 전체의 주제를 선포합니다.

중반부는 인류의 죄와 하나님의 의 그리고 믿음을 통한 구원으로 전개됩니다. 모든 사람이 죄 아래에 있으며 율법으로는 의롭게 될 수 없음을 밝힙니다. 그러나 예수 그리스도를 믿는 자는 하나님의 은혜로 의롭다 하심을 얻습니다. 아브라함의 믿음을 예로 들어 구원이 행위가 아닌 믿음으로 주어짐을 강조합니다. 또한 성령 안에서 새로운 삶을 사는 것이 구원의 열매임을 설명합니다.

후반부는 이스라엘과 이방인의 구원 그리고 성도의 삶에 대한 교훈으로 이어집니다. 바울은 하나님의 구원 계획 속에서 이스라엘과 이방인이 함께 포함되어 있음을 밝히며 성도들에게는 몸을 산 제물로 드리고 사랑과 겸손으로 공동체를 세우라고 권면합니다. 마지막으로 여러 성도에게 문안하며 서신을 마무리합니다.

책의 요약은 로마서가 단순한 교리적 설명이 아니라 복음의 본질과 믿음을 통한 구원의 진리를 선포하는 책이라는 점입니다. 죄와 의, 율법과 믿음, 구원과 성령, 이스라엘과 교회, 삶과 헌신이라는 주제가 책 전체에 흐르며 하나님 나라 백성이 어떤 믿음과 삶으로 살아야 하는지를 깊이 묵상하게 합니다.

고린도전서

고린도전서는 신약성경의 일곱 번째 책으로 사도 바울이 고린도 교회에 보낸 서신입니다. 이 책은 교회 내의 분열과 도덕적 문제, 예배와 은사, 사랑과 부활에 관한 교훈을 담고 있으며 교회 공동체가 어떻게 하나님의 뜻에 따라 살아야 하는지를 보여줍니다.

서두는 바울의 인사와 교회의 문제 지적을 통해 시작됩니다. 바울은 고린도 교회가 여러 지도자를 따라 나뉘어 분열된 것을 책망하며 그리스도 안에서 하나 되어야 함을 강조합니다.

중반부는 교회의 도덕적 문제와 예배 질서에 대한 교훈으로 전개됩니다. 음행과 소송 문제, 결혼과 독신에 관한 교훈, 우상에게 바친 음식 문제 등이 다루어집니다. 또한 예배에서 은사의 사용과 질서, 성찬의 의미를 바로 세우도록 가르칩니다. 바울은 은사보다 사랑이 가장 크다고 강조하며, "사랑은 오래 참고 사랑은 온유하며…"라는 유명한 사랑의 찬가를 기록합니다.

후반부는 부활과 종말의 소망으로 이어집니다. 바울은 그리스도의 부활이 신앙의 핵심임을 밝히며 성도들의 부활과 영원한 생명을 확신하게 합니다. 마지막으로 교회 공동체가 믿음과 소망, 사랑 안에서 굳건히 서도록 권면합니다.

책의 요약은 고린도전서가 단순한 문제 해결 서신이 아니라 교회 공동체가 하나님의 뜻에 따라 살아가는 길을 제시하는 책이라는 점입니다. 분열과 하나 됨, 도덕과 질서, 은사와 사랑, 부활과 소망이라는 주제가 책 전체에 흐르며 하나님 나라 백성이 어떤 믿음과 사랑으로 살아야 하는지를 깊이 묵상하게 합니다.

고린도후서

고린도후서는 신약성경의 여덟 번째 책으로 사도 바울이 고린도 교회에 보낸 두 번째 서신입니다. 이 책은 바울의 사도적 권위와 사역의 진정성을 변호하면서 고난 속에서도 하나님의 위로와 능력을 강조하는 서신입니다.

서두는 바울의 인사와 하나님의 위로로 시작됩니다. 바울은 자신과 동역자들이 겪은 고난을 나누며 하나님께서 모든 환난 가운데 위로하시는 분임을 선포합니다. 이는 고린도 교회가 어려움 속에서도 소망을 붙들도록 격려하는 메시지입니다.

중반부는 바울의 사역과 권위에 대한 변호로 전개됩니다. 일부 고린도 교인들은 바울의 사도적 권위를 의심했지만 바울은 자신의 사역이 인간적 지혜가 아닌 하나님의 능력으로 이루어진 것임을 강조합니다. 그는 복음의 진실성과 성령의 역사 그리고 고난 속에서도 흔들리지 않는 믿음을 통해 자신의 사도직을 증명합니다.

후반부는 연보와 성도의 삶, 그리고 바울의 개인적 고백으로 이어집니다. 바울은 예루살렘 교회를 돕기 위한 연보를 권면하며 성도들이 기쁨으로 나누는 삶을 살도록 가르칩니다. 또한 자신의 약함과 고난을 고백하면서, "내 은혜가 네게 족하도다"라는 하나님의 말씀을 증거합니다. 이는 인간의 약함 속에서 하나님의 능력이 온전히 드러난다는 진리를 보여줍니다.

책의 요약은 고린도후서가 단순한 변호의 서신이 아니라 고난 속에서도 하나님의 위로와 능력을 경험하는 신앙의 본질을 담은 책이라는 점입니다. 위로와 권위, 연보와 나눔, 약함과 능력이라는 주제가 책 전체에 흐르며 하나님 나라 백성이 어떤 겸손과 믿음으로 살아야 하는지를 깊이 묵상하게 합니다.

갈라디아서

갈라디아서는 신약성경의 아홉 번째 책으로 사도 바울이 갈라디아 지방 여러 교회에 보낸 서신입니다. 이 책은 율법과 복음의 관계, 그리고 믿음을 통한 자유와 은혜의 진리를 강조합니다.

서두는 바울의 인사와 강한 책망으로 시작됩니다. 바울은 갈라디아 교회가 다른 복음을 따르려는 것을 크게 꾸짖으며 오직 예수 그리스도의 복음만이 참된 구원임을 선포합니다.

중반부는 바울의 사도직 변호와 믿음의 본질로 전개됩니다. 그는 자신의 사역이 사람에게서 난 것이 아니라 하나님께로부터 난 것임을 밝히며, 아브라함의 믿음을 예로 들어 율법이 아닌 믿음으로 의롭다 하심을 얻는다는 진리를 강조합니다. 또한 율법은 일시적 역할을 했을 뿐, 그리스도 안에서 완성되었음을 설명합니다.

후반부는 성도의 자유와 성령의 삶으로 이어집니다. 바울은 성도들이 율법의 속박에서 벗어나 자유롭게 되었음을 선포하며, 그 자유가 방종이 아니라 사랑으로 서로 섬기는 삶임을 강조합니다. 성령의 열매 즉 사랑, 희락, 화평, 오래 참음, 자비, 양선, 충성, 온유, 절제는 성도의 삶을 통해 드러나야 할 모습입니다.

책의 요약은 갈라디아서가 단순한 교리 논쟁이 아니라 복음의 본질과 믿음을 통한 자유를 선포하는 책이라는 점입니다. 율법과 복음, 믿음과 자유, 성령과 열매라는 주제가 책 전체에 흐르며 하나님 나라 백성이 어떤 은혜와 자유 속에서 살아야 하는지를 깊이 묵상하게 합니다.

에베소서

에베소서는 신약성경의 열 번째 책으로 사도 바울이 에베소 교회와 인근 교회들을 위해 기록한 서신입니다. 이 책은 교회의 본질과 성도의 삶을 강조하며 그리스도 안에서 하나 된 공동체의 모습을 보여줍니다.

서두는 바울의 인사와 찬양으로 시작됩니다. 그는 하나님께서 그리스도 안에서 성도들에게 베푸신 영적 복을 찬양하며 성도들이 하나님의 뜻 안에서 선택되고 구속받았음을 선포합니다. 또한 성령의 인치심을 통해 구원의 확실함을 강조합니다.

중반부는 교회의 본질과 그리스도 안에서의 연합으로 전개됩니다. 바울은 교회를 그리스도의 몸으로 묘사하며 유대인과 이방인이 그리스도 안에서 하나 되었음을 밝힙니다. 또한 성도들이 은혜로 구원받았음을 강조하며 행위가 아닌 믿음으로 의롭다 하심을 얻는다는 진리를 다시 확인합니다.

후반부는 성도의 삶과 영적 전투로 이어집니다. 바울은 성도들이 옛 사람을 벗고 새 사람을 입어 거룩한 삶을 살아야 한다고 권면합니다. 가정과 공동체 안에서 서로 사랑과 존중으로 살아야 하며, 마지막으로 하나님의 전신 갑주를 입고 악한 세력과 싸워야 한다고 가르칩니다.

책의 요약은 에베소서가 단순한 교리 설명이 아니라 교회의 본질과 성도의 삶을 보여주는 책이라는 점입니다. 구원과 은혜, 교회와 연합, 삶과 거룩, 영적 전투와 승리라는 주제가 책 전체에 흐르며, 하나님 나라 백성이 어떤 믿음과 공동체적 삶으로 살아야 하는지를 깊이 묵상하게 합니다.

빌립보서

빌립보서는 신약성경의 열한 번째 책으로 사도 바울이 로마의 감옥에서 빌립보 교회에 보낸 서신입니다. 이 책은 고난 속에서도 기쁨을 잃지 않는 신앙의 본질을 보여주며 그리스도 안에서 참된 겸손과 사랑을 강조합니다.

서두는 바울의 감사와 기도로 시작됩니다. 그는 빌립보 교회가 복음에 동참한 것을 기뻐하며 그들의 믿음이 더욱 성장하기를 기도합니다. 바울은 감옥에 있으면서도 복음이 확장되는 것을 보고 기뻐합니다.

중반부는 그리스도의 겸손과 성도의 삶으로 전개됩니다. 바울은 성도들에게 같은 마음을 품으라고 권면하며, 예수께서 자신을 낮추어 십자가에 죽기까지 순종하신 겸손의 본을 제시합니다. 또한 성도들이 두렵고 떨림으로 구원을 이루며 세상 가운데 빛으로 살아야 함을 강조합니다.

후반부는 바울의 개인적 상황과 성도의 헌신으로 이어집니다. 그는 디모데와 에바브로디도를 언급하며 복음을 위해 헌신하는 동역자들을 격려합니다. 또한 빌립보 교회가 바울에게 물질적 도움을 보낸 것을 감사하며 하나님께서 그들의 필요를 채우실 것을 약속합니다. 마지막으로 성도들에게 기쁨과 평강을 누리며 살아가라고 권면합니다.

책의 요약은 빌립보서가 단순한 감사의 편지가 아니라 고난 속에서도 기쁨을 누리는 신앙의 본질을 보여주는 책이라는 점입니다. 감사와 기쁨, 겸손과 사랑, 헌신과 평강이라는 주제가 책 전체에 흐르며, 하나님 나라 백성이 어떤 믿음과 태도로 살아야 하는지를 깊이 묵상하게 합니다.

골로새서

골로새서는 신약성경의 열두 번째 책으로 사도 바울이 골로새 교회에 보낸 서신입니다. 이 책은 그리스도의 우월성과 충만함을 강조하며 성도들이 그리스도 안에서 참된 삶을 살아가야 함을 가르칩니다.

서두는 바울의 인사와 감사로 시작됩니다. 그는 골로새 교회의 믿음과 사랑을 칭찬하며 그들이 더욱 지혜와 영적 깨달음으로 자라나기를 기도합니다.

중반부는 그리스도의 우월성과 충만함으로 전개됩니다. 바울은 예수께서 만물의 창조주이자 교회의 머리이심을 선포하며 그분 안에 모든 충만이 거한다고 강조합니다. 또한 성도들이 그리스도 안에서 죄와 율법의 속박에서 자유롭게 되었음을 밝힙니다.

후반부는 성도의 삶과 공동체적 관계로 이어집니다. 바울은 성도들이 옛 사람을 벗고 새 사람을 입어 거룩한 삶을 살아야 한다고 권면합니다. 가정과 사회 속에서 서로 사랑과 존중으로 살아야 하며, 기도와 감사로 삶을 채워야 한다고 가르칩니다.

책의 요약은 골로새서가 단순한 교리적 설명이 아니라 그리스도의 충만함과 성도의 삶을 보여주는 책이라는 점입니다. 우월성과 충만, 자유와 새 사람, 사랑과 감사라는 주제가 책 전체에 흐르며 하나님 나라 백성이 어떤 믿음과 삶으로 살아야 하는지를 깊이 묵상하게 합니다.

데살로니가전서

데살로니가전서는 신약성경의 열세 번째 책으로 사도 바울이 데살로니가 교회에 보낸 서신입니다. 이 책은 바울의 초기 서신 중 하나로 박해 속에서도 믿음을 지킨 성도들을 격려하며 그리스도의 재림에 대한 소망을 강조합니다.

서두는 바울의 감사와 격려로 시작됩니다. 그는 데살로니가 교회가 믿음과 사랑, 소망 가운데 굳건히 서 있는 것을 칭찬하며 그들의 신앙이 다른 지역 교회들에게 본이 되고 있음을 전합니다.

중반부는 성도의 삶과 거룩함에 대한 교훈으로 전개됩니다. 바울은 성도들이 음행을 멀리하고 사랑으로 서로를 섬기며 조용히 자기 일을 하며 살아가야 한다고 권면합니다. 또한 성도들이 형제 사랑을 더욱 풍성히 하도록 격려합니다.

후반부는 그리스도의 재림과 종말의 소망으로 이어집니다. 바울은 죽은 성도들이 부활하여 살아 있는 성도들과 함께 주님을 맞이할 것을 설명하며 성도들이 재림의 소망 속에서 위로와 힘을 얻도록 합니다. 마지막으로 성도들에게 항상 기뻐하고, 쉬지 말고 기도하며, 범사에 감사하라는 삶의 태도를 가르칩니다.

책의 요약은 데살로니가전서가 단순한 격려의 편지가 아니라 박해 속에서도 믿음을 지키는 성도들에게 재림의 소망을 심어주는 책이라는 점입니다. 믿음과 사랑, 거룩과 소망, 기쁨과 감사라는 주제가 책 전체에 흐르며, 하나님 나라 백성이 어떤 삶과 태도로 살아야 하는지를 깊이 묵상하게 합니다.

데살로니가후서

데살로니가후서는 신약성경의 열네 번째 책으로 사도 바울이 데살로니가 교회에 보낸 두 번째 서신입니다. 이 책은 성도들이 박해와 혼란 속에서도 믿음을 지키도록 격려하며 그리스도의 재림에 대한 올바른 이해를 바로잡는 내용을 담고 있습니다.

서두는 바울의 감사와 격려로 시작됩니다. 그는 데살로니가 교회가 박해 속에서도 믿음을 굳건히 지키고 있는 것을 칭찬하며 하나님께서 그들의 인내와 믿음을 기억하신다고 전합니다.

중반부는 재림에 대한 교훈으로 전개됩니다. 일부 성도들이 그리스도의 재림이 이미 이루어졌다고 잘못 이해했기에 바울은 재림 전에 반드시 불법의 사람(적그리스도)이 나타날 것임을 설명합니다. 그는 성도들이 흔들리지 말고 진리를 붙들며 재림의 소망 속에서 굳건히 서도록 권면합니다.

후반부는 성도의 삶과 교회의 질서로 이어집니다. 바울은 게

으르게 살아가는 자들을 책망하며 성도들이 열심히 일하고 공동체 안에서 질서를 지켜야 한다고 가르칩니다. 또한 성도들이 서로를 권면하고 주님의 은혜 안에서 살아가도록 마지막 인사를 전합니다.

책의 요약은 데살로니가후서가 단순한 재림 논쟁의 서신이 아니라 박해 속에서도 믿음을 지키며 올바른 종말 신앙을 세우도록 하는 책이라는 점입니다. 믿음과 인내, 재림과 진리, 질서와 은혜라는 주제가 책 전체에 흐르며 하나님 나라 백성이 어떤 소망과 삶으로 살아야 하는지를 깊이 묵상하게 합니다.

디모데전서

디모데전서는 신약성경의 열다섯 번째 책으로 사도 바울이 영적 아들인 디모데에게 보낸 목회 서신입니다. 이 책은 교회의 질서와 지도자의 자격, 그리고 성도의 삶에 대한 교훈을 담고 있으며 목회자와 성도 모두에게 중요한 지침을 제공합니다.

서두는 바울의 인사와 권면으로 시작됩니다. 그는 디모데에게 거짓 교훈을 경계하고 참된 믿음과 사랑 안에서 교회를 세우도록 권면합니다. 바울은 자신이 죄인 중의 괴수였으나 하나님의 은혜로 사도가 된 것을 고백하며 복음의 능력을 강조합니다.

중반부는 교회의 질서와 지도자의 자격으로 전개됩니다. 바울은 교회 안에서 남녀의 역할을 언급하며, 감독과 집사의 자격을 상세히 설명합니다. 이는 교회 지도자가 어떤 인격과 신앙을 갖추어야 하는지를 보여줍니다. 또한 성도들이 경건과 기도 가운데 살아야 함을 강조합니다.

후반부는 성도의 삶과 목회자의 자세로 이어집니다. 바울은 디모데에게 말씀을 바르게 가르치고 경건에 이르도록 자신을 훈련하라고 권면합니다. 또한 재물에 대한 올바른 태도와 성도의 선행을 강조하며 믿음의 선한 싸움을 싸우라고 격려합니다.

책의 요약은 디모데전서가 단순한 개인 서신이 아니라 교회의 질서와 성도의 삶을 세우는 목회 지침서라는 점입니다. 교훈과 질서, 자격과 경건, 선행과 믿음이라는 주제가 책 전체에 흐르며 하나님 나라 백성이 어떤 지도력과 삶으로 살아야 하는지를 깊이 묵상하게 합니다.

디모데후서

디모데후서는 신약성경의 열여섯 번째 책으로 사도 바울이 마지막으로 기록한 서신으로 알려져 있습니다. 그는 로마 감옥에서 죽음을 앞두고 영적 아들 디모데에게 보낸 편지로 목회자의 사명과 끝까지 믿음을 지키는 삶을 강조합니다.

서두는 바울의 인사와 격려로 시작됩니다. 그는 디모데에게 믿음의 유산을 상기시키며, 두려워하지 말고 성령의 능력으로 복음을 전하라고 권면합니다. 바울은 자신이 복음을 위해 고난을 받지만 부끄러워하지 않는다고 고백합니다.

중반부는 목회자의 사명과 말씀의 중요성으로 전개됩니다. 바울은 디모데에게 말씀을 바르게 가르치고 거짓 교훈을 경계하며 충성된 일꾼으로 서도록 권면합니다. 그는 군사, 운동선수, 농부의 비유를 통해 인내와 헌신의 삶을 강조합니다. 또한 성경은 하나님의 감동으로 된 것으로 교훈과 책망과 바르게 함과 의로 교육하기에 유익하다고 밝힙니다.

후반부는 바울의 개인적 고백과 마지막 권면으로 이어집니다. 그는 자신의 생애를 "달려갈 길을 마치고 믿음을 지켰다"라고 고백하며, 의의 면류관이 자신뿐 아니라 모든 믿는 자에게 주어질 것을 확신합니다. 바울은 디모데에게 끝까지 복음을 전하며 충성된 목회자로 서도록 마지막 당부를 전합니다.

책의 요약은 디모데후서가 단순한 개인적 유언이 아니라 목회자와 성도 모두에게 끝까지 믿음을 지키며 말씀을 붙들라는 메시지를 담은 책이라는 점입니다. 사명과 말씀, 인내와 헌신, 믿음과 소망이라는 주제가 책 전체에 흐르며, 하나님 나라 백성이 어떤 충성과 소망으로 살아야 하는지를 깊이 묵상하게 합니다.

디도서

디도서는 신약성경의 열일곱 번째 책으로 사도 바울이 동역자 디도에게 보낸 목회 서신입니다. 이 책은 교회의 질서와 지도자의 자격 그리고 성도의 삶에 대한 교훈을 담고 있으며 바울의 목회적 지혜가 잘 드러나 있습니다.

서두는 바울의 인사와 사명으로 시작됩니다. 그는 자신을 하나님의 종이자 예수 그리스도의 사도로 소개하며 디도에게 은혜와 평강을 기원합니다. 바울은 복음의 진리를 굳게 붙들고 교회를 바르게 세우는 사명을 강조합니다.

중반부는 교회의 지도자와 성도의 삶에 대한 교훈으로 전개됩니다. 바울은 장로와 감독의 자격을 상세히 설명하며 거짓 교훈을 경계하도록 권면합니다. 또한 성도들이 연령과 신분에 따라

합당한 삶을 살아야 함을 가르치며 모든 이가 경건과 절제, 사랑과 선행으로 살아야 한다고 강조합니다.

후반부는 은혜와 구원의 본질 그리고 성도의 선행으로 이어집니다. 바울은 구원이 행위가 아닌 하나님의 은혜로 주어진 것임을 밝히며 성도들이 은혜로 구원받은 자답게 선한 일을 힘써야 한다고 권면합니다. 마지막으로 디도에게 교회의 질서를 세우고 성도들을 바르게 인도하라는 당부를 전하며 서신을 마무리합니다.

책의 요약은 디도서가 단순한 개인적 편지가 아니라 교회의 질서와 성도의 삶을 세우는 목회 지침서라는 점입니다. 지도자의 자격과 교훈, 은혜와 구원, 선행과 경건이라는 주제가 책 전체에 흐르며, 하나님 나라 백성이 어떤 믿음과 삶으로 살아야 하는지를 깊이 묵상하게 합니다.

빌레몬서

빌레몬서는 신약성경의 열여덟 번째 책으로 사도 바울이 빌레몬에게 보낸 개인적 서신입니다. 이 책은 가장 짧은 바울 서신이지만 복음이 인간관계와 사회적 구조 속에서 어떻게 적용되는지를 보여주는 중요한 메시지를 담고 있습니다.

서두는 바울의 인사와 감사로 시작됩니다. 그는 빌레몬의 믿음과 사랑을 칭찬하며, 그가 성도들을 섬기는 삶을 살고 있음을 격려합니다.

중반부는 오네시모에 대한 간청으로 전개됩니다. 오네시모는 빌레몬의 종이었으나 도망쳤다가 바울을 만나 복음을 받아들여 그리스도인이 되었습니다. 바울은 오네시모를 단순한 종이 아니라 사랑하는 형제로 받아들이라고 빌레몬에게 간청합니다. 그는 강압적으로 명령하지 않고, 사랑으로 권면하며 복음의 능력이 관계를 변화시킬 수 있음을 보여줍니다.

후반부는 바울의 개인적 부탁과 인사로 이어집니다. 그는 빌레몬에게 오네시모를 받아들일 뿐 아니라 자신을 위해 숙소를 준비해 달라고 부탁합니다. 마지막으로 여러 동역자들의 문안을 전하며 서신을 마무리합니다.

책의 요약은 빌레몬서가 단순한 개인적 편지가 아니라 복음이 인간관계를 변화시키는 능력을 보여주는 책이라는 점입니다. 믿음과 사랑, 간청과 용서, 관계와 복음이라는 주제가 책 전체에 흐르며 하나님 나라 백성이 어떤 사랑과 화해로 살아야 하는지를 깊이 묵상하게 합니다.

히브리서

히브리서는 신약성경의 열아홉 번째 책으로 저자가 명확히 밝혀지지 않았지만 바울이나 그의 동역자일 가능성이 논의되어 온 서신입니다. 이 책은 예수 그리스도의 탁월성과 구약의 제사 제도와의 관계를 깊이 있게 설명하며 성도들이 믿음을 굳건히 지키도록 권면합니다.

서두는 하나님의 아들이신 예수 그리스도의 우월성을 선포하며 시작됩니다. 그는 천사보다 뛰어나시고 모세와 아론보다 더 위대하시며 하나님의 아들로서 완전한 계시와 구원의 길을 열어주셨음을 강조합니다.

중반부는 예수 그리스도의 대제사장적 사역으로 전개됩니다.

히브리서는 구약의 제사 제도가 그림자에 불과하며 예수께서 참된 대제사장으로서 단번에 자신을 제물로 드려 영원한 속죄를 이루셨음을 밝힙니다. 성도들은 그분의 피로 담대히 하나님께 나아갈 수 있게 되었음을 강조합니다.

후반부는 믿음과 인내, 성도의 삶에 대한 권면으로 이어집니다. 히브리서 11장은 믿음의 영웅들을 소개하며, 성도들이 그들의 본을 따라 믿음을 끝까지 지켜야 함을 가르칩니다. 또한 성도들이 서로 격려하며 거룩과 사랑으로 살아야 하고, 고난 속에서도 믿음을 굳건히 붙들어야 한다고 권면합니다.

책의 요약은 히브리서가 단순한 교리적 설명이 아니라, 예수 그리스도의 우월성과 대제사장적 사역을 통해 성도들이 믿음을 끝까지 지키도록 격려하는 책이라는 점입니다. 우월성과 대제사장, 속죄와 담대함, 믿음과 인내라는 주제가 책 전체에 흐르며, 하나님 나라 백성이 어떤 확신과 소망으로 살아야 하는지를 깊이 묵상하게 합니다.

야고보서

야고보서는 신약성경의 스무 번째 책으로 예수님의 형제 야고보가 기록한 서신으로 알려져 있습니다. 이 책은 믿음과 행위의 관계를 강조하며 성도의 실제적인 삶과 윤리에 대한 교훈을 담고 있습니다.

서두는 인사와 시험에 대한 교훈으로 시작됩니다. 야고보는 성도들이 여러 시험을 당할 때 기쁘게 여기라고 권면하며 인내를 통해 온전한 믿음에 이르도록 가르칩니다. 또한 지혜가 부족한 자는 하나님께 구하라고 권합니다.

중반부는 믿음과 행위 그리고 성도의 언행에 대한 교훈으로 전개됩니다. 야고보는 행함 없는 믿음은 죽은 믿음이라고 강조하며 참된 믿음은 반드시 선한 행위로 나타나야 한다고 가르칩니다. 또한 혀를 다스리는 것의 중요성을 언급하며 성도의 말과 행동이 일치해야 함을 강조합니다.

후반부는 겸손과 인내, 기도에 대한 교훈으로 이어집니다. 야고보는 성도들이 세상적 교만을 버리고 하나님 앞에 겸손히 나아가야 한다고 권면합니다. 또한 고난 중에 인내하며, 병든 자를 위해 기도하고 서로 죄를 고백하며 중보하라고 가르칩니다. 마지막으로 방황하는 자를 돌아오게 하는 것이 큰 은혜임을 밝히며 서신을 마무리합니다.

책의 요약은 야고보서가 단순한 교리적 설명이 아니라 믿음이 실제 삶 속에서 어떻게 드러나야 하는지를 보여주는 책이라는 점입니다. 시험과 인내, 믿음과 행위, 언행과 겸손, 기도와 중보라는 주제가 책 전체에 흐르며, 하나님 나라 백성이 어떤 실천적 믿음으로 살아야 하는지를 깊이 묵상하게 합니다.

베드로전서

베드로전서는 신약성경의 스물한 번째 책으로 사도 베드로가 흩어져 있는 성도들에게 보낸 서신입니다. 이 책은 박해와 고난 속에서도 믿음을 지키며 거룩한 삶을 살아야 한다는 메시지를 담고 있습니다.

서두는 베드로의 인사와 소망의 선언으로 시작됩니다. 그는 성도들이 예수 그리스도의 부활로 말미암아 산 소망을 얻었음을 강조하며 하늘에 간직된 기업을 바라보도록 격려합니다.

중반부는 성도의 거룩한 삶과 공동체적 태도로 전개됩니다. 베드로는 성도들이 세상 속에서 나그네로 살아가며 거룩한 행실로 하나님을 영화롭게 해야 한다고 가르칩니다. 또한 가정과 사회 속에서 권위에 순종하고 서로 사랑과 겸손으로 섬기라고 권면합니다.

후반부는 고난과 믿음 그리고 영적 싸움으로 이어집니다. 베드로는 성도들이 고난을 당할 때 그리스도의 고난에 참여하는 것으로 여기며, 믿음으로 인내하라고 가르칩니다. 그는 마귀가 우는 사자처럼 삼킬 자를 찾으니 성도들이 깨어 믿음에 굳건히 서야 한다고 강조합니다. 마지막으로 여러 성도에게 문안하며 서신을 마무리합니다.

책의 요약은 베드로전서가 단순한 위로의 편지가 아니라 고난 속에서도 믿음을 지키며 거룩한 삶을 살아야 한다는 메시지를 담은 책이라는 점입니다. 소망과 거룩, 순종과 사랑, 고난과 인내라는 주제가 책 전체에 흐르며 하나님 나라 백성이 어떤 믿음과 태도로 살아야 하는지를 깊이 묵상하게 합니다.

베드로후서

베드로후서는 신약성경의 스물두 번째 책으로 사도 베드로가 성도들에게 보낸 두 번째 서신입니다. 이 책은 거짓 교사들을 경계하고 그리스도의 재림을 확신하며 성도들이 끝까지 믿음을 지키도록 권면하는 내용을 담고 있습니다.

서두는 베드로의 인사와 믿음의 성장을 강조하는 말씀으로 시작됩니다. 그는 성도들이 믿음 위에 덕을, 덕 위에 지식을, 지식 위에 절제를 더하며 점점 성숙해져야 한다고 가르칩니다. 또한 하나님의 약속을 붙들고 그리스도의 나라에 넉넉히 들어가도록 권면합니다.

중반부는 거짓 교사들에 대한 경고로 전개됩니다. 베드로는 탐욕과 방종으로 성도들을 미혹하는 거짓 교사들을 강하게 책망하며, 그들의 결국은 멸망임을 밝힙니다. 그는 구약의 사례들을 들어 하나님의 심판이 반드시 이루어짐을 강조합니다.

후반부는 그리스도의 재림과 성도의 삶으로 이어집니다. 베드로는 주님의 재림이 더딘 것처럼 보이지만 이는 하나님께서 오래 참으시며 많은 사람이 회개하기를 기다리시는 것임을 설명합니다. 성도들은 새 하늘과 새 땅을 바라보며 거룩하고 경건한 삶을 살아야 하며 주의 날을 준비해야 한다고 권면합니다. 마지막으로 성도들이 바울의 서신을 포함한 성경 말씀을 굳게 붙들고 흔들리지 말라고 당부하며 서신을 마무리합니다.

책의 요약은 베드로후서가 단순한 경고의 서신이 아니라 성도들이 거짓 교사들을 경계하며 재림의 소망 속에서 끝까지 믿음을 지키도록 하는 책이라는 점입니다. 성장과 경고, 재림과 소망, 거룩과 인내라는 주제가 책 전체에 흐르며, 하나님 나라 백성이 어떤 믿음과 삶으로 살아야 하는지를 깊이 묵상하게 합니다.

요한일서

요한일서는 신약성경의 스물세 번째 책으로 사도 요한이 성도들에게 보낸 서신입니다. 이 책은 참된 믿음과 사랑 그리고 하나님과의 교제를 강조하며 성도들이 거짓 교훈을 분별하고 참된 신앙을 지키도록 권면합니다.

서두는 요한의 증언으로 시작됩니다. 그는 자신이 직접 보고 들은 예수 그리스도를 증거하며, 성도들이 그분과의 교제 안에서 참된 생명을 누리도록 초대합니다.

중반부는 빛과 사랑, 그리고 죄에 대한 교훈으로 전개됩니다. 요한은 성도들이 빛 가운데 행하며 서로 사랑하는 것이 참된 믿음의 증거임을 강조합니다. 또한 죄를 고백하면 하나님께서 용서하시며 예수 그리스도께서 우리의 대언자가 되신다고 밝힙니다.

후반부는 거짓 교훈과 참된 신앙의 분별로 이어집니다. 요한은 예수께서 그리스도이심을 부인하는 자들을 경계하며 성도들이 성령의 기름 부음을 받아 진리를 분별할 수 있음을 가르칩니다. 그는 사랑이 하나님께 속한 것임을 강조하며 사랑 안에 거하는 자가 하나님 안에 거한다고 선포합니다. 마지막으로 성도들이 믿음을 굳게 지켜 영생을 확신하도록 권면합니다.

책의 요약은 요한일서가 단순한 교리적 설명이 아니라 참된 믿음과 사랑을 통해 하나님과 교제하는 삶을 보여주는 책이라는 점입니다. 빛과 사랑, 죄와 용서, 진리와 분별, 믿음과 영생이라는 주제가 책 전체에 흐르며, 하나님 나라 백성이 어떤 참된 신앙과 삶으로 살아야 하는지를 깊이 묵상하게 합니다.

요한이서

요한이서는 신약성경의 스물네 번째 책으로 사도 요한이 "택하심을 받은 부녀와 그의 자녀들"에게 보낸 짧은 서신입니다. 이 책은 진리와 사랑을 강조하며, 동시에 거짓 교훈을 경계하도록 권면하는 내용을 담고 있습니다.

서두는 인사와 진리 안에서의 교제로 시작됩니다. 요한은 성도들이 진리 안에서 서로 사랑하며 살아가는 것을 기뻐하며, 진리와 사랑이 신앙의 핵심임을 강조합니다.

중반부는 사랑과 순종에 대한 교훈으로 전개됩니다. 요한은 성도들이 서로 사랑하는 것이 하나님의 계명을 지키는 삶임을 밝히며 사랑이 단순한 감정이 아니라 진리 안에서 행하는 순종임을 가르칩니다.

후반부는 거짓 교훈에 대한 경계로 이어집니다. 요한은 예수 그리스도의 성육신을 부인하는 자들을 경계하며 그들과 교제하거나 환영하지 말라고 권면합니다. 이는 성도들이 진리를 굳게 붙들고 거짓에 물들지 않도록 하기 위함입니다. 마지막으로 짧은 인사와 문안으로 서신을 마무리합니다.

책의 요약은 요한이서가 단순한 개인적 편지가 아니라 진리와 사랑을 붙들며 거짓 교훈을 경계하라는 메시지를 담은 책이라는 점입니다. 진리와 사랑, 순종과 경계라는 주제가 책 전체에 흐르며, 하나님 나라 백성이 어떤 분별력과 삶으로 살아야 하는지를 깊이 묵상하게 합니다.

요한삼서

요한삼서는 신약성경의 스물다섯 번째 책으로 사도 요한이 가이오라는 성도에게 보낸 짧은 개인 서신입니다. 이 책은 진리 안에서 행하는 삶과 교회 안에서의 사랑과 환대 그리고 권위와 겸손의 문제를 다루고 있습니다.

서두는 요한의 인사와 칭찬으로 시작됩니다. 그는 가이오가 진리 안에서 행하며 형제들을 사랑으로 섬기는 것을 칭찬하며 그의 영혼이 잘됨 같이 범사에 잘되기를 기원합니다.

중반부는 교회 안에서의 환대와 권위 문제로 전개됩니다. 요한은 가이오가 나그네 된 형제들을 환대하고 섬기는 것을 높이 평가합니다. 그러나 디오드레베라는 사람이 교회 안에서 권위를 남용하며 형제들을 배척하는 문제를 지적합니다. 요한은 성도들이 이러한 잘못된 태도를 따르지 말고, 선을 본받아야 한다고 권면합니다.

후반부는 데메드리오에 대한 칭찬과 마지막 인사로 이어집니다. 요한은 데메드리오가 진리 안에서 좋은 증거를 가진 사람임을 언급하며, 성도들이 그를 본받을 것을 권합니다. 마지막으로 직접 만나서 더 많은 이야기를 나누기를 소망하며 짧은 문안으로 서신을 마무리합니다.

책의 요약은 요한삼서가 단순한 개인적 편지가 아니라 교회 공동체 안에서 진리와 사랑으로 행하며 올바른 권위와 겸손을 지켜야 한다는 메시지를 담은 책이라는 점입니다. 진리와 사랑, 환대와 권위, 본과 겸손이라는 주제가 책 전체에 흐르며, 하나님 나라 백성이 어떤 태도와 삶으로 살아야 하는지를 깊이 묵상하게 합니다.

유다서

유다서는 신약성경의 스물여섯 번째 책으로 예수님의 형제 유다가 기록한 짧은 서신입니다. 이 책은 성도들에게 거짓 교사들을 경계하고 믿음을 끝까지 지키며 하나님의 은혜 안에 서도록 권면하는 내용을 담고 있습니다.

서두는 인사와 권면으로 시작됩니다. 유다는 성도들이 하나님의 사랑 안에서 부르심을 받은 자임을 상기시키며 믿음을 굳게 지키라고 격려합니다. 그는 처음에는 구원의 공통된 믿음을 쓰려 했으나 성도들이 믿음을 위해 싸워야 할 필요성을 강조하며 서신을 이어갑니다.

중반부는 거짓 교사들에 대한 경고로 전개됩니다. 유다는 구약의 사례들을 들어 불신앙과 타락으로 인해 심판받은 자들을 상기시키며, 거짓 교사들이 동일한 운명에 처할 것임을 밝힙니다. 그는 그들의 탐욕과 방종을 강하게 책망하며 성도들이 그들로 인해 미혹되지 않도록 경계합니다.

후반부는 성도의 삶과 믿음의 태도로 이어집니다. 유다는 성도들에게 자신을 하나님의 사랑 안에 지키며 성령 안에서 기도하고 주 예수 그리스도의 긍휼을 기다리라고 권면합니다. 또한 의심하는 자들을 긍휼히 여기고 불에서 건져내듯 구원하라고 가르칩니다. 마지막으로 하나님께 영광을 돌리는 장엄한 송영으로 서신을 마무리합니다.

책의 요약은 유다서가 단순한 경고의 편지가 아니라 성도들이 거짓 교사들을 경계하며 믿음을 끝까지 지키도록 하는 책이라는 점입니다. 믿음과 경계, 심판과 긍휼, 기도와 송영이라는 주제가 책 전체에 흐르며 하나님 나라 백성이 어떤 분별력과 소망으로 살아야 하는지를 깊이 묵상하게 합니다.

요한계시록

요한계시록은 신약성경의 마지막 책이자 스물일곱 번째 책으로 사도 요한이 밧모섬에서 환상을 통해 받은 계시를 기록한 서신입니다. 이 책은 종말과 하나님의 최종 승리를 보여주며 성도들에게 소망과 경각심을 동시에 주는 특별한 메시지를 담고 있습니다.

서두는 요한의 인사와 환상의 시작으로 시작됩니다. 그는 예수 그리스도의 계시를 증거하며 일곱 교회에 편지를 보내어 그들의 믿음과 행실을 점검하도록 권면합니다. 각 교회는 칭찬과 책망을 받으며 회개와 인내를 촉구받습니다.

중반부는 하나님의 심판과 구원의 환상으로 전개됩니다. 요한은 하늘 보좌의 광경과 어린 양 예수께서 두루마리를 여시는 장면을 묘사합니다. 이어서 일곱 인, 일곱 나팔, 일곱 대접의 심판이 차례로 펼쳐지며 세상과 악의 세력이 무너지는 과정을 보여줍니다. 동시에 성도들은 하나님의 보호와 구원의 약속을 받습니다.

후반부는 최종적인 승리와 새 창조로 이어집니다. 요한은 큰 바벨론의 멸망과 사탄의 패배를 묘사하며 어린 양의 혼인 잔치와 성도의 영광을 선포합니다. 마지막으로 새 하늘과 새 땅, 그리고 새 예루살렘의 환상이 펼쳐지며 하나님께서 성도들과 영원히 함께 거하실 것을 약속합니다.

책의 요약은 요한계시록이 단순한 종말의 예언이 아니라 성도들에게 소망과 확신을 주는 책이라는 점입니다. 심판과 구원, 승리와 새 창조, 소망과 영광이라는 주제가 책 전체에 흐르며 하나님 나라 백성이 어떤 믿음과 인내로 마지막까지 살아야 하는지를 깊이 묵상하게 합니다.

지금까지 우리는 성경 66권에 대해 권별로 대략적인 내용을 함께 살펴보았습니다. 이 개론적 연구를 바탕으로 독자 여러분께서는 창세기부터 요한계시록까지 성경 전체를 통독하시며 하나님의 말씀을 더 깊이 이해하고 그 말씀을 삶 속에서 풍성하게 누리시길 바랍니다.

4. 성경을 미시적 관점으로 연구하다

1) 미시적 관점 이해

미시적 관점은 성경 말씀을 자세히 들여다보는 돋보기 같은 해석 방법입니다. 그냥 읽고 지나가는 것이 아니라 단어 하나하나를 꼼꼼히 살펴보며 그 의미를 깊이 이해하려는 태도입니다. 이 관점은 말씀을 단순한 좋은 말이나 교훈으로 보지 않고 하나님께서 우리에게 주신 섬세한 메시지를 정확히 알아보려는 노력입니다.

예를 들어 어떤 단어가 원어로 어떤 느낌을 주는지, 그 시대 사람들은 그 말을 어떻게 받아들였는지를 살펴보는 것이 여기에 해당합니다. 문장 구조나 반복되는 표현이 어떤 의미를 강조하는지도 함께 살펴보게 됩니다.

마태복음 5장의 팔복에서 "복이 있나니"라는 표현은 단순한 행운이 아니라 하나님과의 관계 안에서 누리는 깊은 기쁨과 만족을 뜻합니다. 이런 단어의 의미를 알면 말씀을 더 깊이 이해할 수 있습니다.

이처럼 미시적 관점은 성경을 더 깊이 묵상하게 해주고 오해 없이 바르게 해석할 수 있도록 도와줍니다. 설교를 준비하거나 성경 공부를 할 때 또는 개인적으로 말씀을 묵상할 때 이 관점은 신앙을 더 깊고 풍성하게 만들어주는 중요한 도구가 됩니다.

결국 미시적 관점은 말씀 속에 담긴 하나님의 마음을 더 잘 이해하고 그 뜻을 삶에 바르게 적용하기 위한 귀한 방법입니다.

2) 성경연구의 7단계: 성경해석 중심 성경연구

(1) 성경 해석의 정의

성경 해석이란 성경 본문에 담긴 하나님의 뜻을 바르게 이해하고 오늘날의 삶에 적용하기 위해 저자의 의도와 역사적·문맥적 배경, 문학적 장르, 언어적 특성 등을 종합적으로 고려하는 지적이며 영적인 탐구 과정입니다.

예를 들어, 요한복음 10장 9절에서 예수님은 "내가 문이니 누구든지 나로 말미암아 들어가면 구원을 받고 또는 들어가며 나오며 꼴을 얻으리라"고 말씀하십니다. 이 구절을 문자 그대로 해석하면 예수님이 실제 문이라는 뜻으로 오해할 수 있지만 이는 은유적 표현입니다. 요한복음은 복음서로서 상징과 비유가 자주 사용되며 이 표현은 예수님이 하나님께 나아가는 유일한 통로임을 강조하는 말씀입니다.

고대 이스라엘에서 '문'은 양의 안전과 보호를 상징하는 이미지였습니다. 예수님은 자신이 구원의 길이자 생명의 출입구임을 이 비유를 통해 말씀하신 것입니다. 이러한 말씀은 오늘날에도 예수님을 통해서만 하나님께 나아갈 수 있다는 확신을 줍니다.

이처럼 성경 말씀은 해석을 통해서야 비로소 그 깊은 의미를 바르게 이해할 수 있으며 그 뜻을 우리의 삶에 적용하는 지혜도 얻게 됩니다.

(2) 성경 해석의 오류가 미치는 영향

첫째 신앙의 왜곡과 진리의 오해

성경을 잘못 해석하면 하나님에 대한 이해가 왜곡되고 복음의 본질이 흐려져 결국 신앙의 방향을 잃게 됩니다. 그로 인해 성경이 전하는 진리를 오해하는 위험에 빠질 수 있습니다.

예를 들어, 갈라디아서 6장 7절 "사람이 무엇으로 심든지 그대로 거두리라"는 말씀을 "좋은 일을 많이 하면 반드시 복을 받는다"는 식으로 해석하는 경우가 있습니다. 이는 행위 중심의 보상 신앙으로 오용된 예로 마치 하나님께 선행을 심으면 물질적 축복을 거두는 공식처럼 이해하는 것입니다.

이러한 해석은 신앙을 거래적이고 조건적인 복 중심으로 흐르게 만들며 복음의 핵심인 은혜와 십자가의 능력을 희미하게 합니다. 결국 인간의 행위가 구원의 조건처럼 여겨지는 위험을 초래하게 됩니다.

사실 이 말씀은 바울이 성령을 따라 사는 삶과 육체를 따라 사는 삶의 결과를 설명하는 문맥 속에 있습니다. 즉, 육체의 욕망을 심으면 멸망을 거두고 성령의 뜻을 따라 살면 영생을 거둔다는 영적 원리를 말하는 것입니다. 이는 단순한 행위의 보상이 아니라 삶의 방향성과 영적 열매에 대한 경고입니다.

둘째 삶의 기준과 방향 상실

성경은 하나님께서 우리에게 주신 삶의 기준이자 방향을 제시하는 말씀입니다. 그러나 해석이 잘못되면 그 기준이 흔들려 개인의 판단과 선택에 혼란을 초래할 수 있습니다.

예를 들이 마가복음 5장 34절 "예수께서 이르시되 딸아 네 믿음이 너를 구원하였으니 평안히 가라 네 병에서 놓여 건강할지어다"라는 말씀을 일부 신앙 공동체에서는 "믿음만 있으면 모든 병이 낫는다"는 식으로 해석하며 의학적 치료나 약물 복용을 거부하는 경우가 있습니다.

특히 일부 극단적인 치유 집회에서는 의료를 불신하고 병을 숨기거나 방치하는 분위기가 형성되기도 합니다. 그 결과 병의 조기 치료 기회를 놓치고 건강이 악화되거나 생명을 위협받는 상황이 발생합니다.

이 사례는 성경 해석이 단순히 신앙의 영역에 머무는 것이 아니라, 삶의 실제적인 선택과 건강, 생명에까지 깊은 영향을 미칠 수 있다는 사실을 분명히 보여줍니다.

셋째 교회 공동체의 갈등과 분열

성경 해석의 차이는 교리적 갈등을 유발하며 자의적인 해석은 공동체 내 분열을 초래하기도 합니다. 이는 교회의 일치와 건강한 신앙 전통을 위협하는 요소가 됩니다.

예를 들어, 예배에서 악기 사용 여부를 둘러싼 해석 차이로 인해 교회가 '악기파'와 '비악기파'로 나뉘고 예배당을 따로 사용하는 상황까지 발생하는 사례도 있습니다.

악기파는 시편 150편 3-5절 "나팔 소리로 찬양하며 비파와 수금으로 찬양할지어다 소고 치며 춤 추어 찬양하며 현악과 퉁소로 찬양할지어다 큰 소리 나는 제금으로 찬양하며 높은 소리 나는 제금으로 찬양할지어다"를 근거로 악기를 하나님께 드리는 찬양의 도구로 이해합니다.

반면 비악기파는 에베소서 5장 19절 "시와 찬송과 신령한 노래들로 서로 화답하며 너희의 마음으로 주께 노래하며 찬송하며"과 골로새서 3장 16절 "그리스도의 말씀이 너희 속에 풍성히 거하여 모든 지혜로 피차 가르치며 권면하고 시와 찬송과 신령한 노래를 부르며 감사하는 마음으로 하나님을 찬양하고"라는 말씀을 문자적으로 해석하여 신약 성경에 악기 사용에 대한 명확한 명령이 없다는 점을 강조합니다. 이들은 초대교회의 단순한 예배 형태를 본받아야 한다고 주장하며 무반주 찬송을 고수합니다.

이러한 해석 차이는 단순한 예배 방식의 차원을 넘어 신학적 입장과 공동체의 정체성에 깊은 영향을 미치며 때로는 교회 간

분열과 갈등으로 이어지는 심각한 결과를 낳기도 합니다.

넷째 이단 사상의 출현과 확산

대부분의 이단은 성경 본문을 자의적으로 해석하거나 문맥을 무시한 채 교리를 세우는 공통된 특징을 가지고 있습니다. 이러한 왜곡된 해석은 성경의 권위를 훼손하고 신자들을 진리에서 멀어지게 하는 심각한 결과를 초래합니다.

예를 들어 일부 이단 집단은 출애굽기 20장 8절 "안식일을 기억하여 거룩하게 지키라"는 말씀을 근거로 토요일 안식일을 지키지 않으면 구원받을 수 없다고 주장합니다. 또한 신약의 예배일인 주일을 로마 교회의 배교로 인한 변질이라고 해석하며 자신들만이 참된 진리를 지키는 유일한 교회라고 주장합니다.

이들은 기존 교회들을 배교 집단으로 규정하고 신자들에게 강한 배타심과 폐쇄적인 신앙 태도를 심어줍니다. 그 결과 성경의 전체적인 흐름과 복음의 자유와 은혜의 본질은 무시되고 율법적 행위 중심의 구원론으로 전락하게 됩니다.

이 사례는 성경 해석의 왜곡이 어떻게 이단 사상을 낳고, 신앙 공동체를 파괴할 수 있는지를 분명히 보여줍니다.

결론적으로, 성경 해석의 오류는 신앙을 왜곡하고 공동체를 흔들며, 삶의 기준을 잃게 만드는 심각한 문제입니다. 그러므로 바른 해석은 신앙의 중심이며, 문맥과 원어, 역사적 배경과 신학적 통찰을 균형 있게 고려하는 것이 필수적입니다.

(3) 성경 해석 오류 유형

앞서 살펴본 바와 같이 성경 해석의 오류는 신앙의 왜곡, 삶의 기준 상실, 공동체의 분열, 이단 사상의 확산 등 매우 심각한 영향을 초래할 수 있습니다. 이러한 문제들은 대부분 특정한 해석 방식의 오류에서 비롯되며 반복적으로 나타나는 경향이 있습니다.

따라서 이번 장에서는 성경 해석에서 자주 발생하는 대표적인 오류 유형들을 살펴봄으로써 바른 해석을 위한 경계와 기준을 함께 모색하고자 합니다.

첫째 자의적 해석

자의적 해석은 성경을 해석할 때 본문의 문맥이나 저자의 의도, 성경 전체의 흐름을 고려하지 않고 개인의 감정이나 경험, 욕망에 따라 임의로 해석하는 방식입니다. 이는 성경 말씀을 하나님의 뜻이 아닌 인간의 관점에 맞추려는 시도로서 신앙을 왜곡시키는 심각한 오류입니다. 디모데후서 4장 3-4절은 "때가 이르리니 사람이 바른 교훈을 받지 아니하며 귀가 가려워서 자기의 사욕을 따를 스승을 많이 두고, 또 그 귀를 진리에서 돌이켜 허탄한 이야기를 따르리라."라고 말합니다. 자의적 해석은 결국 진리에서 벗어나 허탄한 신앙으로 흐르게 만듭니다.

예를 들어 요한복음 6장 35절 "예수께서 이르시되 나는 생명의 떡이니 내게 오는 자는 결코 주리지 아니할 터이요 나를 믿는 자는 영원히 목마르지 아니하리라"는 말씀은 예수님을 믿는 자가 영적 갈증과 굶주림에서 해방된다는 진리를 강조하는 구절입니다. 그러나 일부에서는 이 말씀을 물질적 풍요와 생활의 부족함이 전혀 없다는 보장으로 오해합니다. 마치 예수님을 믿으면 경제적 어려움이나 육체적 결핍이 사라진다는 약속처럼 해석하는 경우가 있습니다. 이는 본문의 문맥과 예수님의 의도를 무시한 자의적 해석으로, 성경이 말하는 영적 만족과 구원의 확신을 왜곡하는 것입니다.

둘째 문자주의 해석

문자주의(문자적 해석)는 성경의 모든 내용을 문자 그대로 즉 있는 그대로 해석하려는 접근 방식입니다. 이러한 해석은 역사적 서술뿐 아니라 시, 비유, 묵시문학 등 다양한 문학 장르의 특성을 고려하지 않고 동일한 방식으로 받아들이는 오류를 범할 수 있습니다.

예를 들어 요한복음 6장 53절 "내가 진실로 진실로 너희에게 이르노니 인자의 살을 먹지 아니하고 인자의 피를 마시지 아니하면 너희 속에 생명이 없느니라"는 말씀을 문자적으로 해석하면 실제로 예수님의 살과 피를 먹고 마셔야 한다는 극단적인 결론에 이를 수 있습니다. 그러나 이는 예수님의 의도를 오해한 것으로 이 구절은 예수님과의 깊은 연합과 그분의 희생을 믿음으로 받아들이는 영적 진리를 상징적으로 표현한 말씀입니다.

문자적 해석은 복음의 핵심인 믿음과 내적 변화보다 외적인 행위에 집착하게 하여 하나님의 은혜를 왜곡할 수 있습니다. 실제로 초대 교회 시대에도 이 말씀을 오해하여 기독교를 '식인 풍습을 가진 집단'으로 비난한 사례가 있었습니다. 이는 본문의 상징성과 신학적 의미를 무시한 잘못된 해석에서 비롯된 것입니다.

이처럼 문자주의 해석은 성경의 문학적 다양성과 상징성을 무시함으로써 본문의 의도와 메시지를 왜곡하고 신앙을 율법적이거나 공포 중심의 왜곡된 방향으로 이끌 수 있습니다.

셋째 문맥을 무시한 해석

문맥은 어떤 말이나 글의 의미를 정확히 이해하기 위해 고려해야 하는 주변 정보와 상황을 말합니다. 성경 해석에서 문맥은 특히 중요하며 이를 무시하면 본문의 의도와 메시지를 왜곡할 수 있습니다.

예를 들어 다니엘서 1장 12-15절에는 다니엘과 세 친구가 왕의 음식 대신 채소와 물만 먹겠다고 요청하고 이후 그들의 얼굴이 더욱 윤택해졌다는 내용이 나옵니다. 이 구절을 근거로 일부 채식주의자나 건강식 운동가들은 채식이 성경적이라고 주장하며 '다니엘 식단'이라는 이름의 건강 프로그램을 선전하기도 합니다.

그러나 이는 신앙적 문맥을 무시한 대표적인 해석 오류입니다. 다니엘과 그의 친구들은 바벨론 왕궁에서 제공되는 음식이 율법에 어긋나거나 우상에게 바쳐졌을 가능성을 인식하고 자신을 더럽히지 않기 위해 채소와 물만 먹겠다고 결단한 것입니다.

다니엘 1장 8절 "다니엘은 뜻을 정하여 왕의 음식과 그가 마시는 포도주로 자기를 더럽히지 아니하리라 하고 자기를 더럽히지 아니하도록 환관장에게 구하니"

이 구절은 다니엘의 식단 선택이 단순한 건강법이 아니라 하나님 앞에서 자신을 거룩하게 지키려는 신앙적 결단임을 보여줍니다. 말씀의 핵심은 세속적 가치에 타협하지 않고 하나님의 뜻에 순종하려는 믿음의 태도에 있습니다.

따라서 이 본문을 건강식의 권장이나 식생활 지침으로 해석하는 것은 문맥을 벗어난 오용이며, 성경의 본래 메시지를 흐릴 수 있습니다. 성경은 영적 원칙과 신앙적 결단을 강조하는 책이지, 생활 방식의 매뉴얼을 제공하는 책이 아닙니다.

넷째 교리 편향적 해석

교리 편향적 해석이란 성경을 해석할 때 특정 교단, 신학 체계, 혹은 개인의 신념에 지나치게 의존하여 본문을 그 틀에 맞추어 해석하는 방식입니다. 이로 인해 성경의 본래 의도나 문맥이 무시되고 해석이 특정 교리 주장에 종속되는 문제가 발생합니다.

예를 들어 일부 이단 집단은 출애굽기 12장의 유월절 사건을 근거로 양의 피로 재앙을 면하고 구속받은 날로 해석합니다. 신약에서는 예수님께서 유월절에 제자들과 떡과 포도주를 나누신 사건을 '새 언약의 유월절'로 주장하며 유대력 1월 14일에 유월절 성찬식을 반드시 지켜야만 죄 사함과 영생을 얻을 수 있다고 강조합니다.

이들은 성찬식과 유월절을 동일시하며 날짜와 형식을 엄격히 고수하고 정통 교회에서 행하는 성찬은 무효라고 주장합니다. 자신들만이 참된 교회라고 강조하며 배타적인 태도를 취하는 것은 공동체의 일치를 해치는 심각한 문제입니다.

그러나 유월절은 구약의 절기로서 예수님의 십자가 사건을 통해 완성되었으며 신약 교회는 이를 기념하여 성찬(주의 만찬)을 행합니다. 성찬은 특정 날짜에 제한되지 않으며 예수님의 죽으심을 기억하고 복음을 선포하는 예식입니다. 중요한 것은 날짜나 형식이 아니라 예수 그리스도의 구속 사역을 믿음으로 기념하고 고백하는 신앙의 태도입니다.

이처럼 교리 편향적 해석은 성경 본문의 문맥과 복음의 본질을 왜곡할 수 있으며 신앙 공동체에 배타성과 분열을 초래하는 심각한 위험을 내포하고 있습니다. 바른 해석은 특정 교리나 전통에 갇히지 않고 성경 전체의 흐름과 복음의 중심 메시지를 따라야 합니다.

다섯째 시대적·문화적 배경을 무시한 해석

시대적·문화적 배경을 무시한 성경 해석은 본문의 역사적 맥락과 당시의 사회적 현실을 고려하지 않음으로써 말씀의 의미를 오해하거나 왜곡하는 결과를 초래할 수 있습니다.

성경은 특정한 시대와 문화 속에서 기록된 책입니다. 각 책은 고대 이스라엘, 바벨론, 로마 등 다양한 역사적 배경과 사회적 구조 속에서 쓰였으며, 그 안에는 당시의 관습, 언어, 정치, 종교적 상황이 반영되어 있습니다. 따라서 성경을 올바르게 이해하려면, 본문이 기록된 시대적 상황과 문화적 맥락을 함께 고려해야 합니다.

예를 들어, 고린도전서 11장에 등장하는 '여자의 머리 덮음' 규정은 당시 고린도 지역의 문화적 관습과 깊은 관련이 있습니다. 로마 사회에서 결혼한 여성은 공적 자리에서 머리를 덮는 것이 일반적이었으며, 이는 정숙과 충절의 상징으로 여겨졌습니다.

반대로 머리를 드러내는 것은 남편의 보호 아래 있지 않음을 의미하거나 부도덕과 자유분방의 상징으로 간주되기도 했습니다. 이러한 문화적 배경 속에서 머리 덮음은 여성의 정숙함과 권위에 대한 존중을 나타내는 사회적 예절이었고, 바울은 이를 고려하여 예배 중 질서와 경건을 유지하기 위한 규범적 표현으로 언급한 것입니다.

고린도전서 11장 5절 "무릇 여자로서 머리에 쓴 것을 벗고 기도나 예언을 하는 자는 그 머리를 욕되게 하는 것이니 이는 머리를 민 것과 다름이 없음이라"

이 말씀은 단순히 외적인 형식을 요구하는 것이 아니라 당시의 사회적 질서와 신앙 공동체 내에서의 경건한 태도를 강조한 것입니다. 따라서 오늘날 이를 문자 그대로 적용하여 여성 성도에게 수건이나 베일을 강제하는 것(일부 이단)은 시대적 맥락을 간과한 해석이며 본문의 본질을 오해하는 결과를 초래할 수 있습니다.

말씀의 핵심은 외적인 형식이 아니라 하나님 앞에서의 경건함과 질서 있는 예배의 태도입니다. 시대와 문화가 달라졌다면 그 정신을 오늘날의 방식으로 어떻게 구현할 것인지 고민하는 것이 바른 해석의 자세입니다.

예를 들어 과거 초등학교 입학식에서 입학생의 가슴에 손수건을 달아주던 전통은 당시에는 아이들이 코흘리개 시절이라 손수건을 달아주어 코를 닦게 하는 실용적 의미와 환영·축복의 상징적 의미가 함께 있었지만 오늘날 같은 형식을 그대로 반복한다면 오히려 어색하거나 웃음거리가 될 수 있습니다. 마찬가지로 고린도전서의 '머리 덮음' 규정을 오늘날 문자 그대로 적용하여 여성에게 수건이나 베일을 강제하는 것은 시대적·문화적 맥락을 무시한 해석이며 신앙의 본질보다 형식에 집착하는 우스꽝스러운 결과를 초래할 수 있습니다.

성경은 형식을 고집하라고 기록된 책이 아니라 그 시대의 언어와 관습을 통해 하나님의 뜻을 전달한 책입니다. 그러므로 바른 해석은 형식의 반복이 아니라 그 안에 담긴 신앙의 정신을 오늘날의 삶 속에서 어떻게 살아낼 것인지에 집중해야 합니다.

여섯째 개인 계시를 우선하는 해석

개인 계시를 성경 해석의 기준으로 삼는 것은 매우 위험한 접근입니다. 이는 성경의 객관적 진리보다 개인의 직관, 환상, 감정, 혹은 영적 체험을 우선시함으로써 말씀의 본래 의미를 왜곡하고, 신앙 공동체에 심각한 혼란을 초래할 수 있습니다.

대표적인 사례로 1992년 다미선교회가 있습니다. 이들은 성경 구절을 자의적으로 해석하고, 지도자의 개인 계시를 근거로 "1992년 10월 28일에 예수님이 재림하신다"고 주장했습니다. 이러한 주장은 공동체적 검증 없이 개인의 직관과 계시를 중심으로 신앙을 이끌었고 그 결과 수많은 신자가 직장과 가정을 포기하며 극단적인 선택을 하게 되었으며, 큰 심리적·사회적 상처를 입었습니다.

이러한 방식은 성경을 왜곡하고 믿는 사람들 사이에 혼란과 갈등을 일으켜 신앙 공동체의 건강한 방향성을 해치는 결과를 낳습니다. 성경 해석은 반드시 말씀 중심이어야 하며, 개인 계시나 체험이 성경의 권위 위에 놓이는 순간, 신앙은 왜곡되고 공동체는 파괴될 수 있습니다.

이상에서 살펴본 성경 해석의 대표적인 오류 유형들은 자의적 해석, 문자주의, 문맥 무시, 교리 편향, 시대적 배경 무시, 그리고 개인 계시 중심 해석 등으로 요약할 수 있습니다. 이러한 오류들은 성경의 본래 의도와 복음의 중심 메시지를 왜곡하고, 신앙을 비성경적이고 위험한 방향으로 이끌며, 공동체의 분열과 신앙의 혼란을 초래할 수 있습니다.

따라서 성경을 바르게 해석하기 위해서는 단순히 본문을 읽는 것을 넘어 문맥과 문학 장르, 역사적·문화적 배경, 신학적 흐름을 균형 있게 고려하는 원칙이 필요합니다. 또한 해석은 개인의 감정이나 체험이 아닌, 말씀 중심의 공적 기준과 공동체적 분별 속에서 이루어져야 합니다.

다음 장에서는 이러한 오류를 피하고 성경의 진리를 올바르게 이해하기 위한 해석의 원칙과 방법들을 구체적으로 살펴보고자 합니다.

(4) 성경해석의 기본원칙

성경은 하나님께서 우리에게 주신 살아 있는 말씀입니다. 그러나 그 뜻을 바르게 이해하고 삶에 적용하려면 해석이 반드시 필요합니다. 성경 해석은 단순히 본문의 의미를 설명하는 것을 넘어 하나님께서 그 말씀을 통해 오늘날 우리에게 주시는 뜻을 분별하는 신앙적 과정입니다. 이를 위해 다음과 같은 기본 원칙들이 필요합니다.

첫째 성경은 성경이 이끄는 대로 해석해야 합니다.

성경은 하나님의 일관된 계시로 구성된 말씀입니다. 따라서 그 해석 역시 성경 전체의 흐름과 조화를 이루며 본문 간의 연관성과 문맥을 고려한 통합적 접근이 필요합니다. 한 구절만을 따로 떼어내거나 본문의 문맥과 다른 구절들과의 연결을 무시한 채 해석하면 말씀의 본래 의미를 왜곡하거나 오해할 수 있습니다.

예를 들어 예수님의 십자가 사건은 구약의 제사 제도, 속죄 개념, 예언자들의 메시지와 연결하여 이해해야 합니다. 이를 단순한 희생이나 도덕적 본보기로만 해석한다면 복음의 핵심인 구속과 은혜를 놓치게 됩니다.

또한 여호수아 2장에 등장하는 라합의 붉은 실은 '구원의 표식'으로 자주 언급되지만 이때의 구원은 라합과 그녀의 가족이 가나안 정복 전쟁에서 생명을 보호받는 것을 의미합니다. 이는 영혼의 구원이나 예수님의 속죄 사역과는 본질적으로 다른 차원의 구원입니다. 그럼에도 불구하고 오늘날 일부 해석에서는 이 붉은 실을 예수님의 피와 직접 연결하여 "예수님을 믿음으로 구원을 받는다"는 식으로 상징적으로 해석하는 경우가 있습니다. 이러한 해석은 본문의 역사적 맥락과 신학적 흐름을 충분히 고려하지 않은 자의적 상징 해석으로 성경의 본래 의도를 흐릴 수 있으며 복음의 메시지를 단순화하거나 왜곡할 위험이 있습니다.

물론 성경은 상징을 통해 깊은 의미를 전달하지만 그러한 연결은 반드시 성경 전체의 흐름과 신학적 맥락 속에서 조화롭게 이루어져야 합니다. 상징 해석은 본문이 속한 문학 장르, 역사적 배경, 신학적 구조를 고려하여 신중하게 접근해야 하며, 해석자의 상상력이나 신념이 아닌 성경 자체의 증언에 근거해야 합니다.

성경이 이끄는 대로 해석한다는 것은 해석자가 자신의 생각이나 감정을 성경에 투영하는 것이 아니라 성경이 말하고자 하는 바를 경청하고 따라가는 겸손한 태도를 의미합니다. 바른 해석은 성경 본문이 스스로를 해석하도록 돕고 전체 계시의 흐름 속에서 하나님의 뜻을 분별하려는 신실한 노력에서 출발해야 합니다.

둘째 문맥을 고려하여 해석해야 합니다.

성경은 단어 하나, 구절 하나만으로 의미를 단정할 수 있는 책이 아닙니다. 각 구절은 앞뒤 문맥, 장 전체의 흐름, 그리고 성경 전체의 메시지 속에서 이해되어야 합니다. 문맥을 무시한 해석은 말씀의 본래 의도를 왜곡하고 자의적 적용으로 이어질 수 있습니다.

예를 들어 요한복음 8장 32절 "진리를 알지니 진리가 너희를 자유롭게 하리라"는 말씀은 오늘날 목회 현장에서 자주 인용되며 개인의 고난이나 삶의 문제로부터의 해방, 혹은 사회적 자유와 연결되어 설교되는 경우가 많습니다. 그러나 이 구절의 뒷 문맥인 8장 33-36절을 살펴보면 예수님은 유대인들이 "우리는 아브라함의 자손이라 남의 종이 된 적이 없다"고 주장하자 "죄를 범하는 자마다 죄의 종이라"고 말씀하시며, 죄의 권세 아래 있는 인간의 실존을 지적하십니다.

예수님은 이어서 "종은 영원히 집에 거하지 못하되 아들은 영원히 거하나니 그러므로 아들이 너희를 자유롭게 하면 너희가 참으로 자유로우리라"고 선언하십니다. 여기서 말하는 자유는 단순한 심리적 위로나 외적 해방이 아니라 죄와 사망의 권세로부터 해방되어 하나님의 자녀로 살아가는 참된 영적 자유입니다. 이 말씀은 복음의 핵심 진리를 선포하는 구절이며 문맥을 통해 그 의미가 더욱 분명해집니다.

문맥을 고려하지 않고 이 구절을 "진리는 자유를 준다"는 일반적 원리나 자기계발식 메시지로 해석한다면 예수님의 제자됨과 복음의 능력을 놓치게 됩니다. 베드로후서 3장 16절은 이러한 해석의 위험성을 경고합니다.

"그중에 알기 어려운 것이 있어 무식한 자들과 굳세지 못한 자들이 다른 성경과 같이 억지로 풀다가 스스로 멸망에 이르느니라."

성경은 인간의 감정이나 상황에 따라 해석될 수 있는 책이 아니라 성령의 인도 아래 문맥과 흐름을 따라 바르게 이해되어야 하는 말씀입니다. 문맥을 고려한 해석은 말씀의 깊은 의미를 온전히 드러내고 신앙의 실천과 삶의 방향을 바르게 인도합니다. 성경 해석은 단어 하나가 아니라 흐름을 읽는 일이며, 문맥은 그 흐름을 밝히는 열쇠입니다.

셋째 역사적·문화적 배경을 이해하며 해석해야 합니다.

성경은 특정 시대와 문화 속에서 기록된 하나님의 말씀입니다. 각 책은 고대 이스라엘, 바벨론, 로마 등 다양한 역사적 배경과 사회적 구조 속에서 쓰였으며, 그 안에는 당시의 관습, 언어, 정치, 종교적 상황이 반영되어 있습니다. 따라서 성경을 올바르게 이해하려면, 본문이 기록된 시대적 상황과 문화적 맥락을 함께 고려해야 합니다.

예를 들어, 마태복음 5장 41절에서 예수님은 "누구든지 너로 억지로 오리를 가게 하거든 그 사람과 십리를 동행하라"고 말씀하십니다. 이 구절은 단순히 친절하게 행동하라는 뜻으로 들릴 수 있지만, 당시의 역사적 배경을 알면 그 의미가 훨씬 더 깊어집니다.

예수님 당시 유대 지역은 로마 제국의 지배 아래 있었고, 로마 병사들은 유대인들에게 억지로 짐을 들어 나르게 할 수 있는 법적 권한을 가지고 있었습니다. '오리'는 약 1.5㎞ 정도의 거리로, 로마 병사가 유대인에게 강제로 시킬 수 있는 최대 거리였습니다. 예수님의 말씀은 바로 이 억압적인 상황 속에서 단순히 법적 의무를 넘어서 기꺼이 더 섬기고 사랑하라는 복음의 정신을 가르치신 것입니다.

이 역사적 배경을 이해하지 못하면 이 구절은 단순한 친절의 권면으로만 받아들여질 수 있으며, 예수님이 가르치신 사랑과 희생의 삶을 제대로 알지 못하게 됩니다.

이처럼 성경은 반드시 그 말씀이 주어진 역사적·문화적 맥락 속에서 해석되어야 하며, 당시의 사회 구조와 관습을 이해할 때 말씀의 깊은 의미가 드러납니다.

넷째 문학적 장르를 구분하여 해석해야 합니다.

성경은 다양한 문학적 장르로 구성된 복합적인 문서입니다. 여기서 '장르'란 글의 형식과 목적에 따라 구분되는 문학적 유형을 의미하며 각 장르마다 표현 방식과 해석의 접근이 달라집니다. 성경에는 역사서, 시가서, 예언서, 복음서, 서신서, 묵시문학 등 여러 장르가 존재하며, 이들을 구분하지 않고 동일한 방식으로 해석하면 말씀의 본래 의도를 왜곡할 수 있습니다.

예를 들어, 역사서인 사도행전 27장 29절 “암초에 걸릴까 하여 고물로 닻 넷을 내리고 날이 새기를 고대하니라”라는 본문의 ‘닻 넷’은 본문에서는 실제 항해 상황을 묘사하는 표현이지만 교회 역사 속에서 설교자나 주석가들은 이를 상징적으로 해석하여 신앙의 기초, 영적 안정 혹은 네 가지 신앙 덕목을 나타내는 비유로 사용하기도 했습니다. 이러한 해석은 감동을 줄 수는 있지만 본래의 역사적 의미와 문맥을 벗어난 자의적 적용에 해당합니다.

당시 바울과 일행은 풍랑 속에서 배가 암초에 걸릴 위험을 느끼자, 배의 뒤쪽(고물)에서 닻 네 개를 내리고 날이 새기를 기다렸습니다. 이는 실제 항해 기술로 배를 안정시키고 파손을 막기 위한 조치였습니다.

이처럼 역사서는 사실에 근거한 기록이므로 상징이나 은유 중심의 시가서나 묵시문학과는 해석 방식이 달라야 합니다. 각 장르의 성격을 이해하고 그에 맞는 해석 방법을 적용할 때 성경의 메시지를 바르게 이해하고 삶에 올바르게 적용할 수 있습니다.

성경은 하나의 책이 아니라 다양한 문학 장르로 구성된 도서관과 같습니다. 장르를 구분하고 그 특성을 고려하여 해석할 때 말씀의 깊이와 본래 의도가 온전히 드러납니다. 역사적 기록은 사실 중심으로 시, 예언, 묵시는 상징과 문학적 표현을 고려하여 서신과 율법은 당시 상황과 오늘날 적용을 구분해서 해석해야 합니다.

다섯째 예수님 중심으로 해석해야 합니다

성경은 단순한 교훈이나 도덕적 규범의 집합이 아니라 예수 그리스도를 통해 하나님의 구속 계획을 드러내는 계시의 말씀입니다. 구약은 오실 메시아를 예표하고 신약은 그분의 오심과 복음의 완성을 증언합니다. 예수님께서는 요한복음 5장 39절에서 "너희가 성경에서 영생을 얻는 줄 생각하고 성경을 상고하거니와 이 성경이 곧 내게 대하여 증언하는 것이니라"고 말씀하시며 성경의 중심이 자신임을 분명히 하셨습니다.

예수님 중심의 해석은 성경의 각 사건과 메시지를 복음의 관점에서 통합하며, 신앙의 본질을 회복하게 합니다. 예를 들어 출애굽기 12장의 유월절 사건은 단순한 민족 해방의 기억이 아니라, 죄 없는 어린 양으로 오신 예수님의 희생을 예표하는 구속의 그림자로 이해되어야 합니다. 유월절의 피가 죽음을 넘어가게 했듯 예수님의 피는 믿는 자를 죄와 사망에서 구원하는 능력을 가집니다.

또한 창세기 22장에서 아브라함이 이삭을 제물로 바치려는 장면은 단지 아버지의 믿음을 시험하는 사건이 아니라 장차 독생자를 아낌없이 내어주실 하나님 아버지의 사랑을 미리 보여주는 예표적 사건으로 해석할 수 있습니다. 이처럼 구약의 사건과 인물들은 예수 그리스도의 사역을 미리 보여주는 그림자이며 신약에서 그 실체가 드러납니다.

성경을 예수님 중심으로 해석할 때 우리는 율법과 예언, 복음의 의미를 온전히 이해하게 되며 말씀 속에서 하나님의 사랑과 은혜, 그리고 구속의 계획을 더욱 깊이 발견하게 됩니다. 이는 단지 지식을 쌓는 해석이 아니라, 예수님과의 인격적 관계를 회복하고 성장시키는 신앙의 여정입니다.

성경은 결국 우리를 예수님께로 이끄는 살아 있는 말씀이며 그분 안에서 죄 사함과 영원한 생명, 그리고 흔들리지 않는 소망을 누리게 됩니다.

여섯째 성령님의 도우심을 받아야 합니다

성경은 하나님의 영감으로 기록된 살아 있는 말씀입니다. 그렇기에 성경을 올바르게 해석하기 위해서는 성령님의 조명과 인도하심이 반드시 필요합니다. 인간의 지식이나 논리만으로는 하나님의 깊은 뜻을 온전히 이해할 수 없으며, 해석자는 말씀 앞에서 겸손하게 성령의 도우심을 구하는 태도를 가져야 합니다.

예수님께서는 요한복음 16장 13절에서 "그가 너희를 모든 진리 가운데로 인도하시리라"고 말씀하셨습니다. 이는 성령께서 진리의 해석자이시며, 우리를 하나님의 뜻 가운데로 이끄시는 분임을 보여줍니다. 성령님은 말씀의 의미를 깨닫게 하시고, 그 뜻을 삶에 적용하도록 도우십니다.

사도행전 8장 27-29절은 이렇게 기록합니다.

"일어나 가서 보니 에디오피아 여왕 간다게의 국고를 맡은 내시가 …… 예배하러 예루살렘에 왔다가 돌아가며 수레에 앉아 이사야 글을 읽더라. 성령이 빌립더러 이르시되 …… 그 수레로 가까이 나아가라 하시거늘."

에티오피아 내시는 이사야서를 읽고도 그 의미를 이해하지 못했지만, 성령께서 빌립을 보내어 말씀을 풀어주게 하셨습니다. 이 장면은 성령의 조명 없이는 성경을 바르게 이해할 수 없음을 보여주는 대표적인 사례입니다.

성령의 조명 없이 성경을 해석하면 단순한 지식이나 정보에 머물 뿐, 말씀의 생명력과 능력을 놓치게 됩니다. 그러나 성령님의 도우심을 받는 해석은 단순한 이해를 넘어 하나님과의 인격적 교제 속에서 말씀을 살아내는 길이 됩니다. 성령의 인도하심은 우리를 진리로 이끌고, 말씀을 통해 삶을 변화시키며 하나님의 뜻에 순종하게 합니다.

결론적으로 이처럼 성경을 바르게 해석하기 위해서는 본문을 문자 그대로 읽되 문맥을 고려하고, 역사적·문화적 배경과 문학적 장르를 구분하며 무엇보다 예수 그리스도를 중심으로 성령님의 도우심을 받아야 합니다. 성경은 단순한 정보가 아니라 하나님의 살아 있는 말씀이며, 그 깊이와 능력은 겸손한 마음과 신앙적 태도로 접근할 때 온전히 드러납니다.

(5) 성경해석 6가지 방법

성경은 다양한 시대적 배경과 문화, 문학적 장르, 그리고 신학적 흐름 속에서 기록된 하나님의 말씀입니다. 그러므로 성경을 바르게 이해하기 위해서는 단일한 해석 방식에만 의존하기보다 본문에 따라 적절한 해석 방법을 균형 있게 적용하는 것이 중요합니다. 본 연구는 성경의 본래 메시지를 깊이 있게 파악하기 위해 여섯 가지 해석 방법을 중심으로 접근하고자 합니다.

이 연구에서 다루는 해석 방법은 문법적 방법, 역사·문화적 방법, 성경신학적 방법, 조직신학적 방법, 통합적 방법, 그리고 왜곡된 해석과 성경적 해석의 비교 분석입니다. 이들 각각의 방법은 성경 본문을 해석하는 데 있어 서로 다른 관점을 제공하며 함께 적용될 때 성경의 의미를 더욱 풍성하고 입체적으로 드러낼 수 있습니다.

이제부터 본문에서는 이 여섯 가지 해석 방법을 하나씩 살펴보며 각 방법의 이론적 특징뿐 아니라 실제 성경 본문에 적용한 구체적인 사례를 함께 제시하고자 합니다. 이를 통해 해석 방법의 실제적인 유용성과 해석의 깊이를 함께 확인할 수 있을 것입니다.

① 문법적 해석

문법적 해석은 성경 본문의 언어적 구조와 문맥을 분석하여 그 의미를 정확히 파악하려는 해석 방법입니다.

첫째 성경 해석의 첫걸음은 언어의 분석에서 시작됩니다. 문법적 해석은 본문의 단어와 문장 구조를 면밀히 살펴봄으로써 본래의 의미를 정확히 파악하는 데 중점을 둡니다. 이 과정에서는 특히 어근(단어의 기본 형태로, 의미의 중심을 이루는 요소), 시제(동작이나 상태가 일어난 시간: 과거, 현재, 미래 등), 태(동작의 주체와 대상의 관계를 나타내는 문법 형식: 능동태, 수동태 등), 격(문장에서 단어가 어떤 역할을 하는지를 나타내는 문법적 표시: 주격, 목적격, 소유격 등)과 같은 문법 요소들이 중요한 역할을 합니다.

먼저 시제에 대한 예를 들면 마태복음 28장 6절의 "그가 여기 계시지 않고 그가 말씀하시던 대로 살아나셨느니라. 와서 그가 누우셨던 곳을 보라"에서 '살아나셨느니라'는 표현은 과거 시제입니다. 이 시제는 예수님의 부활이 이미 일어난 역사적 사건임을 강조하며 단순한 상징이나 기대가 아니라 실제로 성취된 사실임을 문법적으로 드러냅니다. 또한 과거 시제의 사용은 부활이 완료된 사건으로서 그 결과가 현재와 미래에 지속적인 영향을 미친다는 점을 암시합니다. 이처럼 시제 분석은 성경의 시간적 흐름과 신학적 의미를 연결하는 중요한 해석 도구로 작용합니다.

다음 태에 대한 예를 들면 로마서 5장 1절 "그러므로 우리가 믿음으로 의롭다 하심을 받았으니 우리 주 예수 그리스도로 말미암아 하나님과 화평을 누리자"에서 '의롭다 하심을 받았으니'는 수동태 표현입니다. 이는 인간이 스스로 의로워지는 것이 아니라 하나님에 의해 의롭다 여겨지는 것임을 강조하며 '칭의'의 주체가 하나님이라는 점을 문법적으로 드러냅니다.

다음 격에 대한 예를 들면 요한복음 3장16절 "하나님이 세상을 이처럼 사랑하사 독생자를 주셨으니 이는 그를 믿는 자마다 멸망하지 않고 영생을 얻게 하려 하심이라"에서 '하나님이'라는 표현은 주격 형태입니다. 이는 하나님을 사랑과 구원 행위의 주체로 드러내며 하나님께서 능동적으로 세상과 인간을 향해 구원의 역사를 이루어 가심을 보여줍니다. '세상을'은 목적격 형태로 하나님의 사랑을 받는 객체적 위치를 나타냅니다. 또한 '독생자'는 소유격 관계 속에서 하나님의 아들임을 보여주며, 이는 구원의 선물이 하나님께 속한 존재임을 강조합니다. '그를'은 목적격으로, 믿음의 대상이 되는 예수 그리스도를 지칭합니다. 만약 다른 격이 사용되었다면, 하나님과 세상, 예수 그리스도와 믿는 자 사이의 관계 구조는 달리 해석될 수 있었을 것입니다. 이처럼 격 분석은 본문 속 인물과 대상의 자기 인식, 관계 구조, 문맥 속 역할을 파악하는 데 중요한 단서를 제공하며 본문이 전달하는 신학적 메시지를 더 깊이 이해하도록 돕습니다.

둘째 성경 해석에서 중요한 다음 단계는 문장의 구조를 파악하는 일입니다. 문법적 해석은 단어 수준을 넘어서 주어, 동사, 목적어 등 문장의 구성 요소를 분석함으로써 본문의 논리적 흐름과 의미 전달 방식을 이해하는 데 도움을 줍니다. 이러한 문장 구조 분석은 특히 복잡한 종속절이나 병렬 구조를 해석할 때 더욱 중요하게 작용합니다.

예를 들어 로마서 12장 1절 "그러므로 형제들아 내가 하나님의 모든 자비하심으로 너희를 권하노니 너희 몸을 하나님이 기뻐하시는 거룩한 산 제물로 드리라 이는 너희가 드릴 영적 예배니라"라는 구절을 살펴보면 접속사 '그러므로'는 본문의 흐름과 신학적 구조를 결정짓는 중요한 연결어입니다. 이는 앞선 로마서 1~11장에서 전개된 복음의 교리 곧 죄, 은혜, 의롭다 하심, 구원 계획을 바탕으로 이제 삶의 실천으로 나아가야 함을 선언하는 신학적 전환점 역할을 합니다.

'그러므로'는 단순한 전환 표현이 아니라 교리와 윤리, 믿음과 행위, 은혜와 헌신을 이어주는 핵심 연결 고리입니다. 바울은 복음의 진리를 지식에 머무르게 하지 않고 그것이 삶으로 드러나야 함을 강조합니다. 이처럼 문장 구조 속의 작은 문법 요소 하나가 본문의 의미를 깊이 좌우할 수 있으며 성경 전체의 흐름과 메시지를 이해하는 데 결정적인 역할을 할 수 있음을 보여주는 대표적인 사례입니다.

셋째 성경 해석에서는 본문이 속한 문맥과 문학적 장르를 고려하는 것이 중요합니다. 성경은 시, 역사, 예언, 복음서 등 다양한 장르로 구성되어 있으며 각 장르의 특성에 따라 해석 방식도 달라집니다. 따라서 본문이 위치한 단락이나 책 전체의 흐름을 파악하는 것은 해석의 깊이를 더하는 필수적인 과정입니다.

예를 들어 마태복음 5장 3절 "심령이 가난한 자는 복이 있나니 천국이 그들의 것임이요"라는 구절은 흔히 단독으로 인용되지만, 그 앞뒤 문맥을 보면 예수님께서 산상수훈을 통해 제자들과 무리에게 하신 가르침의 첫머리임을 알 수 있습니다. 이 문맥을 고려하면 이 구절은 단순히 가난을 칭송하는 말씀이 아니라, 하나님 앞에서 겸손하고 의존적인 태도를 강조하는 교훈의 흐름 속에 위치한 것입니다. 문맥을 무시하면 이 구절의 깊은 의미와 팔복 전체와의 연결성을 놓칠 수 있습니다.

또 다른 예로 시편 23편 1절 "여호와는 나의 목자시니 내게 부족함이 없으리로다"는 시적 표현입니다. 시편은 시(詩) 장르로서 상징과 은유가 풍부하게 사용되며 '목자'는 실제 인물이 아니라 하나님의 보호와 인도하심을 상징하는 이미지입니다. 만약 이 구절을 역사적 기록처럼 해석한다면 시가 전달하려는 감정적 깊이와 신앙적 고백을 놓칠 수 있습니다. 따라서 시편은 시적 장르로서의 특성을 고려해 해석해야 하며 장르 인식은 본문의 의도와 메시지를 바르게 이해하는 데 핵심적인 역할을 합니다.

넷째 앞서 살펴본 언어적 분석, 문장 구조, 문맥과 장르에 대한 이해를 바탕으로 본문이 말하고자 하는 핵심 메시지를 도출하는 단계가 이어집니다. 이 과정에서는 해석자의 주관적 판단을 배제하고, 본문 자체의 언어적 증거에 근거하여 의미를 밝혀야 합니다.

예를 들어 로마서 5장 1절 "그러므로 우리가 믿음으로 의롭다 하심을 받았으니 우리 주 예수 그리스도로 말미암아 하나님과 화평을 누리자"라는 구절을 살펴보면 다음과 같은 통합적 분석이 가능합니다.

우선 원어 분석을 통해 '의롭다 하심을 받았으니'는 과거 완료 수동태로 이미 완료된 하나님의 행위임을 나타냅니다. 이는 믿음으로 말미암아 이미 의롭게 되었다는 사실을 강조합니다.

이어지는 문장 구조 분석에서는 주어 '우리가', 동사 '받았으니', 목적 '의롭다 하심'이 중심을 이루며, 그 결과로 '화평을 누리자'는 권면이 이어집니다. 이는 믿음을 통해 칭의에 이르고, 그 결과로 하나님과의 화평을 누리게 되는 과정을 보여줍니다.

또한, 문맥과 장르를 고려하면 로마서는 논증적 서신 장르로 앞 장(4장)에서는 아브라함의 믿음을 통해 의롭게 된 사례를 설명하고, 5장에서는 그 믿음의 결과로 누리는 복을 다룹니다. 이 구절은 신학적 진술과 실천적 권면이 결합된 구조를 가지고 있습니다.

이러한 통합적 분석을 바탕으로 도출되는 핵심 메시지는 다음과 같습니다. '믿음을 통해 이미 의롭게 되었으며 그 결과로 하나님과의 관계 속에서 화평을 누릴 수 있다는 복음의 중심 진리입니다'.

문법적 해석 사례연구: 에베소서 2장 8절

> "너희는 그 은혜에 의하여 믿음으로 말미암아 구원을 받았으니 이것은 너희에게서 난 것이 아니요 하나님의 선물이라"

첫째 언어 분석을 통해 이 구절의 핵심 동사인 "구원을 받았으니"가 완료 수동태임을 확인할 수 있습니다. 이는 구원이 이미 이루어진 사건이며 그 결과가 현재까지 지속되고 있다는 의미를 담고 있습니다. 또한 "믿음으로 말미암아"는 수단을 나타내는 전치사 구조로 구원의 통로가 인간의 행위가 아닌 믿음임을 강조합니다.

둘째 문장 구조를 분석하면 주어는 "너희는", 동사는 "받았으니", 수단은 "그 은혜에 의하여 믿음으로 말미암아", 설명은 "이것은 너희에게서 난 것이 아니요 하나님의 선물이라"로 구성되어 있습니다. 이 구조는 구원의 주체가 하나님이며 수단은 은혜와 믿음이고 결과는 구원이라는 논리적 흐름을 명확히 보여줍니다.

셋째 문맥을 고려한 해석을 보면 에베소서 2장은 인간의 죄된 상태와 하나님의 은혜로 인한 구원을 대조적으로 설명하는 구조를 가지고 있습니다. 앞부분에서는 인간이 죄와 허물로 죽었던 상태를 묘사하고 이어서 하나님께서 그리스도 안에서 우리를 살리신 은혜의 역사에 대해 설명합니다. 이러한 흐름 속에서 8절은 구원이 인간의 행위가 아닌 하나님의 은혜에 근거한 것임을 강조하는 핵심 진술로 자리 잡고 있습니다. 이 구절은 앞뒤 문맥과 연결되어 구원이 전적으로 하나님의 주도적 역사임을 드러냅니다.

문학적 장르를 고려한 해석을 보면 에베소서는 서신서 장르에 속하며 교리적 진술과 실천적 권면이 함께 나타나는 특징을 지닙니다. 2장 8절은 교리적 진술의 대표적인 예로 구원의 본질과 그 근거를 설명하는 신학적 핵심을 담고 있습니다. 동시에 이 진술은 이후 실천적 권면으로 이어지는 기반이 되며 독자들에게 하나님의 은혜에 대한 바른 이해를 바탕으로 삶의 태도를 정립하도록 이끕니다.

넷째 위의 분석 세 가지를 바탕으로 본문이 말하고자 하는 핵심 메시지를 도출하는 것입니다. 이 과정에서는 주관적 해석을 배제하고, 본문 자체의 언어적 증거에 근거하여 의미를 밝혀냅니다. 이 구절은 '구원이 인간의 노력이나 자격에서 비롯된 것이 아니라, 하나님의 은혜에 의해 믿음을 통해 주어진 선물이라는 복음의 본질을 전달합니다.'

결론적으로 문법적 성경해석은 성경 본문의 언어적 구조와 문맥, 문학적 장르를 면밀히 분석함으로써 본문이 말하고자 하는 의미를 정확하게 파악하도록 돕는 해석 방법입니다. 단어의 형태와 시제, 문장 구조, 문맥의 흐름, 장르적 특성을 바르게 이해할 때 성경의 메시지는 더욱 명확하고 깊이 있게 드러납니다.

② 역사·문화적 해석

역사·문화적 성경 해석은 성경이 기록된 당시의 시대적 배경과 사람들의 생활방식을 이해함으로써 말씀의 의미를 더 깊이 파악하려는 해석 방법입니다. 성경은 수천 년 전, 오늘날과는 전혀 다른 문화와 환경 속에서 쓰였기 때문에 그 시대의 역사와 사회적 맥락을 고려하는 것이 매우 중요합니다. 당시의 관습, 언어, 정치 구조, 종교적 분위기 등을 이해하면 본문이 전달하려는 메시지가 더욱 분명하게 드러납니다.

첫째 성경이 기록된 시대의 역사적 상황을 살펴보는 것입니다. 성경은 여러 시대에 걸쳐 기록되었으며 각 시대마다 정치적 환경과 사회 분위기가 달랐습니다. 이러한 시대적 배경을 이해하면 본문이 담고 있는 의미를 더욱 분명하게 파악할 수 있습니다.

예를 들어 신약 성경은 로마 제국이 지배하던 시기에 기록되었기 때문에 당시의 법과 통치 방식이 성경의 내용에 영향을 주었습니다. 사도행전 16장 37절에서 바울은 "로마 사람인 우리를 죄도 정하지 아니하고 공중 앞에서 때리고 옥에 가두었다가 이제는 가만히 내보내려 하느냐"라고 말하며 자신이 로마 시민권자임을 주장합니다. 당시 로마 제국에서는 시민권을 가진 사람에게 재판 없이 형벌을 가하는 것이 금지되어 있었고 시민은 특별한 법적 보호를 받을 수 있었습니다. 바울은 빌립보에서 불법적으로 매질을 당하고 감옥에 갇힌 뒤 자신이 로마 시민이라는 사실을 밝힘으로써 법적 권리를 근거로 항의한 것입니다.

이 사건은 단순한 개인적 불만 표현이 아니라 로마 법 체계와 시민권 제도를 이해할 때 그 의미가 더욱 선명해집니다. 성경의 역사적 배경을 고려하면 본문이 담고 있는 법적, 사회적, 신학적 메시지를 더 깊이 이해할 수 있습니다.

둘째 그 시대 사람들의 생활 방식과 문화를 이해합니다.

성경에 나오는 가족 제도, 결혼 풍습, 옷차림, 직업, 종교 예식 등을 알면 본문이 더 잘 이해됩니다.

예를 들어 마태복음 22장 23~30절에서 사두개인들은 예수님께 와서 부활을 부정하려는 질문을 던집니다. 그들은 이렇게 말했습니다. "일곱 형제가 있었는데 첫째가 아내를 취하였다가 자식 없이 죽고, 둘째, 셋째… 일곱째까지 모두 그 여자를 아내로 취하였나이다. 마지막에 그 여자도 죽었나이다. 그러면 부활 때에 그 여자는 누구의 아내가 되겠나이까?"

이 질문은 단순한 호기심이 아니라 부활 교리를 조롱하기 위한 의도였습니다.

만약 구약의 제도를 모른다면 사두개인들의 질문은 단순히 "엉뚱한 이야기"처럼 보일 수 있습니다. 그러나 신명기 25:5~10에 규정된 계대결혼 제도(형제가 자식 없이 죽으면, 다른 형제가 그 과부를 아내로 맞아 자손을 이어야 한다는 규정)를 이해하면 그들의 질문이 율법적 근거를 가진 실제적 논쟁임을 알 수 있습니다.

따라서 마태복음 22:23~30을 올바로 이해하려면 구약 율법과 당시 사회적 배경을 함께 고려해야 합니다.

셋째, 성경이 쓰인 시대의 종교나 철학적 분위기도 함께 살펴봅니다.

성경은 유대교뿐 아니라, 헬라 철학이나 다른 종교 사상들과도 관련이 있습니다. 예를 들어, 바울이 "헛된 철학을 조심하라"

고 말한 것은, 당시 사람들 사이에 퍼져 있던 잘못된 가르침을 경계한 것입니다.

예를 들어 골로새서 2장 8절 "누가 철학과 헛된 속임수로 너희를 사로잡지 못하게 하라"

이 구절은 바울이 골로새 교회 성도들에게 경고하는 말씀으로 당시 헬라 철학과 혼합주의적 종교 사상이 교회 안에 영향을 미치고 있었던 시대적 배경을 이해해야 그 의미가 분명해집니다.

당시 사람들 사이에는 영지주의와 같은 사상이 퍼져 있었는데 이는 물질은 악하고 영은 선하다는 이원론적 세계관을 바탕으로 하며, 구원은 특별한 지식을 통해 얻는다고 주장했습니다. 이러한 사상은 예수 그리스도의 성육신과 십자가 사건을 부정하거나 왜곡하는 위험을 가지고 있었습니다.

바울은 이러한 철학적·종교적 흐름을 "헛된 속임수"라고 표현하며 그리스도 중심의 복음에서 벗어나지 말 것을 강조합니다. 이 경고는 단순히 철학을 반대하는 것이 아니라 복음의 진리를 흐리게 만드는 시대적 사상에 대한 분별을 요구하는 말씀입니다.

역사·문화적 해석 사례연구: 고린도전서 16장 20절

"모든 형제가 너희에게 문안하니 너희는 거룩하게 입맞춤으로 서로 문안하라."

첫째, 성경이 쓰인 시대의 역사적 상황을 살펴봅니다.

바울 당시의 지중해 세계에서는 가까운 관계에서 입맞춤이 일반적인 인사 방식이었습니다. 가족이나 친구, 동료 사이에서 입맞춤은 친밀함과 환영을 표현하는 문화적 관습이었습니다. 그러나 바울은 단순한 사회적 인사를 넘어 교회 공동체 안에서의 입맞춤을 "거룩한" 것으로 규정했습니다. 이는 당시 청중에게 단순한 인사 이상의 의미 곧 그리스도 안에서의 새로운 공동체적 정체성을 강조하는 도전적 메시지였습니다.

둘째, 그 시대 사람들의 생활 방식과 문화를 이해합니다.

초대 교회는 혈연을 넘어선 새로운 가족 공동체로 이해되었습니다. 따라서 서로를 맞이할 때 입맞춤은 단순한 인사가 아니라 형제자매로서의 연합과 사랑을 표현하는 행위였습니다. 당시 사회에서는 신분과 계급이 뚜렷했지만 교회 안에서는 모든 성도가 동일한 하나님의 자녀로 받아들여졌습니다. 바울이 "거룩한 입맞춤"을 강조한 것은, 문화적 관습을 신앙적 의미로 승화시켜 공동체적 책임과 사랑을 실천하도록 한 것입니다.

셋째, 성경이 쓰인 시대의 종교적 분위기를 살펴봅니다.

유대 사회는 종교적 경건을 형식적 규례나 의식에서 찾는 경향이 강했습니다. 그러나 바울은 단순한 의식이나 형식이 아니라 그리스도 안에서 서로를 받아들이는 실제적 사랑의 행위를 참된 경건으로 제시했습니다. "거룩한 입맞춤"은 단순한 인사법이 아니라 교회 공동체가 세상의 분열과 차별을 넘어서는 새로운 사랑과 연합을 보여주는 상징적 행위였습니다. 이는 당시 종교적 사고를 넘어서는 급진적인 메시지였습니다.

넷째, 본문이 말하고자 하는 핵심 메시지를 도출합니다.

고린도전서 16장 20절의 "거룩한 입맞춤"은 이웃 사랑과 공동체적 연합의 본질을 가르칩니다. 이웃은 혈통이나 사회적 지위로 구분되는 존재가 아니라 그리스도 안에서 하나 된 모든 성도입니다. 당시 사회적 관습 속에서 입맞춤은 친밀함을 표현하는 행위였지만, 바울은 그것을 신앙적 차원으로 끌어올려 공동체적 사랑과 연합의 상징으로 제시했습니다. 따라서 이 말씀은 단순한 인사법을 넘어, 교회가 하나님의 나라를 드러내는 공동체로서 사랑과 자비를 실천하라는 도전적 메시지를 담고 있습니다.

결론

역사·문화적 성경해석은 성경이 기록된 시대의 정치적 상황, 사회적 구조, 문화적 관습, 종교적 사상 등을 함께 살펴봄으로써 본문이 담고 있는 메시지를 더 깊이 이해하도록 돕는 해석 방법입니다. 단어 하나, 표현 하나가 그 시대의 맥락 속에서 어떤 의미를 지녔는지를 파악할 때 성경은 단순한 고대 문서가 아니라 살아 있는 하나님의 말씀으로 다가옵니다. 결국 역사와 문화를 이해하는 것은 성경의 진리를 오늘날 우리의 삶 속에 바르게 적용하기 위한 필수적인 통로이며 하나님의 구속 역사가 실제 인간의 역사 속에서 이떻게 펼쳐졌는지를 드러내는 중요한 해석의 열쇠입니다.

③ 성경신학적 해석

성경신학적 해석은 성경을 단순히 교리나 주제별로 나눈 책으로 보는 것이 아니라 하나님께서 사람들과 함께하시기 위해 역사 속에서 조금씩 보여주신 하나님 나라 회복 이야기로 이해하는 방법입니다. 이 해석은 다음과 같은 특징이 있습니다.

첫째 성경신학은 성경의 전체 흐름을 중요하게 생각합니다.

성경신학은 성경을 단편적인 구절이나 사건으로 보는 것이 아니라 창세기부터 요한계시록까지 이어지는 하나님의 회복(구속) 역사 전체를 하나의 이야기로 이해하려는 접근입니다. 이 흐름은 창조, 타락, 구속, 회복이라는 네 가지 큰 틀로 구성되며 각 성경 책과 사건은 이 틀 안에서 의미를 갖습니다.

예를 들어 창세기 12장에서 하나님은 아브라함에게 "너를 큰 민족으로 만들고, 네 이름을 창대하게 하며, 너를 통해 모든 민족이 복을 받을 것"이라고 약속하십니다. 이 약속은 단지 아브라함 개인에게 주어진 것이 아니라 예수 그리스도를 통해 온 인류에게 복을 주시려는 하나님의 회복(구속) 계획의 출발점입니다.

이 약속은 구약 전체를 통해 점차 구체화되며 다윗 언약(삼하 7장), 선지자들의 메시아 예언(이사야, 예레미야 등)을 거쳐, 신약에서 예수님의 탄생과 사역, 십자가와 부활을 통해 성취됩니다. 그리고 요한계시록에서는 예수님의 재림과 새 하늘과 새 땅의 도래를 통해 하나님이 아브라함에게 주신 약속이 완전하게 이루어지는 모습이 그려집니다.

이처럼 성경신학은 성경 전체를 하나님의 구속 이야기로 보고 각 본문을 그 이야기의 한 부분으로 해석함으로써 성경의 통일성과 목적성을 강조합니다.

둘째, 성경신학은 하나님과 사람 사이의 약속(언약)과 그 약속을 이루어가는(성취) 과정을 중요하게 봅니다.

성경신학은 성경 전체를 하나의 큰 이야기로 바라보며 하나님께서 인류를 구원하시기 위한 계획을 어떻게 점진적으로 이루어 가시는지를 중심으로 해석합니다. 그 핵심 중 하나는 하나님과 사람 사이의 언약 즉 약속입니다. 하나님은 아담과의 언약(아담 언약)을 시작으로 노아(노아언약), 아브라함(아브라함언약), 모세(모세언약), 다윗(다윗언약)을 거쳐 예수 그리스도에 이르기까지 여러 단계에 걸쳐 언약을 세우시며 하나님 나라를 회복해 가십니다.

예를 들어, 아브라함에게 주신 언약은 "너를 큰 민족으로 만들고, 너를 통해 모든 민족이 복을 받을 것"이라는 약속이었습니다. 이 언약은 단지 한 사람에게 주어진 축복이 아니라 예수 그리스도를 통해 온 인류에게 복을 주시려는 하나님의 구속 계획의 시작이었습니다. 이후 모세를 통해 율법을 주시고(모세언약) 다윗에게는 그의 왕위를 통해 영원한 통치자가 오실 것을 약속하셨습니다(다윗언약). 그리고 예수님 안에서 이 모든 언약은 완성되며 새로운 언약이 시작됩니다(새 언약).

이처럼 성경신학은 각 언약을 하나님의 구속 이야기의 연결고리로 이해하며 하나님 나라가 점점 더 회복되어 가는 과정을 보여줍니다. 언약은 단순한 계약이 아니라 하나님과 인간 사이의 관계를 맺고 그 관계를 통해 구원의 역사를 이루어가는 하나님의 방식입니다.

셋째, 성경신학은 성경의 각 구절이 하나님 이야기 속에서 어떤 역할을 하는지를 살펴봅니다.

예들 들어 창세기 3장 15절 "내가 너로 여자와 원수가 되게 하고 네 후손도 여자의 후손과 원수가 되게 하리니 여자의 후손은 네 머리를 상하게 할 것이요 너는 그의 발꿈치를 상하게 할 것이니라 하시고"

이 구절은 인간의 타락 이후 하나님께서 뱀에게 하신 말씀으로 성경 전체에서 최초의 복음으로 불립니다. 겉으로 보면 단순한 심판 선언처럼 보이지만 성경신학의 관점에서는 하나님의 구속 이야기의 시작점으로 해석됩니다.

이 말씀은 훗날 여자의 후손으로 오실 예수 그리스도가 사탄의 권세를 깨뜨릴 것을 예언하는 구절이며 성경 전체의 구속사 속에서 예수님의 십자가와 부활을 향한 방향을 설정하는 핵심 연결점입니다. 이후 성경의 모든 언약, 예언, 인물, 사건은 이 약속을 따라 흐르며 결국 요한계시록에서 사탄이 완전히 패배하고 하나님 나라가 완성되는 장면으로 이어집니다.

따라서 창세기 3장 15절은 단순한 한 구절이 아니라 하나님의 구속 이야기 전체를 여는 문장이며, 성경신학은 이런 구절들이 전체 이야기 속에서 어떤 위치와 의미를 갖는지를 조명합니다.

넷째 성경신학은 예수님을 중심으로 성경 전체를 연결합니다. 구약은 예수님이 오실 것을 미리 알려주고 신약은 예수님을 통해 하나님 나라가 실제로 시작되고 완성되어 가는 모습을 보여줍니다. 예수님은 성경 전체 이야기의 중심입니다.

예를 들어 이사야 53장 4-7절 "그는 실로 우리의 질고를 지고 우리의 슬픔을 당하였거늘 우리는 생각하기를 그는 징벌을 받아 하나님께 맞으며 고난을 당한다 하였노라 그가 찔림은 우리의 허물 때문이요 그가 상함은 우리의 죄악 때문이라 그가 징계를 받으므로 우리는 평화를 누리고 그가 채찍에 맞으므로 우리는 나음을 받았도다 우리는 다 양 같아서 그릇 행하여 각기 제 길로 갔거늘 여호와께서는 우리 모두의 죄악을 그에게 담당시키셨도다 그가 곤욕을 당하여 괴로울 때에도 그의 입을 열지 아니하였음이여 마치 도수장으로 끌려가는 어린 양과 털 깎는 자 앞에서 잠잠한 양 같이 그의 입을 열지 아니하였도다"

이 구절은 구약에서 가장 강력하게 예수님의 고난과 속죄 사역을 예언하는 장입니다. "그가 찔림은 우리의 허물 때문이요… 그가 징계를 받음으로 우리는 평화를 누리고"라는 표현은 장차 오실 고난받는 종 메시아의 모습을 보여줍니다. 당시 이스라엘 사람들은 정치적 해방자를 기대했지만 이사야는 죄를 대신 짊어지고 죽임당할 메시아를 예언했습니다.

이 예언은 요한복음 1장 29절에서 성취됩니다. 세례 요한은 예수님을 보고 "보라, 세상 죄를 지고 가는 하나님의 어린 양이로다"라고 외칩니다. 이는 이사야가 말한 고난받는 종이 바로 예수님이라는 사실을 명확히 연결해 줍니다.

이처럼 성경신학은 구약의 예언과 신약의 성취를 예수님을 중심으로 연결하며 성경 전체가 예수 그리스도를 통해 하나님 나라가 시작되고 완성되어 가는 이야기임을 보여줍니다. 예수님은 단지 한 시대의 인물이 아니라 성경 전체의 중심축이며 모든 언약과 예언의 완성자이십니다.

성경신학적 해석 사례연구: 창세기 45장 7-8절

"하나님이 큰 구원으로 당신들의 생명을 보존하고 당신들의 후손을 세상에 두시려고 나를 당신들보다 먼저 보내셨나니 그런즉 나를 이리로 보낸 이는 당신들이 아니요 하나님이시라 하나님이 나를 바로에게 아버지로 삼으시고 그 온 집의 주로 삼으시며 애굽 온 땅의 통치자로 삼으셨나이다"

첫째 성경의 전체 흐름 속에서 본문을 이해합니다.

이 구절은 요셉이 형들에게 자신의 정체를 밝히며 과거의 고난과 애굽으로의 여정이 하나님의 구속 계획안에 있었음을 고백하는 장면입니다. 성경 전체 흐름에서 요셉의 이야기는 하나님께서 아브라함에게 약속하신 큰 민족 형성의 준비 과정으로 볼 수 있습니다. 하나님은 요셉을 통해 이스라엘 가족을 애굽으로 이주시켜 훗날 출애굽 사건과 시내산 언약으로 이어지는 하나님 나라의 기초를 마련하십니다.

둘째 하나님과 사람 사이의 언약과 그 성취 과정을 살펴봅니다.

하나님은 아브라함에게 "네 자손이 이방에서 객이 되어 400년 동안 종살이할 것"이라고 말씀하셨습니다(창 15:13). 요셉의 애굽 통치는 바로 그 예언의 시작점이며 언약의 성취를 위한 역사적 전환점입니다. 요셉은 단지 가족을 구한 인물이 아니라 하나님의 언약을 다음 단계로 이끄는 연결자로서 역할을 합니다. 그의 고난과 승진은 하나님의 언약이 현실 속에서 어떻게 이루어지는지를 보여줍니다.

셋째 성경의 각 구절이 하나님의 이야기 속에서 어떤 역할을 하는지를 살펴봅니다.

이 구절은 인간의 악한 의도(형들의 시기와 배신)를 하나님께서 선한 계획으로 바꾸어 사용하신다는 구속 이야기의 핵심 원리를 보여줍니다. 요셉은 "당신들이 나를 판 것이 아니라 하나님이 보내신 것"이라고 말함으로써 하나님의 주권과 섭리를 강조합니다. 이는 성경 전체에서 반복되는 주제 즉 하나님은 인간의 실패와 죄 속에서도 자신의 뜻을 이루신다는 진리를 드러내는 중요한 구절입니다.

넷째 예수님을 중심으로 성경 전체를 연결합니다.

요셉은 성경신학적으로 예수님의 예표(모형)로 자주 해석됩니다. 그는 형제들에게 버림받고 고난을 당했지만 결국 높임을 받아 많은 사람을 구원하는 자로 세워졌습니다. 이는 예수님께서 십자가에서 고난을 당하시고 부활하셔서 온 인류의 구원자가 되신 모습과 연결됩니다. 요셉의 고백은 예수님의 사역을 미리 보여주는 그림자이며 하나님께서 고난을 통해 구원을 이루신다는 복음의 핵심을 담고 있습니다.

이처럼 창세기 45장 7-8절은 성경 전체 이야기 속에서 중요한 연결점이며 하나님의 언약과 구속 계획, 예수님의 사역을 미리 보여주는 깊은 신학적 의미를 담고 있습니다.

결론적으로 성경신학적 해석은 성경을 단순한 교리나 윤리의 집합으로 보는 것이 아니라, 하나님 나라의 회복이라는 큰 이야기 속에서 각 본문이 어떻게 연결되고 기능하는지를 조명합니다. 이러한 해석은 성경의 역사적 흐름과 언약의 성취, 그리고 하나님의 주권적 섭리를 통합적으로 이해하게 하며, 독자로 하여금 성경을 살아 있는 하나님의 구속 이야기로 경험하도록 이끕니다.

④ 조직신학적 해석

조직신학적 해석은 성경의 내용을 주제별로 정리하여 체계적으로 이해하려는 방법입니다. 성경에는 신론, 인간론, 구원론, 기독론, 성령론, 교회론, 종말론 등 다양한 주제가 등장하는데 조직신학은 이러한 주제들을 하나씩 정리하고 전체적으로 연결해 줍니다.

각 주제에 대해 성경연구 제6단계인 조직신학적 성경연구에서 이미 살펴보았지만 다시 간단히 설명하면 신론은 하나님에 대한 바른 이해와 신앙의 토대를 세우는 교리이며 인간론은 인간이 하나님의 형상대로 창조되었으나 죄로 인해 타락하여 구원이 필요함을 밝히는 교리이고 구원론은 인간이 하나님의 은혜와 예수 그리스도의 사역을 통해 죄에서 해방되고 영생을 얻는 진리를 설명하는 교리이며 기독론은 예수 그리스도의 존재와 사역을 통해 인류 구원의 진리를 드러내는 교리이고 성령론은 성령께서 믿는 자와 교회 안에서 역사하시며 구원과 성화를 이루시는 교리이며 교회론은 교회가 그리스도의 몸이자 성령 안에서 세워진 공동체로서 하나님 나라를 드러내는 교리이고 종말론은 예수 그리스도의 재림과 최후 심판을 통해 하나님 나라가 완성됨을 가르치는 교리입니다. 그러면 조직신학적 해석 방법에 대하여 알아보겠습니다.

첫째 주제별로 나눠서 생각합니다.

성경을 읽을 때 단순히 한 구절만 따로 떼어 해석하는 것이 아니라 그 구절이 어떤 신학적 주제에 속하는지를 생각하며 읽습니다. 예를 들어 예수님의 십자가 사건을 다룬 마태복음 27장이나 요한복음 19장은 단순한 역사적 기록이 아니라 '구원론'이라는 주제 안에서 해석됩니다. 이 본문들은 인간의 죄를 대신하여 예수님이 대속의 죽음을 당하셨다는 교리를 설명하는 핵심 자료입니다.

또 다른 예로 출애굽기 3장 14절에서 하나님께서 모세에게 "나는 스스로 있는 자니라"라고 말씀하시는 장면은 '신론'의 핵심 구절로 사용됩니다. 이 말씀은 하나님의 자존성과 영원성을 나타내며 하나님이 어떤 분이신지를 알려주는 중요한 교리적 근거가 됩니다.

이처럼 조직신학적 해석은 성경의 각 구절을 그 의미에 따라 신론, 기독론, 구원론, 교회론, 종말론 등으로 분류하고, 전체적인 신학적 흐름 속에서 정리합니다. 이를 통해 성경을 더 깊이 이해하고, 신앙의 기준으로 삼을 수 있게 됩니다.

둘째 순서와 논리를 중요하게 생각합니다.

조직신학은 성경의 내용을 단순히 모아두는 데 그치지 않고 그 안에 담긴 진리를 논리적이고 순서 있게 정리하는 데 중점을 둡니다. 특히 구원에 대한 내용을 다룰 때 조직신학은 구원의 각 단계를 일정한 흐름을 따라 설명합니다. 이는 신앙의 여정을 이해하는 데 큰 도움을 줍니다.

예를 들어, 성경은 구원이 단번에 이루어지는 사건이 아니라 하나님의 계획과 인간의 반응이 이어지는 과정임을 보여줍니다. 조직신학은 이 과정을 다음과 같은 순서로 정리합니다.

먼저 하나님께서 구원받을 사람을 미리 선택하시는 '예정'이 있습니다. (엡 1:4, 롬 8:29). 이어서 복음을 듣고 반응하게 되는

'소명'이 이루어지고 (롬 8:30, 고전 1:9), 그 부르심에 따라 사람의 마음이 새롭게 변화되는 '중생'이 일어납니다. (요 3:5, 딛 3:5) 중생한 사람은 자신의 죄를 깨닫고 회개하며 예수 그리스도를 믿게 되는데 (행 2:38, 롬 10:9-10), 이 믿음을 통해 하나님께서는 그를 '의롭다'고 선언하십니다. 이것이 '칭의'입니다 (롬 3:28, 갈 2:16). 이후 신자는 점점 거룩해지는 '성화'의 과정을 거치며 (살전 4:3, 벧전 1:15-16), 마지막 날에는 완전한 구원의 상태인 '영화'에 이르게 됩니다 (롬 8:30, 고전 15:52-53).

이처럼 조직신학은 구원의 내용을 순서대로 정리함으로써 각 단계가 어떻게 연결되고 어떤 의미를 가지는지를 분명하게 보여줍니다. 이러한 해석 방식은 신앙의 흐름을 따라가도록 도와주며 성경의 교리를 더 깊이 이해하고 실제 삶에 적용할 수 있도록 이끌이 줍니다.

셋째 성경 전체를 함께 봅니다.

조직신학적 해석은 성경의 한 구절만 따로 떼어 해석하지 않고 그 구절이 성경 전체에서 어떻게 설명되고 있는지를 함께 살펴봅니다. 이는 성경의 통일성과 일관성을 유지하면서 교리적 깊이를 더하는 데 중요한 접근입니다.

예를 들어, 요한복음 1장 14절은 "말씀이 육신이 되어 우리 가운데 거하시매…"라는 구절로 예수님이 사람이 되셨다는 사실을 말합니다. 이 구절은 단순히 기독론을 설명하는 데 그치지 않고 구원론과도 연결됩니다. 왜냐하면 예수님의 성육신은 인간을 구원하기 위한 하나님의 직접적인 개입이기 때문입니다(히 2:14-17). 또한 이 구절은 삼위일체론과도 관련이 있습니다. '말씀'이라는 표현은 성자 하나님을 가리키며, 이는 성부와 성령과 함께 하나님의 삼위일체적 존재를 드러냅니다(요 1:1, 마 3:16-17).

또 다른 예로 창세기 1장 26절에서 "우리의 형상을 따라 우리가 사람을 만들자"라는 말씀은 인간 창조에 대한 내용이지만 조직신학적으로는 인간론뿐 아니라 삼위일체론과도 연결됩니다. '우리'라는 표현은 하나님 안에 복수적 존재가 있음을 암시하며 이는 신약에서 명확히 드러나는 삼위일체 개념과 연결됩니다.

이처럼 조직신학은 성경의 한 구절을 해석할 때 그 구절이 성경 전체에서 어떻게 설명되고 있는지를 함께 살펴보며 다양한 교리적 주제와 연결하여 통합적으로 이해합니다. 이는 신앙의 깊이를 더하고, 성경을 더 풍성하게 해석할 수 있도록 돕는 방식입니다.

넷째 실제 삶에 도움이 됩니다.

조직신학적 해석은 단지 성경을 이론적으로 정리하는 데 그치지 않고 신앙생활 속에서 실제로 적용할 수 있도록 도와줍니다. 설교, 성경 공부, 상담 등 다양한 상황에서 성경의 교리를 기준으로 삼아 바른 방향을 제시합니다.

예를 들어, '성화'라는 교리는 신자가 구원받은 이후에도 계속해서 거룩한 삶을 살아가야 한다는 것을 가르칩니다. 이는 단순한 도덕적 노력이나 자기 개선이 아니라 성령의 도우심 속에서 이루어지는 변화입니다(살전 4:3, 갈 5:22-23). 이 교리를 바탕으로 신자는 자신의 삶을 돌아보고 하나님의 뜻에 맞게 살아가려는 실천적 결단을 내릴 수 있습니다.

또한 '칭의' 교리는 우리가 행위가 아니라 믿음으로 의롭다 하심을 받는다는 진리를 알려줍니다(롬 3:28, 갈 2:16). 이 교리는 신자가 죄책감이나 자기 의에 빠지지 않도록 돕고 하나님의 은혜에 감사하며 자유롭게 살아가도록 이끕니다.

이처럼 조직신학은 성경의 교리를 삶에 연결시켜 신자가 흔들리지 않는 기준을 가지고 살아가도록 도와줍니다. 교회는 이러한 해석을 바탕으로 바른 신앙을 가르치고 성도들은 그 가르침을 따라 실제 삶 속에서 하나님의 뜻을 실천할 수 있습니다.

다섯째 안정된 틀을 가지고 있습니다.

조직신학은 성경신학처럼 시간의 흐름에 따라 하나님의 계시가 점진적으로 드러나는 방식이 아니라 이미 주어진 진리를 논리적인 틀 안에 정리하는 방식입니다. 이러한 해석은 시대와 문화가 바뀌어도 변하지 않는 진리를 지키는 데 큰 도움이 됩니다.

예를 들어, 삼위일체 교리는 성경 전체에 걸쳐 나타나는 하나님의 본질에 대한 가르침을 정리한 것입니다. 성경은 하나님이 한 분이시면서도 성부, 성자, 성령으로 존재하신다는 사실을 다양한 본문에서 보여줍니다. 마태복음 28장 19절에서는 "아버지와 아들과 성령의 이름으로 세례를 베풀라"는 말씀을 통해 세 위격이 함께 언급되며, 요한복음 14장 16-17절에서는 예수님이 성령을 보내시겠다고 말씀하시며 성부와 성자의 관계 속에서 성령의 역할을 설명합니다. 이러한 본문들을 조직신학은 삼위일체라는 교리로 정리하여, 하나님에 대한 이해를 안정된 틀 안에서 설명합니다.

또한 '칭의' 교리는 시대마다 인간의 행위나 도덕을 강조하는 흐름 속에서도, 오직 믿음으로 의롭다 하심을 받는다는 진리를 변함없이 지켜줍니다(롬 3:28, 갈 2:16). 이는 인간의 노력이나 문화적 기준이 아니라 하나님의 은혜에 근거한 구원의 원리를 확고하게 유지하게 합니다.

이처럼 조직신학은 성경의 교리를 논리적이고 일관된 구조 안에 정리함으로써 신앙 공동체가 흔들리지 않고 진리를 붙들 수 있도록 돕습니다. 안정된 틀은 혼란을 막고, 세대와 상황을 초월하여 동일한 복음을 전할 수 있게 합니다.

조직신학적 해석 사례연구: 로마서 3장 23-24절

"모든 사람이 죄를 범하였으매 하나님의 영광에 이르지 못하더니 그리스도 예수 안에 있는 속량으로 말미암아 하나님의 은혜로 값없이 의롭다 하심을 얻은 자 되었느니라"

첫째 이 구절은 주제별로 나누어 깊이 있게 이해할 수 있습니다.

'인간론'에서는 "모든 사람이 죄를 범하였다"는 선언을 통해 인간의 보편적인 죄성과 타락한 본성을 드러냅니다. '구원론'에서는 "속량"과 "의롭다 하심"이라는 표현을 통해 예수 그리스도의 대속 사역과 칭의의 교리를 설명합니다. '신론'에서는 "하나님의 은혜로 값없이"라는 말로 구원이 인간의 공로가 아닌 하나님의 자비에 근거함을 강조합니다. '기독'론에서는 예수님이 구속자이자 중보자로서 중심적인 역할을 하신다는 점을 보여줍니다.

둘째 조직신학은 순서와 논리를 중요하게 생각합니다.

이 구절은 죄로 인한 단절에서 시작하여 속량을 통해 은혜에 이르고, 결국 칭의에 이르는 구원의 논리적 흐름을 보여줍니다. 인간은 죄로 인해 하나님의 영광에 이를 수 없지만 예수 그리스도의 속량을 통해 하나님의 은혜로 의롭다 하심을 받게 됩니다. 이 구조는 구속의 질서를 반영하며 각 단계가 신학적으로 긴밀하게 연결되어 있습니다.

셋째 성경 전체를 함께 보는 관점에서 이 구절은 구속사의 중심에 위치합니다.

창세기 3장의 타락, 출애굽기의 속량 개념, 이사야 53장의 고난받는 종, 요한복음의 어린 양, 에베소서의 은혜에 의한 구원 등 성경 전체의 흐름이 이 구절과 연결됩니다. 로마서 3장은 성경 전체가 말하는 복음의 핵심을 압축적으로 담고 있습니다.

넷째 이 말씀은 실제 삶에 깊은 영향을 줍니다.

우리는 이 구절을 통해 자신의 죄를 인정하고 회개하며 자격 없는 나를 향한 하나님의 은혜에 감사하게 됩니다. 또한 행위가 아닌 믿음으로 의롭다 하심을 받는다는 복음의 자유를 누리게 되며 다른 사람을 정죄하기보다 은혜 받은 자로서 겸손하게 살아가도록 이끕니다.

다섯째 조직신학은 안정된 틀을 가지고 이 구절을 해석합니다.

전적 타락, 무조건적 은혜, 대속적 속죄, 칭의, 하나님의 주권이라는 교리적 틀은 이 구절을 바르게 이해하고 적용하는 데 도움을 줍니다. 이러한 틀은 성경 전체의 일관된 가르침을 바탕으로 하며 신앙과 교회의 교리를 안정적으로 세우는 데 기여합니다.

결론적으로 조직신학적 해석은 성경의 내용을 주제별로 나누고 논리적이고 순서 있게 정리하며 성경 전체의 흐름 속에서 통합적으로 이해하도록 돕는 해석 방법입니다. 각 교리는 단순한 지식이 아니라 실제 삶에 적용할 수 있는 기준이 되며, 시대와 문화가 바뀌어도 흔들리지 않는 진리의 틀을 제공합니다. 이를 통해 신자는 성경을 더 깊이 이해하고, 바른 신앙과 실천을 이어갈 수 있으며, 교회는 안정된 교리 위에 공동체를 세워갈 수 있습니다.

⑤ 통합적 해석

통합적 해석은 성경을 이해할 때 다양한 해석 방법을 종합적으로 활용하는 접근 방식입니다. 문법적·문맥적 해석, 역사·문화적 해석, 성경신학적 해석, 조직신학적 해석 등을 따로 떼어내지 않고 함께 고려하여 본문을 풍성하게 이해합니다. 예를 들어 한 구절을 읽을 때 문장의 구조와 문맥을 살피는 동시에 그 구절이 기록된 시대적 배경과 성경 전체의 흐름 속에서 어떤 의미를 가지는지를 함께 파악합니다.

이제 이러한 통합적 해석을 실제로 어떻게 적용할 수 있는지 사례를 통해 살펴보겠습니다.

통합적 해석 사례: 출애굽기 12장 21-24절

"모세가 이스라엘 모든 장로를 불러서 그들에게 이르되 너희는 나가서 너희의 가족대로 어린 양을 택하여 유월절 양으로 잡고 우슬초 묶음을 가져다가 그릇에 담은 피에 적셔서 그 피를 문 인방과 좌우 설주에 뿌리고 아침까지 한 사람도 자기 집 문 밖에 나가지 말라 여호와께서 애굽 사람들에게 재앙을 내리려고 지나가실 때에 문 인방과 좌우 문설주의 피를 보시면 여호와께서 그 문을 넘으시고 멸하는 자에게 너희 집에 들어가서 너희를 치지 못하게 하실 것임이니라 너희는 이 일을 규례로 삼아 너희와 너희 자손이 영원히 지킬 것이니"

출애굽기 12장 21-24절은 이스라엘 백성이 애굽에서 해방되기 직전, 유월절 규례를 지키도록 명령받는 장면을 담고 있습니다. 이 본문은 단순한 역사적 사건을 넘어 성경 전체의 구속사와 신학적 의미를 드러내며 다양한 해석 방법을 종합적으로 적용할 때 그 깊이가 풍성하게 드러납니다.

1. 문법적 성경해석

'유월절'이라는 단어는 '넘어가다', '건너뛰다'라는 의미를 지니며 이는 단순히 재앙을 피하는 것이 아니라 하나님께서 자신의 백성을 적극적으로 보호하시고 구속하신다는 행위적 의미를 내포합니다. "내가 그 피를 볼 때 너희를 넘어가리니"라는 구절은 조건과 결과가 명확히 연결되어 있으며, 피를 본다는 시각적 인식이 심판을 멈추게 하는 결정적 요소로 강조됩니다. 또한 "흠 없는 수컷 어린 양"이라는 표현은 제물의 완전성과 순결을 문법적으로 강조하여 구원의 조건을 분명히 합니다.

2. 역사·문화적 성경해석

유월절은 이스라엘 민족이 애굽의 노예 상태에서 해방되는 역사적 사건의 절정입니다. 장자 재앙은 애굽의 신들과 왕권에 대한 하나님의 직접적인 심판으로 이해되며 피를 문설주에 바르는 행위는 당시 문화에서 집 전체를 특정 신의 보호 아래 둔다는 상징적 의미를 가졌습니다. 따라서 유월절 규례는 단순한 의식이 아니라 이스라엘의 새로운 정체성을 형성하는 제도적 기반이 되었으며 공동체적 기억을 세대에 걸쳐 이어가는 역사적 장치로 작용했습니다.

3. 성경신학적 성경해석

성경 전체의 구속 이야기 속에서 유월절은 중요한 연결고리입니다. 구약에서는 하나님께서 이스라엘을 구속하신 사건의 핵심으로 나타나며 신약에서는 예수 그리스도의 희생을 예표하는 상징으로 해석됩니다. 요한복음 1장 29절에서 예수님은 “하나님의 어린 양”으로 불리며, 고린도전서 5장 7절은 “우리의 유월절 양이신 그리스도께서 희생되셨다”고 선언합니다. 따라서 유월절은 출애굽 사건과 십자가 사건을 이어주는 구속사적 중심축이며 무교병과 쓴 나물은 죄와 고난, 속박에서의 급박한 탈출을 상징하여 신자들이 죄에서 해방되어 거룩한 삶을 살아야 함을 가르칩니다.

4. 조직신학적 성경해석

유월절은 구원론의 핵심 교리를 담고 있습니다. 어린 양의 피는 대속적 희생으로서 하나님의 심판을 막고 구원을 이루는 수단이며 이는 속죄와 칭의의 교리적 기반이 됩니다. 또한 유월절 규례는 신약의 성찬식과 연결되며 예수님께서 최후의 만찬에서 유월절 식사를 하시며 자신의 몸과 피를 제물로 제시하신 사건은 성례전의 신학적 기초가 됩니다. 교회론적으로도 유월절은 하나님의 백성 공동체가 언약 안에서 구속받은 자들로서 정체성을 갖는 예식으로 이해되며, 교회가 성찬을 통해 그리스도의 희생을 기억하고 공동체적 신앙을 유지하는 방식과 연결됩니다.

5. 통합적 해석

출애굽기 12장 21-24절은 단순히 애굽 탈출을 위한 규례가 아니라 하나님의 구속 행위와 보호, 이스라엘 공동체의 정체성, 예수 그리스도의 대속, 교회의 성례전적 삶까지 아우르는 풍성한 의미를 담고 있습니다. 문법적·역사적·성경신학적·조직신학적 해석을 종합할 때 이 본문은 '하나님께서 자신의 백성을 구원하시고 그 구원의 은혜를 세대에 걸쳐 기억하게 하시는 통합적 메시지'를 드러냅니다.

결론적으로 통합적 성경해석은 성경을 단순히 지식의 책으로 보는 것이 아니라 하나님의 살아 있는 말씀으로 받아들이게 합니다. 이를 통해 신앙 공동체는 성경 속에서 하나님의 큰 구원 이야기를 바라볼 수 있고, 그 말씀을 바르게 이해하며 믿음을 굳게 세울 수 있습니다. 이렇게 다양한 해석 방법을 함께 사용하면 성경을 더 깊고 균형 있게 이해할 수 있으며, 시대가 변해도 변하지 않는 진리를 붙드는 가장 넓고 유익한 해석 방법이 됩니다.

⑥ 왜곡된 해석과 성경적 해석 비교 분석

지금까지 우리는 전통적인 성경해석의 틀 안에서 문법적 해석, 역사적·문화적 해석, 성경신학적 해석, 조직신학적 해석, 그리고 통합적 해석 방법 등을 살펴보았습니다. 이제 이러한 전통적 해석 방법을 바탕으로 비교분석기법을 접목한 '왜곡된 해석과 성경적 해석 비교분석'을 살펴보고자 합니다.

왜곡된 해석과 성경적 해석 비교분석'이란 특정 성경 구절을 중심으로 왜곡된 해석과 성경적 해석을 병렬적으로 비교함으로써 성경 해석의 타당성과 오류를 분별하고 올바른 해석의 기준과 방향성을 도출하는 과정을 말합니다.

이 비교 분석은 성경을 해석할 때 무엇을 가장 중요하게 생각하고 어떤 점을 조심해야 하는지를 분명히 알 수 있게 도와주며, 올바른 성경 해석을 실천하는 데 실제로 도움이 되는 기준과 교훈을 제공합니다.

여기서 왜곡된 해석이란 성경 본문의 문맥이나 전체 흐름을 무시한 채, 개인의 욕망이나 특정 교리나 이념에 따라 본문을 자의적으로 해석하는 방식으로 본래의 메시지를 흐리게 하고 신앙을 왜곡할 위험을 내포합니다. 반면 성경적 해석은 성경의 문맥, 역사적 배경, 저자의 의도, 그리고 성경 전체의 구속사적 흐름을 고려하여 하나님의 뜻을 바르게 드러내는 해석 방식으로 신앙과 삶에 균형 잡힌 방향을 제시합니다.

이제 이러한 비교분석을 실제로 적용하기 위한 성경해석 비교분석의 연구 절차를 다음과 같이 제시합니다.

첫째 성경 본문을 고르는 일입니다. 이때는 신앙적으로 중요한 뜻이 담겨 있거나 해석하는 데 여러 의견이 있어서 사람들이 다르게 이해하는 구절을 선택하는 것이 좋습니다. 예를 들어 마태복음 7장 13-14절(좁은 문과 넓은 길), 고린도전서 11장 28절(성찬에 참여하는 태도) 같은 구절은 해석하는 방식에 따라 신앙생활에 미치는 영향이 크게 달라질 수 있습니다.

둘째 선택한 성경 구절에 대해 사람들이 설교나 신앙생활에서 자주 오해하는 해석, 즉 왜곡된 성경해석을 살펴보는 과정입니다.

이때 단순히 "그건 틀린 해석입니다"라고 말하는 것보다 왜 그런 해석이 생겼는지, 어떤 배경이나 생각에서 비롯된 것인지 함께 설명해주는 것이 더 좋습니다. 그래야 그 해석을 이해하고 왜 문제가 되는지도 자연스럽게 알 수 있습니다. 또한 그 오해된 해석이 신앙에 어떤 영향을 주는지도 구체적으로 살펴봐야 합니다.

셋째 선택한 성경 구절에 대해 성경 전체의 문맥과 흐름을 고려하여 바른 의미를 찾아보는 과정입니다. 이때 단순히 "이게 정답입니다"라고 말하는 것보다 왜 그렇게 해석하는지, 어떤 성경적 근거와 신학적 흐름에서 비롯된 것인지 함께 설명해주는 것이 더 좋습니다. 그래야 그 해석을 이해하고 왜 바른 해석인지도 자연스럽게 알 수 있습니다. 또한 그 바른 해석이 신앙에 어떤 유익을 주는지도 구체적으로 살펴봐야 합니다.

넷째 선택한 성경 구절을 중심으로 왜곡된 해석과 성경적 해석을 나란히 비교하여 두 해석 사이의 차이와 그로 인해 나타나는 신앙적 영향을 분명히 드러내는 과정입니다.

이 비교는 단순히 어느 해석이 옳고 그른지를 판단하는 데 그치지 않고, 각각의 해석이 어떤 생각이나 전제에서 출발했는지,

어떤 방식으로 본문을 풀어냈는지, 그 해석이 실제로 어떻게 적용되는지, 그리고 그 결과가 신앙생활에 어떤 영향을 미치는지를 중심으로 이루어집니다. 이러한 기준을 통해 두 해석을 체계적으로 분석하면 성경 본문이 어떻게 왜곡될 수 있는지를 인식할 수 있고, 바른 해석의 기준을 명확히 세우는 데 실질적인 도움이 됩니다. 이 과정을 통해 성경 해석자는 본문을 다룰 때 무엇을 중심에 두어야 하며, 어떤 요소를 경계해야 하는지를 분명히 인식하게 됩니다.

다섯째 지금까지의 비교 분석을 바탕으로 성경 해석자에게 주는 핵심 메시지를 정리하는 과정입니다. 이 단계에서는 왜곡된 해석과 성경적 해석을 비교하면서 얻은 통찰을 바탕으로, 성경을 어떻게 해석해야 하는지에 대한 분명한 방향성과 교훈을 도출합니다. 해석자는 본문을 읽고 해석할 때 개인의 생각이나 특정 교리나 감정에 치우치지 않고, 하나님의 뜻과 성경 전체의 흐름에 따라 해석해야 한다는 점을 인식하게 됩니다. 또한 해석의 결과가 신앙생활에 어떤 영향을 미치는지를 고려하며, 해석이 개인의 유익뿐 아니라 공동체의 신앙에도 긍정적인 영향을 줄 수 있어야 함을 깨닫게 됩니다.

이러한 메시지는 해석자가 성경 본문을 다룰 때마다 무엇을 중심에 두어야 하는지, 어떤 태도와 기준을 가져야 하는지를 점검하게 하며, 바른 해석을 실천하는 데 실제적인 기준이 됩니다.

다음으로 성경해석 비교분석의 실제 사례 다섯 가지를 통해 살펴보겠습니다.

성경해석 비교분석 사례 1: 고린도전서 11장 28절

"사람이 자기를 살피고 그 후에야 이 떡을 먹고 이 잔을 마실지니"

1. 본문 선정 이유

이 구절은 성찬 참여자의 태도와 자세를 다루는 말씀으로 교회 예식과 설교에서 자주 인용됩니다. 그러나 해석 방식에 따라 개인의 영적 자격에만 집중함으로써 공동체의 질서를 간과하는 오류가 발생할 수 있어 본문이 말하는 바를 정확히 이해하기 위한 비교분석이 필요합니다.

2. 왜곡된 해석

고린도전서 11장 28절은 종종 개인의 죄 상태나 회개 여부를 기준으로 해석되어 성찬 참여를 위한 도덕적 자격 심사로 오해되곤 합니다. 대표적으로 "자기를 살피고"라는 표현을 '회개한 후에야 성찬에 참여할 수 있다'는 조건적 명령으로 해석하는 경우가 많습니다. 실제로 성찬식에서 일부 목회자들은 "자신을 살펴서 죄를 지었고 회개하지 않은 사람은 성찬에 참여하지 마십시오"라고 말하며 성도들의 성찬 참여를 제한하는 경우가 있습니다.

이런 식으로 성찬을 이해하면 성찬이 개인의 영적 상태에 따라 참여 자격을 따지는 의식처럼 되어 성도들에게 두려움과 부담을 줄 수 있습니다. 그러다 보면 공동체 안에서 서로 어색해지고 갈라지는 분위기가 생길 수 있습니다. 결국 성찬의 본래 목적

곧 함께 그리스도의 희생을 기억하고 하나 되어 연합하는 의미가 약해지게 됩니다.

또한 일부 교단에서는 성찬 참여를 위해 반드시 정해진 형식의 회개기도나 침묵 가운데 개인회개시간을 거쳐야 한다고 주장하며 이를 본 구절에 근거시키기도 합니다.

3. 성경적 해석

고린도전서 11장의 전체 문맥을 살펴보면 바울은 고린도 교회 내에서 성찬을 둘러싼 무질서한 태도와 공동체적 분열을 강하게 지적하고 있습니다. 특히 부유한 성도들이 먼저 와서 음식을 먹고, 가난한 성도들을 배제하거나 무시하는 모습은 성찬의 본래 의미를 훼손하는 행위로 간주됩니다(고전 11:20-22). 이러한 태도는 성찬을 통해 드러나야 할 그리스도의 몸 된 공동체의 연합과 사랑을 정면으로 거스르는 것이었습니다.

이러한 상황 속에서 바울은 "사람이 자기를 살피고 그 후에야 이 떡을 먹고 이 잔을 마실지니"라고 말하며, 성찬 참여자의 개인적 반성을 넘어서 공동체 안에서의 태도와 관계를 점검하라고 권면합니다. 여기서 "자기를 살피고"라는 표현은 단순한 회개나 도덕적 반성이 아니라, 자신의 행동(성찬 참여태도)이 공동체에 어떤 영향을 미치고 있는지를 성찰하는 공동체적 책임의 표현입니다. 바울은 성찬을 통해 공동체가 하나 됨을 확인하고 회복하는 자리가 되어야 함을 강조하고 있습니다.

4. 비교분석 과정

왜곡된 해석은 고린도전서 11장 28절을 문맥과 상황을 고려하지 않은 채 단독 구절로 떼어내어 개인의 죄 상태나 회개 여부만을 강조합니다. 해석자는 자신의 교리적 입장이나 신념을 본문에 반영하며 성찬 참여를 특정 조건이나 자격으로 제한하는 방향으로 해석을 이끌어갑니다. 그 결과 본문이 담고 있는 공동체적 메시지와 바울의 의도는 흐려지고 성경의 본래 목적과는 다른 방향으로 해석이 전개됩니다.

반면 성경적 해석은 본문이 기록된 실제 상황 즉 고린도 교회의 성찬 무질서와 공동체 내의 분열을 고려하여 "자기를 살피고"라는 표현을 공동체 안에서의 태도와 관계를 성찰하라는 권면으로 이해합니다. 해석자는 바울의 의도와 고린도 교회의 현실을 함께 반영하며 본문이 말하고자 하는 핵심 메시지를 문맥 속에서 정확히 파악하고 전달합니다. 이 과정은 해석을 개인 중심에서 공동체 중심으로 전환시키며, 성경 본문을 보다 균형 있게 이해하도록 돕습니다.

5. 도출된 교훈

고린도전서 11장 28절은 공동체 안에서의 태도와 관계를 성찰하라는 문맥적 메시지를 담고 있으며, 이 구절을 중심으로 한 비교분석은 성경 해석자에게 다음과 같은 교훈을 줍니다.

① 본문의 문맥과 배경을 반드시 고려해야 합니다.

구절 하나만 떼어내어 해석하는 방식은 본래의 의도를 흐릴 수 있습니다. 본문이 어떤 상황에서 어떤 문제를 다루기 위해 기록되었는지를 파악하는 것이 해석의 출발점이 되어야 합니다.

② 본문의 핵심 메시지를 흐리지 않도록 주의해야 합니다.

단어 하나에 집착하거나 본문이 강조하지 않는 부분을 과도하게 부각시키는 해석은 중심 주제를 왜곡할 수 있습니다. 해석자는 본문이 말하고자 하는 바를 명확히 드러내야 합니다.

③ 자의적 해석이나 교리적 편향을 본문에 반영하지 말아야 합니다.

개인의 신념이나 특정 교단의 입장을 본문에 끼워 맞추는 해석은 성경의 메시지를 왜곡할 수 있으며, 공동체에 혼란을 줄 수 있습니다.

성경해석 비교분석 사례 2: 마태복음 7장 13-14절

"좁은 문으로 들어가라. 멸망으로 인도하는 문은 크고 그 길이 넓어 그리로 들어가는 자가 많고, 생명으로 인도하는 문은 좁고 길이 협착하여 찾는 자가 적음이라"

1. 본문 선정 이유

이 구절은 예수님의 산상수훈 중에 등장하며 구원의 길과 멸망의 길을 대조적으로 보여주는 말씀입니다. 교회 설교와 전도에서 자주 인용되며 신앙의 결단을 강조하는 데 사용됩니다. 그러나 해석 방식에 따라 지나치게 행위 중심의 구원관으로 흐르거나 극단적인 배타성과 두려움을 조장하는 방향으로 오해될 수 있어 본문이 말하는 바를 정확히 이해하기 위한 비교분석이 필요합니다.

2. 왜곡된 해석

마태복음 7장 13-14절은 종종 “좁은 길로 가면 천국 갑니다”라는 식으로 단순하게 해석되며 좁은 문을 곧 예수님이라고 단정하고 요한복음 14장 6절 “내가 곧 길이요 진리요 생명이니”와 연결하는 경우도 있습니다. 그러나 이는 문맥을 충분히 고려하지 않은 해석으로, 마태복음 7장은 이미 구원받은 자들에게 제자의 삶이 어떤 길인지 가르치는 장면이며 요한복음 14장은 예수님의 정체성과 사명을 설명하는 맥락으로 대상과 목적이 다릅니다. 단어가 비슷하다고 해서 서로 다른 본문을 연결하는 것은 성경의 흐름을 무시한 해석이며 본래의 의미를 흐릴 수 있습니다.

또한 이 구절은 좁은 문을 도덕적 완성이나 철저한 회개, 고된 신앙 훈련을 통해서만 들어갈 수 있는 문으로 해석되며 구원을 얻기 위해 인간의 노력과 자격이 필요하다는 식으로 오해되기도 합니다. 일부 설교에서는 좁은 문을 고난과 희생을 감수해야만 들어갈 수 있는 문으로 설명하며 성도들에게 신앙생활의 부담과 두려움을 주는 경우도 있습니다. “찾는 자가 적다”는 표현을 근거로 자신들만이 참된 구원의 길을 알고 있다는 배타적인 태도를 강화하는 데 사용되기도 합니다. 그 결과 복음의 본질인 하나님의 은혜와 사랑보다는 인간의 노력과 구별된 자격에 초점을 맞추게 됩니다.

3. 성경적 해석

마태복음 7장의 전체 흐름을 보면 예수님은 산상수훈을 통해 하나님 나라의 백성이 가져야 할 삶의 태도와 내면의 자세를 가르치고 있습니다. 좁은 문은 단순히 고난의 길이나 도덕적 기준을 의미하는 것이 아니라, 예수 그리스도를 통해 들어가는 구원의 길을 상징합니다. 이 길은 세상의 가치와는 다른 방향이며 자기중심적인 삶에서 벗어나 하나님 중심의 삶으로 나아가는 결단을 요구합니다.

넓은 길은 외형적으로 편하고 많은 사람들이 따르지만 결국 멸망으로 이끄는 길이며 좁은 길은 불편하고 적은 사람이 찾지만 생명으로 인도하는 길입니다. 여기서 강조되는 것은 숫자나 고통이 아니라 진리의 길이 세상의 기준과 다르다는 점입니다. 예수님은 이 말씀을 통해 제자들에게 세상의 흐름에 휩쓸리지 말고 하나님 나라의 가치에 따라 살아가라고 권면하고 계십니다.

좁은 길은 단순히 천국에 들어가는 문이 아니라 예수님을 따라 살아가는 삶의 방식입니다. 산상수훈 전체를 보면 이 길은 마음을 깨끗하게 하고, 원수를 사랑하며, 겸손하게 섬기고, 어려움 속에서도 믿음을 지키는 삶입니다. "찾는 자가 적다"는 표현은 단순히 믿는 사람이 적다는 뜻이 아니라 예수님의 삶을 진심으로 따라가려는 사람이 많지 않다는 경고입니다. 좁은 길은 한 번 선택하고 끝나는 길이 아니라 매일 자신을 내려놓고 예수님을 따라가는 꾸준한 여정입니다.

4. 해석 비교 분석

왜곡된 해석은 좁은 길을 예수님 그 자체로만 이해하며 신앙을 마치 천국에 들어가는 입장권처럼 단순화합니다. 해석자는 단어 유사성에만 의존하여 성경 구절을 연결하고, 구원의 의미를 축소시킵니다. 그 결과 믿음 이후의 삶과 실천이 약화되고 복음의 깊은 뜻이 가려지며, 성경의 흐름을 무시한 '짝 풀이 해석'이 성도들에게 혼란을 줄 수 있습니다. 이러한 방식은 이단들이 자주 사용하는 해석법과 유사하므로 교회 안에서도 경계가 필요합니다.

반면 성경적 해석은 좁은 길을 예수님을 따라 살아가는 삶으로 이해합니다. 해석자는 산상수훈 전체의 흐름과 예수님의 메시지를 고려하여 이 구절을 제자의 삶과 신앙의 방향성으로 해석합니다. 이 과정은 해석을 행위 중심에서 은혜 중심으로 전환시키며, 성경 본문을 복음의 본질에 맞게 균형 있게 이해하도록 돕습니다.

5. 도출된 교훈

① 상징적 표현은 반드시 문맥 속에서 해석해야 합니다.

성경에 등장하는 상징이나 비유는 단어 자체의 의미보다 그것이 놓인 문맥과 전체 흐름 속에서 어떤 메시지를 전달하는지를 중심으로 해석해야 합니다. 상징을 문자적으로 해석하거나 본문과 무관하게 적용하는 것은 본래 의도를 왜곡할 수 있습니다.

② 성경의 흐름을 무시한 단편적 연결이나 '짝 풀이 해석'은 피해야 합니다.

문맥을 고려하지 않고 단어의 유사성만으로 서로 다른 구절을 연결하는 방식은 성경 전체의 메시지를 왜곡할 수 있으며, 이단적 해석과 유사한 오류를 낳을 수 있습니다. 해석자는 본문이 속한 문단, 장, 책 전체의 흐름을 충분히 고려하여 해석해야 하며, 성경 전체의 일관된 계시 흐름 안에서 의미를 찾아야 합니다.

성경해석 비교분석 사례 3: 빌립보서 4장 13절

"내게 능력 주시는 자 안에서 내가 모든 것을 할 수 있느니라"

1. 본문 선정 이유

이 구절은 많은 성도에게 용기와 위로를 주는 말씀으로 널리 인용되며 운동 경기, 시험, 사업, 인간관계 등 다양한 삶의 영역에서 '긍정의 선언'처럼 사용됩니다. 그러나 본문을 문맥 없이 해석할 경우 신앙을 자기 성공을 위한 도구로 오해하거나 하나님을 단순한 문제 해결사로 이해하게 되는 위험이 있습니다. 따라서 이 구절의 본래 의미를 바르게 이해하기 위한 비교분석이 필요합니다.

2. 왜곡된 성경해석

이 구절은 종종 "예수님이 도와주시니까 나는 반드시 성공할 거야"라는 식으로 해석되며 신앙을 자기 의지를 강화하는 수단으로 사용됩니다. 운동 경기나 시험, 사업 등에서 이 말씀을 긍정적 구호처럼 외치며 신앙을 자기 성공을 위한 도구로 여기는 경우가 많습니다.

그러나 이러한 해석은 본문의 문맥을 무시한 채 신앙을 현실 회피적 도구로 축소시키며 하나님을 단지 문제 해결사로만 이해하게 만드는 위험이 있습니다. 그 결과 신앙은 하나님 중심이 아니라 인간 중심의 성취 수단으로 오용될 수 있습니다.

3. 성경적 해석

바울은 이 구절 앞에서 "어떠한 형편에든지 나는 자족하기를 배웠노니"라고 고백하며 풍요와 궁핍, 배부름과 배고픔 등 다양한 삶의 조건 속에서도 만족하는 법을 배웠다고 말합니다(빌립보서 4:11-12).

따라서 "내게 능력 주시는 자 안에서 내가 모든 것을 할 수 있느니라"는 말씀은 단순히 성공이나 성취를 의미하는 것이 아니라 삶의 모든 상황 속에서 믿음을 지키고 인내할 수 있는 힘을 말합니다.

여기서 '모든 것'은 결핍과 고난, 풍요와 만족을 모두 포함하는 포괄적인 개념이며 '능력 주시는 분'은 예수 그리스도입니다. 바울은 감옥이라는 고난의 자리에서 이 말씀을 기록했으며 이는 이 구절이 승리 선언이 아니라 흔들리지 않는 믿음의 고백임을 보여줍니다.

결국 이 구절은 바울이 삶의 모든 조건 속에서 예수 그리스도 안에서 자족하며 살아갈 수 있는 힘을 고백한 말씀입니다.

4. 해석 비교 분석

왜곡된 해석은 이 말씀을 자기 성공을 위한 도구처럼 사용하며 신앙을 긍정적 사고나 자기 강화의 수단으로 축소시킵니다. 그 결과 하나님은 문제 해결사에 불과해지고 신앙은 현실을 회피하는 수단으로 오해될 수 있습니다.

반면 성경적 해석은 이 말씀을 어떤 상황에서도 만족하고 견디는 힘으로 이해합니다. 바울의 고백은 외적인 환경을 초월하는 내면의 능력을 강조하며 신앙은 삶의 모든 조건 속에서 하나님을 신뢰하는 태도임을 보여줍니다.

5. 도출된 교훈

① 본문은 반드시 문맥과 상황 속에서 해석해야 합니다.

성경 구절은 단독으로 떼어내어 해석하기보다 그 말씀이 기록된 상황과 문맥을 함께 살펴야 합니다. 본문이 어떤 배경에서 어떤 목적을 가지고 쓰였는지를 이해하는 것이 바른 해석의 출발점입니다.

② 본문을 자기중심적 성공이나 성취의 도구로 오용해서는 안 됩니다.

성경 말씀은 인간의 욕망을 정당화하거나 강화하는 수단이 아니라 하나님의 뜻을 따르고 그분의 능력 안에서 살아가도록 이끄는 진리입니다. 해석자는 본문을 통해 하나님의 성품과 복음의 본질을 드러내야 합니다.

③ 성경 해석은 본문이 강조하는 신앙의 태도와 삶의 방향을 분명히 드러내야 합니다.

본문이 말하는 핵심 메시지를 흐리지 않고 그 말씀을 통해 성도들이 어떤 믿음의 자세를 가져야 하는지를 분명히 전달해야 합니다. 해석자는 단어의 표면적 의미에 머무르지 않고 본문이 전하고자 하는 깊은 뜻을 바르게 풀어내야 합니다.

성경해석 비교분석 사례 4: 디모데전서 4장 5절

"하나님의 말씀과 기도로 거룩하여짐이라"

1. 본문 선정 이유

디모데전서 4장 5절은 바울이 당시 교회 안에 퍼져 있던 금욕주의적 가르침을 반박하며 하나님께서 창조하신 모든 것이 선하다는 사실을 강조하는 문맥에서 등장합니다. 이 구절은 종종 말씀과 기도를 통해 성도가 거룩해진다는 근거로 인용되며 경건 훈련의 공식처럼 사용되기도 합니다. 그러나 본문이 말하는 '거룩하여짐'의 대상과 의미를 정확히 이해하지 않으면 신학적 오류와 잘못된 적용을 초래할 수 있어 바른 해석이 요구됩니다.

2. 왜곡된 성경해석

많은 설교자들이 "하나님이 거룩하시니 너희도 거룩할지니라"(레위기 19:2)를 근거로 성도들에게 거룩한 삶을 요구하며 그 방법으로 디모데전서 4장 5절을 인용해 말씀과 기도를 강조합니다. 그러나 이 구절은 개인의 성화를 위한 근거로 보기에는 문맥상 부적절합니다.

본문에서 '거룩하여짐'의 대상은 성도가 아니라 음식물, 더 넓게는 하나님의 창조물 전체를 가리킵니다. 이를 성도 개인의 경건생활에 적용하는 것은 거룩의 대상을 오해한 것이며, 복음의 은혜를 행위 중심으로 축소시키는 신학적 오류를 초래할 수 있습니다.

3. 성경적 해석

디모데전서 4장 1-5절의 흐름을 보면 바울은 결혼과 음식 등을 금지하는 금욕주의적 주장에 대해 강하게 반박하고 있습니다. 그는 하나님이 창조하신 모든 것은 선하며 감사함으로 받으면 버릴 것이 없다고 말합니다(4절).

5절의 "하나님의 말씀과 기도로 거룩하여진다"는 표현은 성도가 아니라 음식물과 같은 창조된 것들을 가리킵니다. 말씀은 하나님이 세상을 선하게 창조하셨다는 진리를 알려주고 기도는 그 진리에 감사하고 순종하려는 마음을 표현하는 길입니다.

따라서 이 구절은 경건 훈련의 공식이 아니라 하나님이 주신 것을 감사함으로 받아들이는 신앙의 태도를 설명하는 말씀입니다. 거룩함은 외적 행위로 얻어지는 것이 아니라 하나님과의 관계 속에서 창조물을 바르게 인식하고 감사하는 태도를 통해 실현됩니다.

4. 해석 비교 분석

이 구절의 해석에서 핵심은 '거룩의 대상이 누구인가'를 정확히 이해하는 데 있습니다. 왜곡된 해석은 이 말씀을 성도 개인의 성화 공식처럼 받아들이며 말씀과 기도를 거룩해지는 수단으로 강조합니다.

그러나 이는 문맥을 무시한 채 거룩의 대상을 성도로 오해함으로써 신학적 범주를 혼동하고 복음의 본질을 행위 중심으로 축소시키는 오류를 초래합니다. 반면 성경적 해석은 디모데전서 4장 전체의 흐름을 존중하며 바울이 금욕주의를 반박하는 맥락에서 창조물의 선함과 감사의 태도를 강조하고 있음을 인식합니다.

5. 도출된 교훈

① 성경 해석은 반드시 문맥과 맥락을 존중해야 합니다.

성경의 각 구절은 역사적, 문학적, 신학적 배경 속에서 주어졌기 때문에 단어 하나만으로 구절을 연결하거나 적용하는 것은 위험할 수 있습니다. 특히 '거룩'이라는 단어가 등장한다고 해서 모든 구절이 동일한 의미나 적용을 갖는 것은 아니며, 문맥에 따라 의미와 대상이 달라질 수 있습니다. 해석자는 단어 자체보다 그 말씀이 사용된 문맥과 목적을 중심으로 해석해야 합니다.

② 주제영역을 명확히 구분하여 해석해야 합니다.

주제 영역이란 성경 본문이 속하는 교리적 주제의 구분을 말합니다. 성경은 다양한 교리와 삶의 지침을 담고 있는데 이를 올바르게 이해하기 위해 본문이 다루는 핵심 주제를 특정 영역으로 나누어 해석하는 것입니다.

대표적인 주제 영역은 신론, 인간론, 죄론,구원론, 기독론, 성령론, 교회론, 종말론과 실천신학 등이 있습니다. 본문을 잘못된 주제 영역에 적용하면 의미가 왜곡되는데, 흔히 이를 속된 말로

'번지수를 잘못 찾았다'고 표현합니다.

예를 들어 디모데전서 4장5절 창조 세계에 감사하는 말씀은 실천신학의 영역에 속하는데, 이를 성령론의 성화 교리로 해석하면 '거룩'의 대상을 오해하게 됩니다.

따라서 해석자는 본문이 속한 주제 영역을 정확히 파악해야 합니다. 이를 위해 본문이 무엇을 말하는지를 보여주는 주제어를 확인하여 핵심 메시지를 찾고, 문맥을 분석해 앞뒤 흐름과 역사적 배경을 이해하며, 성경 전체의 구속사적 맥락 속에서 본문이 어디에 위치하는지를 살펴야 합니다. 이렇게 주제어·문맥·흐름을 함께 고려할 때 본문이 속한 주제 영역을 올바르게 파악하고 해석할 수 있습니다.

③ 본문 선택은 해석의 정확성과 적용의 적절성을 결정짓는 중요한 요소입니다.

성경 해석자는 주제에 맞는 본문을 선택하는 지혜가 필요합니다. 성화나 경건생활을 설명할 때는 디모데전서 4장 5절처럼 창조물에 대한 감사와 분별을 강조하는 구절보다, 요한복음 17장 17절 "그들을 진리로 거룩하게 하옵소서"나 에베소서 5장 26절 "말씀으로 깨끗하게 하사 거룩하게 하시고"처럼 말씀과 기도가 내적 거룩함에 작용하는 구절을 사용하는 것이 더 적절합니다. 올바른 본문 선택은 성경의 메시지를 바르게 전달하고 삶에 정확히 적용하는 데 필수적입니다.

성경해석 비교분석 사례 5: 고린도전서 15장 41절

"해의 영광이 다르고 달의 영광이 다르며 별의 영광도 다른데 별과 별의 영광이 다르도다"

1. 본문 선정 이유

이 구절은 바울이 고린도전서 15장에서 부활의 몸에 대해 설명하는 과정에서 사용한 비유적 표현입니다. 해, 달, 별의 영광이 서로 다르다는 이미지를 통해 부활의 몸이 현재의 육체와는 전혀 다른 성질을 가진다는 점을 강조합니다. 그러나 이 구절은 종종 천국에서 성도들이 받는 상급의 차이를 설명하는 데 사용되며 헌신의 정도에 따라 영광의 크기가 달라진다는 식의 해석으로 오용되기도 합니다. 이러한 오해는 복음의 은혜를 행위 중심으로 바꾸는 위험을 내포하고 있어 본문의 정확한 의미를 이해하기 위한 비교분석이 필요합니다.

2. 왜곡된 성경해석

일부 설교자들은 "해, 달, 별의 영광이 다르다"는 표현을 근거로 이 땅에서 더 많이 헌신한 사람은 더 밝은 영광의 몸을 입고 덜 헌신한 사람은 덜 영광스러운 모습으로 천국에 간다고 주장합니다.

이러한 해석은 신앙을 은혜가 아닌 행위 중심의 경쟁 구조로 바꾸며 성도들이 헌신의 정도에 따라 천국에서의 위치가 달라진다고 오해하게 만듭니다. 그 결과 하나님의 주권과 은혜는 점점 희미해지고, 복음은 성과 중심의 종교로 전락할 위험이 있습니다.

3. 성경적 해석

고린도전서 15장 35절부터 이어지는 문맥을 보면 바울은 “죽은 사람이 어떻게 다시 살아나며 어떤 몸으로 부활하는가?”라는 질문에 답하고 있습니다. 그는 부활의 몸이 지금 우리가 가진 육체와는 전혀 다른 성질을 가진다는 점을 설명하기 위해 다양한 피조물의 형체와 영광을 예로 듭니다.

동물의 몸이 서로 다른 것처럼(15:39), 하늘과 땅의 형체가 다른 것처럼(15:40), 해, 달, 별의 빛이 각각 다른 것처럼(15:41), 부활의 몸도 새롭고 영광스러운 존재로 변화된다는 점을 강조합니다. 이어지는 42-44절에서는 그 몸이 썩지 않고, 강하며 신령한 몸으로 변화된다고 설명합니다.

바울은 이를 통해 부활이 단순한 회복이 아니라 전혀 새로운 차원의 생명으로 옮겨지는 신비임을 드러내며 하나님께서 주시는 생명의 다양성과 영광을 비유적으로 설명하고 있습니다.

4. 해석 비교 분석

왜곡된 해석은 이 구절을 천국에서의 보상 등급처럼 이해하여 신앙을 비교와 경쟁의 구조로 전락시킵니다. 성도들은 “내가 얼마나 헌신했는가?”에 따라 영광의 크기가 달라진다고 생각하게 되고, 복음은 은혜가 아닌 성과 중심으로 오해될 수 있습니다.

반면 성경적 해석은 이 구절을 부활의 신비와 하나님의 창조 질서 안에 있는 다양성을 보여주는 비유로 이해합니다. 해, 달,

별이 각각 다른 빛을 가진 것처럼, 하나님께서 주시는 부활의 몸도 각기 다른 방식으로 영광을 드러냅니다.

이 해석은 신앙이 경쟁이 아니라 하나님의 은혜 안에서 다양하게 드러나는 생명의 풍성함임을 강조하며, 성도들이 부활의 소망을 은혜로 받아들이고 감사로 살아가도록 이끕니다.

5. 도출된 교훈

① 성경 해석은 반드시 문맥과 흐름을 존중해야 합니다.

고린도전서 15장은 부활의 실제성과 그 몸의 성질을 설명하는 장이며, 상급의 차이를 말하는 본문이 아닙니다. 구절 하나만 따로 떼어 해석하면 본래의 뜻이 왜곡될 수 있으며 비유가 어떤 목적을 가지고 쓰였는지를 정확히 이해해야 합니다.

② 주제 영역을 명확히 구분하여 해석해야 합니다.

해의 영광이 다르고 달의 영광이 다르며 별의 영광도 다른데 별과 별의 영광이 다르도다"라는 말씀은 부활의 몸의 다양성과 영광을 설명하는 비유로서, 주제 영역이 부활론에 속하며 동시에 구원론적 범주와도 연결됩니다. 부활의 다양성을 설명하는 구절을 심판론 주제 영역에 속하는 상급의 차이로 해석하면, 영광의 의미와 대상이 오해될 수 있습니다.

주제 영역에 대한 내용은 디모데전서 4장5절의 사례 내용을 참조하시면 좋겠습니다.

③ 본문 선택은 해석의 정확성과 적용의 적절성을 결정짓는 중요한 요소입니다.

성경 해석자는 주제에 맞는 본문을 선택하는 지혜가 필요합니다. 상급에 대해 설명할 때는 고린도전서 15장 41절처럼 부활의 다양성을 강조하는 구절보다, 고린도후서 5장 10절 "우리가 반드시 그리스도의 심판대 앞에 나타나게 되어 각각 선악간에 그 몸으로 행한 것을 따라 받으려 함이라"와 같은 본문을 사용하는 것이 더 적절합니다. 올바른 본문 선택은 성경의 메시지를 바르게 전달하고 삶에 정확히 적용하는 데 필수적입니다.

(6) 말씀 적용

성경해석의 마지막 단계는 말씀을 실제 삶에 어떻게 적용할 것인가를 고민하는 과정입니다. 해석은 단순한 지식 전달이나 교리 정리에 그치지 않고 성도의 삶을 변화시키는 능력 있는 말씀으로 연결되어야 합니다.

적용의 중요성

성경 말씀은 단지 읽고 이해하는 데서 끝나지 않습니다. 하나님께서 우리에게 주신 말씀은 살아 있고 능력이 있으며 우리의 삶을 변화시키기 위해 주어진 것입니다.

따라서 말씀을 바르게 해석하는 것만으로는 충분하지 않으며 그 말씀을 실제 삶 속에서 적용하는 것이 매우 중요합니다. 말씀의 적용은 신앙의 참된 모습을 드러내는 자리입니다.

우리가 말씀을 이해하고도 그것을 삶에 반영하지 않는다면 신앙은 머리로만 아는 지식에 머물게 됩니다. 야고보서 1장 22절은 "너희는 말씀을 행하는 자가 되고 듣기만 하여 자신을 속이는 자가 되지 말라"고 말하며 말씀을 실천하지 않는 신앙은 자기기 만에 불과하다고 경고합니다.

적용은 단순한 도덕적 실천이 아니라 하나님과의 관계를 살아내는 것입니다. 해석이 이해의 과정이라면 적용은 마음과 행동으로 드러나는 순종입니다. 말씀을 삶에 적용할 때 우리는 하나님의 뜻에 순종하며 그분의 성품을 닮아가는 여정을 걷게 됩니다.

이는 성령의 도우심 속에서 이루어지는 영적 성장의 과정이며 평신도든 목회자든 모두가 함께 훈련해야 할 신앙의 길입니다.

또한 말씀의 적용은 공동체 안에서 더욱 깊은 열매를 맺습니다. 말씀은 개인적인 묵상으로 끝나는 것이 아니라 교회와 공동체 안에서 함께 살아내야 할 진리입니다.

히브리서 10장 24절은 "서로 돌아보아 사랑과 선행을 격려하라"고 말하며 말씀의 적용이 공동체적 책임과 격려 속에서 이루어져야 함을 강조합니다.

결국 말씀의 적용은 신앙을 실제로 살아내는 길이며 하나님과의 관계를 깊게 하고 세상 속에서 복음의 빛을 드러내는 통로입니다.

성경을 바르게 해석했다면 그다음 단계는 반드시 그 말씀을 삶 속에서 살아내는 것입니다.

적용 없는 해석은 반쪽짜리 신앙이며 실천 없는 지식은 생명을 주지 못합니다. 말씀은 삶을 변화시키는 능력이며 그 능력은 우리가 순종할 때 비로소 드러납니다.

말씀을 삶에 적용하기 위한 과정

첫째 말씀을 삶에 적용하기 위해서는 본문의 중심 메시지를 분명히 파악해야 합니다. 해석을 통해 성경이 말하고자 하는 핵심을 정확히 이해하는 것이 중요합니다. 예를 들어 “서로 사랑하라”는 말씀은 단순한 감정 표현이 아니라 실제 행동으로 나타나는 섬김과 인내를 포함합니다.

둘째 그 말씀을 나의 삶과 연결해보아야 합니다. 본문의 메시지가 오늘 나의 상황과 어떤 관련이 있는지를 묻는 것이 중요합니다. 예를 들어 “원수를 사랑하라”는 말씀은 단지 이상적인 말이 아니라 실제로 나에게 상처 준 사람을 어떻게 대할 것인가에 대한 구체적인 도전이 됩니다.

셋째 구체적인 실천 계획을 세워야 합니다. 적용은 막연한 결심이 아니라 실제 행동으로 이어져야 합니다. 예를 들어 “이웃을 섬기라”는 말씀을 적용하기 위해 이번 주에 어려운 이웃을 찾아가거나 식사를 나누는 계획을 세울 수 있습니다.

넷째 공동체 안에서 함께 살아내는 것이 필요합니다. 말씀은 개인적인 적용으로만 끝나지 않고 공동체 안에서 함께 실천될 때 더 깊은 열매를 맺습니다.

다섯째 성령의 도우심을 구해야 합니다. 말씀을 삶에 적용하는 일은 우리의 힘만으로는 어렵습니다. 성령께서 우리를 도우시고 말씀을 따라 살아갈 수 있도록 능력을 주십니다. 빌립보서 1장 6절은 “너희 안에 착한 일을 시작하신 이가 그리스도 예수의 날까지 이루실 줄을 우리는 확신하노라”고 말하며 하나님께서 시작하신 일을 끝까지 이루실 것을 약속하십니다.

이제까지 성경해석의 이론적 기초와 해석의 7단계 과정 그리고 적용에 대하여 살펴보았습니다. 다음으로는 그동안 배운 내용을 바탕으로 실제 성경 본문을 해석해보는 실습을 진행하겠습니다.

(7) 성경해석 실습

성경은 하나님의 말씀으로서 그 깊이와 풍성함은 단순한 읽기를 넘어 올바른 해석과 삶의 적용을 요구합니다. 성도들이 성경을 스스로 해석하고 실천하는 능력을 갖추는 것은 영적 성숙과 분별력을 키우는 데 필수적인 과정입니다. 이를 위해 본 과정에서는 성경 본문을 해석하고 적용하는 실제적인 실습을 제공합니다. 이 실습은 문법적, 역사 문화적, 성경신학적, 조직신학적, 그리고 통합적 방법론을 기반으로 하며 성경을 보다 깊이 이해하고 삶에 연결시키는 데 목적이 있습니다. 특히 '관찰-해석-적용'이라는 단계별 접근을 통해 성경 본문을 체계적으로 분석하고 그 의미를 오늘날의 삶 속에서 실천할 수 있도록 돕습니다.

관찰(문법적 해석): 본문이 무엇을 말합니까?

관찰은 문법적 해석과 병행하여 진행하는 것이 성경연구의 기본 원칙 중 하나입니다. 두 접근은 서로 보완적이며 함께 사용할 때 성경 본문의 의미를 더 정확하고 깊이 있게 이해할 수 있습니다.

첫째 본문의 문장 구조와 흐름을 면밀히 살펴봅니다. 이때 동사, 명사, 접속사 등 문장을 구성하는 핵심 요소들을 분석하며 문장이 전달하고자 하는 의미를 정확히 파악하려고 노력합니다.

단어 하나하나의 의미를 이해하기 위해서는 반드시 문맥을 고려해야 합니다. 예를 들어 '밤'이라는 단어는 문맥에 따라 '먹는 밤'일 수도 있고 '어두운 밤'일 수도 있기에 문맥은 단어 해석의 기준이 됩니다.

둘째 본문에서 핵심 단어를 선별하고 이를 중심으로 스스로 질문을 던집니다. 예를 들어 누가 말하고 있는가? 언제, 어디서, 누구에게 말하는가? 어떤 명령이나 약속이 담겨 있는가? 와 같은 질문을 통해 본문의 상황과 의도를 더 깊이 이해할 수 있습니다. 이러한 질문은 단순한 정보 확인을 넘어 본문이 말하고자 하는 메시지를 파악하는 데 큰 도움이 됩니다.

셋째 관찰한 내용을 육하원칙(누가, 언제, 어디서, 무엇을, 어떻게, 왜)에 따라 정리합니다. 이 과정을 통해 본문의 전체적인 흐름과 구조를 명확히 파악할 수 있으며 핵심 내용을 한 문장으로 요약하는 데 도움이 됩니다. 이 요약은 단순한 정리를 넘어 본문을 삶에 적용하기 위한 중요한 준비 단계가 됩니다.

넷째 관찰을 통해 알게 된 사실은 자연스럽게 해석과 적용으로 이어집니다. 본문을 깊이 있게 관찰함으로써 우리는 하나님의 말씀 속에 담긴 의미를 더 분명히 이해할 수 있으며 그 말씀을 삶 속에 실천할 수 있는 기반을 마련하게 됩니다.

이처럼 관찰은 성경을 단순히 읽는 것을 넘어 말씀의 깊이를 발견하고 삶에 연결하기 위한 첫걸음입니다. 해석과 적용의 모든 과정은 이 관찰에서 시작됩니다.

해석: 본문이 무엇을 의미합니까?

성경 본문을 바르게 해석하는 데 있어 가장 중요한 목표는 그 말씀이 당시 원래 독자에게 어떤 의미였는지를 이해하는 것입니다.

첫째 역사적 관점에서 본문을 조사합니다. 본문이 기록된 시대의 문화, 정치, 종교적 상황과 함께 저자와 수신자 간의 관계를 살펴보는 것이 중요합니다. 이러한 배경 지식은 본문이 전달하고자 하는 메시지를 정확히 이해하는 데 결정적인 역할을 합니다.

둘째 성경신학적 관점에서 본문을 성경 전체의 핵심 주제인 하나님 나라의 회복사(구속사) 흐름 속에 위치시킵니다. 본문이 단지 한 시대의 메시지에 머무르지 않고 하나님의 구원 계획과 예수 그리스도의 사역과 어떻게 연결되는지를 살펴보는 것이 핵심입니다. 이를 통해 우리는 본문이 하나님의 나라를 회복하시려는 역사 속에서 어떤 역할을 하는지를 이해하게 됩니다.

셋째 조직신학적 관점에서는 본문이 하나님의 성품, 인간의 죄, 구원, 교회 등에 대해 어떤 교리적 내용을 담고 있는지를 분석합니다. 이 과정은 본문이 신앙의 핵심 진리들과 어떻게 연결되는지를 파악하는 데 도움을 줍니다.

넷째 앞서 살펴본 모든 관점을 종합하여 성경 전체의 흐름 속에서 본문을 통합적으로 해석합니다. 이 단계는 단순한 지식의 나열이 아니라 하나님의 뜻을 바르게 이해하고 삶에 적용하기 위한 최종 해석 과정입니다. 다음과 같은 질문들을 통해 본문의 의미를 더욱 명확히 할 수 있습니다. 이 본문은 성경 전체 이야기 속에서 어떤 위치에 있는가? 이 본문은 어떤 교리를 설명하거나 강조하는가?, 이 본문은 오늘날 우리의 삶에 어떤 의미를 주는가?, 이 본문이 전하는 핵심 메시지를 한 문장으로 요약하면 무엇인가?

이처럼 본문을 다양한 관점에서 깊이 있게 해석함으로써 우리는 하나님의 말씀을 보다 정확히 이해할 수 있습니다. 이제 그 말씀을 우리의 삶 속에서 어떻게 살아낼 것인지 즉 '적용'의 단계로 나아가야 할 때입니다. 해석된 진리를 실제 삶에 연결하는 것은 성경 공부의 궁극적인 목적이며, 참된 영적 성숙의 길입니다.

적용: 본문이 나에게 주는 의미는 무엇입니까

이 단계의 목적은 성경 본문을 오늘날 나의 삶에 실제적으로 연결하고 구체적으로 실천하는 데 있습니다.

첫째 적용 질문을 통해 말씀을 나의 삶에 비추어 묵상합니다. 해석 단계에서 도출한 핵심 메시지를 비탕으로 말씀을 통해 내 삶의 어떤 부분이 변화되어야 하는지, 하나님께서 주신 명령에 어떻게 순종할 수 있을지, 말씀을 통해 드러난 죄를 어떻게 회개할 것인지, 붙들어야 할 하나님의 약속은 무엇인지 등을 질문하며 깊이 생각해 봅니다.

둘째 실천 계획을 삶의 다양한 영역(시간, 관계, 사고방식, 예배, 감정, 재정, 건강, 사명)으로 나누어 구체적으로 작성합니다. 이때 실천 계획은 반드시 일인칭('나')으로 표현하는 것이 중요합니다. 신앙의 주체는 '나'이며, "나는 이 말씀을 따라 살겠다."는 고백은 책임 있는 신앙인의 태도를 나타냅니다. 일인칭 표현은 개인의 결단과 실천 의지를 분명히 드러내며, 말씀을 삶에 적용하려는 행동의 출발점이 됩니다. 그 출발은 바로 오늘, 지금 이 순간부터이며, 가능한 한 실천하기 쉬운 것부터 시작하는 것이 좋습니다. 예를 들어, "나는 오늘 하루 10분을 말씀 묵상에 사용하겠다." 또는 "나는 가족에게 먼저 사랑의 말을 건네겠다."와 같은 구체적인 행동이 될 수 있습니다.

셋째, 적용 기도문을 작성하고 기도합니다. 말씀을 통해 깨달은 내용을 하나님께 고백하고 순종과 변화의 마음을 담아 기도로 표현하는 것입니다. 예를 들어 다음과 같은 기도문을 드릴 수 있습니다:

"하나님 아버지, 오늘 말씀을 통해 제 삶의 부족함과 연약함을 깨닫게 해주셔서 감사합니다. 저의 교만과 무관심을 회개하며 주님의 뜻에 순종하는 삶을 살기를 원합니다. 말씀으로 제 사고방식을 새롭게 하시고, 관계 속에서 사랑과 인내를 실천하게 하소서. 오늘 지금 이 순간부터, 작은 것부터 순종하며 살아가겠습니다. 주님, 저에게 지혜와 용기를 주시고, 붙들어야 할 약속을 잊지 않게 하소서. 예수님의 이름으로 기도드립니다. 아멘."

성경해석 실습 (1)

본문: 로마서 12:1-2

"그러므로 형제들아 내가 하나님의 모든 자비하심으로 너희를 권하노니 너희 몸을 하나님이 기뻐하시는 거룩한 산 제물로 드리라 이는 너희가 드릴 영적 예배니라 너희는 이 세대를 본받지 말고 오직 마음을 새롭게 함으로 변화를 받아 하나님의 선하시고 기뻐하시고 온전하신 뜻이 무엇인지 분별하도록 하라"

관찰(문법적 해석): 본문이 무엇을 말합니까?

첫째 본문의 문장 구조와 흐름을 살펴보면 로마서 12장 1절은 "그러므로"라는 접속사로 시작됩니다. 이는 앞선 로마서 1장부터 11장까지의 교리적 내용 곧 모든 사람이 죄인임을 밝히고 믿음으로 의롭게 되며 구원받는 하나님의 은혜를 바탕으로 삶의 실천적 반응을 요청하는 전환점입니다. 다시 말해 구원받은 자로서 구원받은 자답게 살아가라는 말씀입니다.

바울은 하나님의 은혜를 기억하며 성도들에게 "너희 몸을 하나님이 기뻐하시는 거룩한 산 제물로 드리라"고 권면합니다. 이는 삶 전체를 하나님께 드리는 전인격적인 헌신 즉 삶의 모든 영역(마음과 행동)을 하나님께 온전히 드리는 것을 의미합니다.

이어지는 2절에서는 "이 세대를 본받지 말고"라는 부정적인 명령을 통해 당시 로마 사회의 세속적 가치관 즉 권력, 명예, 쾌락, 물질적 풍요를 거부할 것을 요청하며 "마음을 새롭게 함으로 변화를 받아"라는 표현을 통해 변화의 방법을 말합니다.

마지막으로 "하나님의 뜻이 무엇인지 분별하라"는 명령은 변화의 목적을 강조하며 성도의 삶이 하나님 말씀 중심으로 바뀌어야 함을 나타냅니다.

둘째 본문에서 주목할 만한 핵심 단어는 자비하심, 몸, 산 제물, 영적 예배, 세대, 마음, 변화, 하나님의 뜻들 입니다. 이 단어들을 중심으로 우리는 본문을 더 깊이 이해하기 위한 질문을 던질 수 있습니다. 예를 들어 바울은 왜 '몸'을 강조했는가? '산 제물'은 어떤 의미를 담고 있는가? '이 세대'는 무엇을 지칭하며, 어떤 시대적 배경을 반영하고 있는가? '마음을 새롭게 함'은 단순한 감정의 변화인가, 아니면 복음에 의해 재편되는 내면의 갱신인가? 이러한 질문은 본문의 의미를 해석하고 적용하는 데 중요한 출발점이 됩니다.

셋째 본문을 육하원칙에 따라 정리하면 다음과 같습니다. 이 말씀은 사도바울이(누가) 약 AD 57년경(언제) 고린도에서(어디서) 로마에 있는 성도들에게(누구에게) 보낸 편지의 일부입니다. 그는 하나님의 은혜를 기억하며 성도들이 자신의 몸을 하나님이 기뻐하시는 거룩한 산 제물로 드리고 마음을 새롭게 하여 변화된 삶을 살아가도록(무엇을) 권면합니다. 이는 세상의 가치관을 따르지 않고 마음을 새롭게 함으로써 하나님께 드리는 영적 예배의 삶을 살며,(어떻게) 그 결과 하나님의 선하시고 기뻐하시며 온전하신 뜻을 분별하게 되는 것입니다.(왜)

결론적으로 로마서 12장 1-2절은 복음의 진리를 아는 성도들이 그 진리에 합당한 삶을 살아가야 한다는 강력한 부르심을 담고 있습니다. 바울은 단순한 도덕적 권면을 넘어 하나님의 은혜에 대한 전인격적 응답으로서 삶 전체를 하나님께 드리는 영적 예배를 요청합니다. 이는 세상의 흐름을 따르지 않고 마음을 새롭게 함으로써 하나님의 뜻을 분별하며 살아가는 삶의 방향성을 제시하는 말씀입니다.

해석: 본문이 무엇을 의미합니까?

첫째 역사적 관점에서 로마 교회는 유대인과 이방인이 함께 섬기던 다문화 공동체였습니다. 유대인 성도들에게 제물은 반드시 죽은 짐승이어야 한다는 인식이 강했기 때문에, "산 제물"이라는 표현은 매우 파격적이고 도전적인 개념이었을 것입니다.

반면 이방인 성도들에게는 "이 세대를 본받지 말라"는 권면이 로마 제국의 철학과 세속적 가치관 즉 쾌락주의, 황제 숭배, 물질주의 등에 대한 근본적인 도전으로 다가왔을 것입니다. 바울은 이처럼 서로 다른 배경을 가진 성도들에게 삶 전체를 하나님께 드리는 영적 예배를 통해 하나님의 뜻을 분별하라고 권면하고 있습니다.

둘째 성경신학적 관점에서 이 본문은 하나님 나라 백성으로서의 정체성과 삶의 회복을 요청하는 말씀입니다.

'산 제물'은 단지 살아 있다는 의미를 넘어서 하나님께 온전히 순종하며 지속적으로 드려지는 헌신의 삶을 의미합니다. 이는 곧 하나님 나라의 질서에 순응하는 삶이며 복음에 대한 응답입니다.

'영적 예배'는 교회 안에서 드리는 형식적 예배에 국한되지 않고 일상 속에서 하나님을 향한 태도와 행동으로 드리는 삶 전체를 뜻합니다.

'이 세대를 본받지 말라'는 말씀은 당시뿐 아니라 오늘날에도 여전히 유효한 경고이며 성공, 물질, 자아 중심의 가치관을 따르지 않고 하나님 중심으로 살아가라는 뜻입니다.

'하나님의 뜻을 분별하라'는 명령은 단순한 지적 동의가 아니라 말씀과 기도, 성령의 인도하심을 통해 하나님의 기뻐하시는 길을 식별하고 그 뜻에 순종하라는 뜻입니다.

셋째 조직신학적 관점에서 이 말씀은 여러 교리를 통합적으로 드러냅니다. 그분은 은혜로우신 하나님이시며 모든 것을 베푸시는 분이십니다. 또한 모든 것을 주관하시는 주권자이십니다(신론). 인간은 단지 영적인 존재가 아니라 몸과 마음 전체로 하나님께 예배드리는 존재로 창조되었습니다(인간론). '산 제물'이라는 표현은 예수 그리스도의 희생을 전제로 하며 그분의 삶이 우리의 예배의 모델이 됨을 보여줍니다(기독론). 하나님의 은혜는 곧 구원의 은혜이며 변화된 삶은 그 은혜에 대한 전인격적인 응답으로 나타납니다(구원론). "마음을 새롭게 함으로"라는 말씀은 성령의 내적 사역을 통해 신자의 삶이 변화되고 새로워진다는 사실을 드러냅니다(성령론). 이 권면은 개인에게만 주어진 것이 아니라 공동체 전체를 향한 메시지로 함께 거룩한 삶을 살아갈 때 교회는 하나님께 드려지는 산 제물이 됩니다(교회론). 하나님의 뜻을 분별하며 살아가는 삶은 하나님 나라를 향한 여정이며 종말론적 소망을 품고 살아가는 신자의 삶임을 보여줍니다(종말론). 결국 이 말씀은 성도의 삶이 하나님 말씀 중심으로 재편되어야 하며 그 삶은 공동체적이고 종말론적인 방향성을 지닌다는 점을 강조합니다.

결론적으로 이 본문은 하나님의 은혜를 기억하며 삶 전체를 하나님께 드리는 것이 참된 예배임을 가르칩니다. 세상의 흐름에 휩쓸리지 말고 마음을 새롭게 하여 변화된 삶을 살아가야 합니다. 그럴 때 우리는 하나님의 뜻을 분별하고 그 뜻에 순종하는 삶을 통해 하나님 나라의 회복에 동참하게 됩니다. 이 말씀은 단지 과거의 성도들에게만이 아니라 오늘을 살아가는 우리 모두에게 주어진 하나님의 부르심이며 복음을 따라 살아가려는 삶의 자세입니다.

적용: 본문이 나에게 주는 의미는 무엇입니까?

첫째 우리는 스스로에게 질문을 던지며 묵상해야 합니다.

나는 내 몸과 삶을 하나님께 온전히 드리고 있는가? 세상의 가치관에 영향을 받고 있는 부분은 무엇인가? 하나님의 뜻을 분별하기 위해 내 마음을 새롭게 하고 있는가? 이러한 질문은 하나님 앞에서 삶을 성찰하고 방향을 다시 세우는 데 도움을 주며 말씀을 통해 하나님께서 기뻐하시는 삶으로 나아가게 합니다.

둘째 이러한 묵상을 바탕으로 삶의 각 영역에서 구체적인 실천을 계획할 수 있습니다.

시간의 영역에서 나는 하루 중 가장 집중이 잘 되는 아침 시간을 하나님께 드리며 말씀 묵상과 기도로 하루를 시작하고 삶의 방향을 하나님께 맞추는 습관을 세웁니다.

관계의 영역에서 나는 경쟁보다 겸손과 섬김을 선택하며 용서와 배려를 통해 하나님의 사랑을 드러내는 태도를 지닙니다.

사고방식의 영역에서 나는 세상의 기준이 아닌 하나님의 말씀을 기준으로 생각하며 말씀을 통해 사고를 점검하고 날마다 마음을 새롭게 합니다.

예배의 영역에서 나는 주일 예배뿐 아니라 일상 속에서도 하나님을 의식하며 살아가야 하며 직장과 가정, 학교에서의 모든 행동을 예배로 여기며 하나님께 드리는 삶을 삽니다.

감정의 영역에서 나는 불안과 분노가 아닌 평안과 절제를 선택하며 흔들릴 때마다 하나님의 은혜를 기억하고 마음을 다잡습니다.

재정의 영역에서 나는 물질을 하나님의 뜻에 따라 사용하며 나눔과 헌신의 삶을 실천합니다.

건강의 영역에서 나는 내 몸을 거룩한 산 제물로 여기며 절제된 식습관과 꾸준한 운동으로 건강을 관리합니다.

마지막으로 사명의 영역에서 나는 맡겨진 일과 사명 속에서 하나님의 뜻을 분별하며 성실함과 정직함으로 주님을 나타내는 삶을 삽니다.

셋째 이 말씀을 따라 살아가기를 결단하며 다음과 같이 기도합니다.

"하나님 아버지, 주님의 크신 은혜를 기억하며 제 삶을 거룩한 산 제물로 드립니다. 세상의 기준과 가치가 아닌 주님의 뜻을 따라 살아가게 하시고 제 마음을 날마다 새롭게 하셔서 삶 전체가 주님께 드려지는 참된 예배가 되게 하소서. 저의 생각과 행동, 말과 선택 속에 하나님을 향한 사랑과 순종이 담기게 하시고, 주님의 선하시고 기뻐하시며 온전하신 뜻을 분별하며 살아가게 하소서. 하나님 나라의 회복을 위해 제 삶이 기꺼이 쓰임받기를 원합니다. 오늘 지금 이 순간부터 작은 순종으로 시작하겠습니다. 예수님의 이름으로 기도드립니다. 아멘."

성경해석 실습 (2)

본문: 마태복음 6:33

"그런즉 너희는 먼저 그의 나라와 그의 의를 구하라 그리하면 이 모든 것을 너희에게 더하시리라"

관찰(문법적 해석): 본문이 무엇을 말합니까?

첫째 본문의 문장 구조와 흐름을 살펴보면 마태복음 6장 33절은 "그런즉"이라는 접속사로 시작됩니다. 이는 마태복음 6장 25절부터 32절까지의 염려에 대한 교훈을 바탕으로 삶의 방향을 제시하는 중요한 지침입니다.

예수님은 "먼저 그의 나라와 그의 의를 구하라"고 명령하시며 삶의 우선순위를 하나님께 두라고 요청하십니다. 이 명령은 단순한 종교적 조언이 아니라 하나님 중심의 삶을 살아가라는 적극적인 요청입니다.

이어지는 "그리하면 이 모든 것을 너희에게 더하시리라"는 약속은 하나님께서 삶에 필요한 모든 것을 친히 공급하신다는 확신의 표현으로 우리로 하여금 염려를 내려놓고 하나님을 신뢰하며 살아가게 합니다.

둘째 본문에서 주목할 만한 핵심 단어는 나라, 의, 먼저, 구하라, 더하시리라들 입니다. 이 단어들을 중심으로 우리는 본문을 더 깊이 이해하기 위한 질문을 던질 수 있습니다. 예수님은 왜 '먼저'라는 단어를 강조하셨을까? '그의 나라'는 단순한 장소가 아니라 하나님의 통치와 주권이 실현되는 삶의 영역을 의미하는가? '그의 의'는 하나님의 성품과 뜻을 따르는 삶의 기준을 포함하는가? '이 모든 것'은 앞 문맥에서 언급된 의식주를 포함한 삶의 필요 전반을 말하는가? 이러한 질문은 본문의 의미를 해석하고 적용하는 데 중요한 출발점이 됩니다.

셋째 본문을 육하원칙에 따라 정리하면 다음과 같습니다. 이 말씀은 예수님께서(누가)는 공생애 중(언제) 갈릴리 지역에서(어디서) 무리를 향해(누구에게), 삶의 염려보다 하나님의 나라와 의를 먼저 구하라고(무엇을) 명령하셨습니다. 이는 우리가 염려하지 않고 믿음으로 하나님 중심의 삶을 살아갈 때(어떻게), 하나님께서 모든 필요를 채워주신다는 약속을 주시기 위함입니다.(왜)

결론적으로 마태복음 6장 33절은 염려로 가득한 삶 속에서 성도들이 하나님을 삶의 중심에 두고 살아가야 한다는 분명한 방향을 제시합니다. 예수님은 단순히 염려하지 말라고 하신 것이 아니라 그 대안으로 하나님의 나라와 의를 먼저 구하라고 명령하십니다. 하나님 중심으로 살아가는 자들에게 삶의 필요를 친히 채워주시겠다는 하나님의 약속이며 그 약속을 통해 성도들은 참된 평안과 채움을 누리게 됩니다.

해석: 본문이 무엇을 의미합니까?

첫째 역사적 관점에서 마태복음 6장은 예수님의 산상수훈(마 5-7장) 가운데 포함된 말씀으로 당시 유대 사회는 로마 제국의 통치 아래에서 경제적 빈곤과 생존에 대한 불안이 팽배한 시대적 상황에 처해 있었습니다.

예수님은 그러한 염려에 사로잡힌 사람들에게 삶의 우선순위를 재정립하라고 권면하십니다. "먼저 그의 나라와 그의 의를 구하라"는 말씀은 세속적 욕망과 불안에서 벗어나 하나님 중심의 삶을 살라는 도전이며 이는 단순한 위로가 아닌 삶의 방향을 전환하라는 강력한 요청입니다.

둘째 성경신학적 관점에서 이 구절은 하나님 나라 백성으로서 살아가는 삶의 방향성을 제시합니다. '그의 나라'는 하나님의 통치와 주권이 실현되는 영역이며 '그의 의'는 하나님과의 바른 관계 속에서 나타나는 삶의 기준입니다.

예수님은 단순히 종교적인 행동을 하라고 하신 것이 아니라 하나님 나라의 기준과 삶의 방식이 우리의 삶 중심이 되어야 한다고 말씀하셨습니다. 따라서 이 말씀은 하나님 나라의 백성으로서 어떻게 살아야 하는지를 구체적으로 보여주는 삶의 지침입니다.

셋째 조직신학적 관점에서 이 말씀은 여러 교리를 통합적으로 드러냅니다. 하나님은 공급자이시며 주권자이심을 나타내시며(신론) 인간은 염려에 사로잡힌 존재가 아니라 하나님 나라를 추구할 수 있는 존재임을 밝히십니다(인간론). 하나님 나라와 의를 구하는 삶은 구원받은 자의 삶의 열매이며(구원론) 그 추구는 성령의 인도하심 속에서 이루어집니다(성령론). 또한 이 말씀은 공동체가 함께 하나님 나라를 향해 나아가야 함을 강조하며(교회론) 하나님 나라의 완성을 향한 현재적 참여를 요청합니다(종말론). 결국 이 말씀은 성도의 삶이 하나님 중심으로 재편되어야 하며 그 삶은 공동체적이고 종말론적인 방향성을 지닌다는 점을 보여줍니다.

결론적으로 예수님은 삶의 중심을 하나님께 두고 그의 나라와 의를 먼저 구하라고 권면하시며 그렇게 살아갈 때 하나님께서 모든 필요를 채우시는 분이라는 약속을 주십니다. 이 말씀은 오늘날 우리에게도 물질과 불안에 휘둘리지 말고 하나님 나라의 가치에 삶을 두며 그분의 통치에 순종하는 삶을 통해 참된 평안과 회복을 누리라고 초대합니다.

적용: 본문이 나에게 주는 의미는 무엇입니까?

첫째 우리는 스스로에게 질문을 던지며 묵상해야 합니다. 나는 지금 무엇을 가장 먼저 추구하고 있는가? 생계의 염려, 성공에 대한 욕망, 사람들의 기대가 내 삶을 지배하고 있지는 않은가? 이러한 질문은 단순한 자기 점검을 넘어 하나님 앞에서 삶을 재정비하게 하는 영적 나침반이 되며 하나님 나라를 향한 삶의 방향을 다시 설정하는 계기가 됩니다.

둘째 이러한 묵상을 바탕으로 삶의 각 영역에서 구체적인 실천을 계획할 수 있습니다.

시간의 영역에서 나는 하루의 시작을 하나님께 드리는 시간으로 구별하고 말씀과 기도로 마음을 정돈하며 하나님 나라의 가치를 기준으로 일정과 계획을 세웁니다.

관계의 영역에서 나는 사람들과의 관계 속에서 경쟁보다 섬김을 선택하고 갈등이 생길 때 먼저 용서하고 화해를 시도합니다.

사고방식의 영역에서 나는 모든 판단과 선택의 순간마다 "하나님께서 기뻐하실까?"를 먼저 묻고 말씀을 기준으로 사고를 점검하며 세속적 가치관을 거부합니다.

예배의 영역에서 나는 예배를 주일의 한 시간에 머무르지 않고 삶 전체로 확장시키며 일상 속에서 하나님을 의식하고 감사와 찬양을 습관화합니다.

감정의 영역에서 나는 불안과 두려움이 찾아올 때마다 "이 모든 것을 더하시리라"는 하나님의 약속을 붙들고 평안과 절제를 선택합니다.

재정의 영역에서 나는 물질을 하나님 나라를 위한 도구로 사용하며 정기적인 헌금과 나눔을 실천합니다.

건강의 영역에서 나는 제 몸을 하나님께 드리는 산 제물로 여기며 절제된 식습관과 규칙적인 운동으로 건강을 관리합니다.

사명의 영역에서 나는 맡겨진 일과 사명 속에서 하나님의 나라와 의를 먼저 구하며 성실함과 정직함으로 하나님 나라의 통치를 드러내는 삶을 삽니다.

이러한 실천은 단순한 행동 변화가 아니라 하나님께 드리는 전인격적 헌신의 표현이며 하나님 나라의 회복에 동참하는 삶의 방식입니다. 우리의 삶이 예배가 될 때 우리는 세상 속에서 하나님의 뜻을 살아내는 증인이 됩니다.

셋째 이 말씀을 따라 살아가기를 결단하며 다음과 같이 기도합니다.

"하나님 아버지, 저는 제 시간을 주님께 드리며 하루의 시작을 하나님 나라를 구하는 기도로 열게 하소서. 관계 속에서는 하나님의 의를 실천하며 사랑과 정의로 사람들을 대하게 하시고, 사고방식은 세상의 기준이 아니라 하나님 나라의 가치로 날마다 새롭게 되게 하소서. 예배가 교회 안에서 뿐 아니라 삶 전체가 되게 하시고, 염려와 불안이 찾아올 때마다 주님의 약속을 붙들고 평안과 믿음을 선택하게 하소서. 물질을 주님의 뜻에 따라 사용하게 하시고, 건강을 잘 관리하며 절제된 삶으로 주님께 영광 돌리게 하소서. 맡은 사명 속에서 주님의 나라와 의를 먼저 구하는 삶을 살아가게 하소서. 예수님의 이름으로 기도드립니다. 아멘."

성경해석 실습 (3)

본문: 예레미야 31:31-34

"여호와의 말씀이니라 보라 날이 이르리니 내가 이스라엘 집과 유다 집에 새 언약을 맺으리라 이 언약은 내가 그들의 조상들의 손을 잡고 애굽 땅에서 인도하여 내던 날에 맺은 것과 같지 아니할 것은 내가 그들의 남편이 되었어도 그들이 내 언약을 깨뜨렸음이라 여호와의 말씀이니라 그러나 그 날 후에 내가 이스라엘 집과 맺을 언약은 이러하니 곧 내가 나의 법을 그들의 속에 두며 그들의 마음에 기록하여 나는 그들의 하나님이 되고 그들은 내 백성이 될 것이라 여호와의 말씀이니라 그들이 다시는 각기 이웃과 형제를 가리켜 이르기를 너는 여호와를 알라 하지 아니하리니 이는 작은 자로부터 큰 자까지 다 나를 알기 때문이라 내가 그들의 악행을 사하고 다시는 그 죄를 기억하지 아니하리라 여호와의 말씀이니라"

관찰(문법적 해석): 본문이 무엇을 말합니까?

첫째 본문의 문장 구조와 흐름을 살펴보면 "보라 날이 이르리니"라는 말은 하나님께서 앞으로 일어날 일을 직접 알려주시며 새로운 시대가 곧 시작된다는 것을 알리는 말씀입니다.

이어지는 "내가 이스라엘 집과 유다 집에 새 언약을 맺으리라"는 표현은 하나님께서 과거의 언약과는 본질적으로 다른 방식으로 새로운 약속을 하시겠다는 의지를 드러냅니다.

"그들의 마음에 기록하여"라는 구절은 외적 즉 돌에 새긴 율법이 아닌 인간내면의 변화와 인격적 관계를 강조하며 율법이 단순한 규범이 아닌 삶의 중심에 새겨질 것임을 암시합니다.

"나는 그들의 하나님이 되고 그들은 내 백성이 될 것이라"는 말씀은 언약의 목적이 단순한 계약이 아니라 하나님과 인간과의 관계의 회복임을 보여줍니다.

"다 나를 알기 때문이라"는 구절은 하나님을 아는 지식이 제한된 사람이 아닌 모든 사람에게 직접적으로 주어지는 시대를 예고하며 "그들의 죄를 기억하지 아니하리라"는 선언은 완전한 용서와 회복의 약속으로 본문의 절정을 이룹니다.

둘째 본문에서 주목할 만한 핵심 단어는 새 언약, 마음, 법, 하나님, 백성, 알다, 죄 사함, 기억하지 않음들 입니다. 이 단어들을 중심으로 우리는 본문을 더 깊이 이해하기 위한 질문을 던질 수 있습니다. 예를 들어 하나님은 왜 새 언약을 필요로 하셨는가? '마음에 기록된 법'은 어떤 변화를 의미하는가? '다 나를 알기 때문이라'는 표현은 하나님과 나 사이의 관계가 서로를 완전히 이해하는 깊은 친밀함을 뜻하는가? 죄를 기억하지 않는다는 것은 어떤 구속사적 의미를 담고 있는가? 이러한 질문은 본문의 의미를 해석하고 적용하는 데 중요한 출발점이 됩니다.

셋째 본문을 육하원칙에 따라 정리하면 다음과 같습니다. 이 말씀은 여호와 하나님께서(누가) 예레미야 시대, 유다의 멸망 직전(언제) 예루살렘을 중심으로(어디서) 이스라엘과 유다 백성에게(누구에게) 과거와 다른 새 언약을 맺고 그들의 마음에 법을 기록하며 하나님과 백성의 관계를 회복하겠다고(무엇을) 약속하신 말씀입니다. 이는 이전 언약이 깨졌기 때문에 참된 관계와 용서를 이루기 위해(왜) 내면의 변화와 직접적인 하나님 인식, 죄 사함을 통해(어떻게) 이루어질 것입니다.

결론적으로 예레미야 31장 31-34절은 하나님께서 과거의 언약을 깨뜨린 이스라엘과 유다 백성에게 새로운 관계의 회복을 약속하시는 말씀입니다. 이 새 언약은 외적인 율법이 아닌 마음에 기록된 법을 통해 이루어지며 하나님과의 인격적 관계가 회복되는 시대를 예고합니다. 모든 백성이 하나님을 직접 알고 그분의 뜻을 내면에서 따르며 죄에 대한 완전한 용서를 누리는 이 언약은 하나님 나라의 회복을 향한 구속사적 전환점입니다. 이 말씀은 단지 과거의 예언이 아니라 오늘날 우리에게도 하나님과의 깊은 관계를 회복하고 내면의 변화를 통해 하나님 나라의 백성으로 살아가라는 부르심을 담고 있습니다.

해석: 본문이 무엇을 의미합니까?

첫째 역사적 관점에서 예레미야 31장 31-34절은 유다의 멸망을 앞둔 절망적인 시대 속에서 선포된 회복에 대한 하나님의 약속입니다.

당시 유대 사회는 바벨론의 침략과 포로 위협 속에서 신앙과 정체성이 흔들리고 있었으며 백성들은 반복된 불순종으로 인해 하나님과의 언약을 깨뜨린 상태였습니다.

하나님께서는 과거 애굽에서 인도해내던 날에 맺은 옛 언약이 더 이상 지속될 수 없음을 인정하시며 옛 언약과 본질적으로 다른 방식의 새 언약을 약속하십니다. 이 새 언약은 돌에 새긴 법처럼 겉으로만 지키는 것이 아니라 사람들의 마음속에 하나님의 뜻이 새겨져서 하나님과의 관계가 다시 좋아지는 것을 말합니다. 겉모습이나 규칙을 따르는 것보다 마음이 바뀌고 하나님과 가까워지는 것이 더 중요합니다.

절망의 시대 속에서도 하나님은 백성과의 관계를 포기하지 않으시고 새로운 시작을 준비하고 계심을 보여주십니다.

둘째 성경신학적 관점에서 이 본문은 하나님 나라의 회복을 예고하는 선언입니다. 하나님을 아는 지식이 특정 계층이나 제도에 국한되지 않고 모든 사람에게 직접적이고 보편적으로 주어지는 시대가 도래함을 말합니다.

이는 제사장이나 선지자만이 하나님을 대면하던 시대에서 벗어나 모든 백성이 하나님을 직접 알고 그분과 인격적으로 교제하는 시대를 의미합니다.

하나님 나라 백성의 정체성과 삶의 방향은 외적인 규범이나 제도에 의해 형성되는 것이 아니라 내면의 변화와 인식을 통해 이루어집니다. 이 새 언약은 하나님 나라의 질서가 개인의 마음속에 자리 잡는 방식으로 확산되며 하나님 나라의 회복은 단순한 정치적 재건이 아니라 영적이고 관계적인 회복임을 보여줍니다.

셋째 조직신학적 관점에서 이 말씀은 여러 교리를 통합적으로 드러냅니다. 하나님은 은혜롭고 인내하시며 주권적으로 새 언약을 제안하십니다(신론). 인간은 하나님의 법을 담을 수 있는 내면을 가진 존재로 창조되었으며 단순한 율법의 수용자가 아니라 하나님과 인격적 관계를 맺을 수 있는 존재입니다(인간론). 이 새 언약은 궁극적으로 예수 그리스도의 피로 성취될 언약임을 암시합니다(기독론). 죄 사함과 기억하지 않음이라는 표현은 구원의 본질을 드러내며 완전한 용서와 회복을 약속합니다(구원론). 마음에 기록된 법은 성령의 내적 사역을 통해 이루어지며 율법이 외적 규범이 아닌 내면의 인도자가 됩니다(성령론). 하나님을 아는 공동체의 탄생은 교회론적 관점에서 볼 때 모든 성도가 하나님과 직접 교제하는 공동체로 부름받는 것을 의미합니다(교회론). 이 언약은 하나님 나라의 완성으로 향하는 구속사적 전환점이며 장차 이루어질 새 하늘과 새 땅의 예표로 기능합니다(종말론).

결론적으로 예레미야 31장 31-34절은 단지 과거의 예언이 아니라 오늘날 우리에게도 깊은 의미를 던지는 말씀입니다. 하나님은 우리와 새 언약을 맺으시며 그분의 법을 우리의 마음에 기록하십니다. 이 언약은 돌에 새긴 율법처럼 외적인 규범을 따르는 것이 아니라 마음속 깊은 곳에서 하나님의 뜻을 깨닫고 따르는 내면의 변화와 인격적인 관계 회복을 의미합니다. 하나님을 아는 지식은 더 이상 외적인 가르침이나 제도에 의존하는 것이 아니라 하나님과의 직접적인 관계 속에서 이루어집니다. 그리고 우리의 죄를 기억하지 않으시는 하나님의 은혜 안에서 우리는 하나님 나라의 백성으로서 회복된 삶을 살아가야 합니다.

적용: 본문이 나에게 주는 의미는 무엇입니까?

첫째 우리는 하나님의 말씀 앞에서 스스로에게 질문을 던지며 묵상해야 합니다. 하나님의 말씀이 내 마음에 깊이 새겨져 있는가? 하나님과의 관계는 인격적이고 친밀한가? 나는 하나님을 직접 알고 있는가? 하나님의 용서를 진심으로 받아들이고 그 은혜 안에서 자유롭게 살아가고 있는가? 이러한 질문은 단순한 자기 점검을 넘어 하나님 앞에서 삶을 재정비하게 하는 영적 나침반이 되며 하나님과의 언약적 관계를 회복하는 출발점이 됩니다.

둘째 이 묵상을 바탕으로 삶의 각 영역에서 구체적인 실천을 계획할 수 있습니다.

시간의 영역에서 나는 하루의 시작을 말씀과 기도로 열며 하나님의 법을 마음에 새기는 습관을 세웁니다.

관계의 영역에서 나는 하나님께서 나를 먼저 용서하신 것처럼 나도 타인을 품고 회복의 관계를 세웁니다.

사고방식의 영역에서 나는 하나님의 말씀을 삶의 기준으로 삼고 세속적 가치관을 점검하며 하나님 중심의 시각을 갖도록 노력합니다.

예배의 영역에서 나는 예배가 형식이 아닌 삶의 고백이 되도록 일상 속에서도 예배자로 살아갑니다.

감정의 영역에서 나는 감정이 흔들릴 때마다 하나님의 용서와 사랑을 기억하며 평안과 감사의 마음으로 살아갑니다.

재정의 영역에서 나는 물질을 하나님 나라의 확장을 위한 도구로 사용하며 나눔과 헌신을 실천합니다.

건강의 영역에서 나는 제 몸을 하나님께 드리는 산 제물로 여기며 절제와 균형 있는 삶을 통해 하나님께 영광 돌립니다.

사명의 영역에서 나는 맡겨진 일과 사명 속에서 하나님을 아는 지식을 삶으로 드러내며 공동체 안에서 하나님 나라의 회복을 이루는 도구가 됩니다.

셋째 이러한 실천을 하기로 결단하고 하나님께 기도드립니다.

“하나님 아버지, 제 삶의 모든 영역에 주님의 언약이 깊이 새겨지기를 원합니다. 하루의 시작을 말씀과 기도로 열며 주님의 법을 마음에 기록하게 하소서. 관계 속에서는 용서와 인내, 진실함으로 하나님 나라의 공동체를 이루게 하시고 사고방식은 주님의 진리로 새롭게 하여 모든 판단과 선택에 지혜를 더하시기를 기도드립니다. 예배는 형식에 머무르지 않고 삶 전체가 하나님께 드려지는 인격적 교제가 되게 하소서. 감정이 흔들릴 때마다 주님의 용서와 사랑을 기억하며 평안과 감사의 마음으로 살아가게 하시고 물질과 건강, 사명의 영역에서도 주님의 뜻을 따라 살아가게 하소서. 이 모든 영역에서 하나님의 새 언약이 제 삶에 깊이 새겨지기를 예수님의 이름으로 기도드립니다. 아멘.”

성경해석 실습 (4)

본문: 예레미야 29:11

"여호와의 말씀이니라 너희를 향한 나의 생각을 내가 아나니 평안이요 재앙이 아니니라 너희에게 미래와 희망을 주는 것이니라"

관찰(문법적 해석): 본문이 무엇을 말합니까?

첫째 본문의 문장 구조와 흐름을 살펴보면 "여호와의 말씀이니라"는 선언은 이 메시지가 단순한 인간의 말이 아니라 하나님의 직접적인 말씀임을 강조하며 말씀의 절대적인 권위와 신뢰성을 드러냅니다.

이어지는 "너희를 향한 나의 생각을 내가 아나니"라는 구절은 하나님께서 자신의 백성을 향한 계획을 온전히 알고 계심을 나타내며 그 계획이 우연하거나 충동적인 것이 아니라 깊은 뜻과 분명한 목적을 지닌 신중하고 의도적인 계획임을 보여줍니다.

"평안이요 재앙이 아니니라"는 표현은 하나님의 의도가 고난이나 심판이 아닌 회복과 안정을 향하고 있음을 밝히며 포로 된 백성에게 위로와 희망을 주는 말씀입니다.

마지막으로 "너희에게 미래와 희망을 주는 것이니라"는 구절은 하나님의 계획이 단지 현재의 고통을 넘어서 장래의 회복과 소망을 향하고 있음을 보여주며 하나님께서 준비하신 삶의 방향성과 목적을 제시합니다.

둘째 본문에서 중심이 되는 핵심 단어는 생각, 평안, 재앙, 미래, 희망들 입니다. 이 단어들은 하나님께서 이스라엘 백성을 향해 품고 계신 마음과 계획의 방향을 보여주는 중요한 열쇠입니다. 하나님께서는 단순히 상황을 바라보시는 것이 아니라 그분의 깊은 뜻과 사랑 안에서 백성을 향한 선한 생각을 품고 계십니다. 이 말씀을 묵상하며 우리는 다음과 같은 질문을 던질 수 있습니다. 하나님은 어떤 생각으로 우리를 바라보시는가? 평안은 어떤 상태를 의미하며, "재앙이 아니다"라는 말은 어떤 위로를 주는가? 하나님이 주시는 미래와 희망은 어떤 삶의 방향을 제시하는가?

셋째 본문을 육하원칙에 따라 정리하면 다음과 같습니다. 여호와 하나님께서(누가), 바벨론 포로 시기(언제), 예루살렘에서(어디서), 바벨론으로 끌려간 포로 공동체에게(누구에게) 평안과 희망의 계획을 밝히시며(무엇을), 포로 된 백성에게 위로와 회복의 약속을 주시기 위해(왜), 하나님의 선한 생각과 말씀을 통해(어떻게) 이 메시지를 전하십니다.

결론적으로 예레미야 29장 11절은 바벨론 포로 시기의 절망 속에 있는 이스라엘 백성에게 하나님께서 주시는 위로와 회복의 약속입니다. 하나님은 그들의 현재 상황을 넘어선 선한 계획을 품고 계시며 그 계획은 평안과 미래, 희망을 향하고 있습니다. 이 말씀은 단지 과거의 역사적 선언이 아니라 오늘날 우리에게도 하나님께서 여전히 선한 뜻을 품고 계시며 우리의 삶을 향한 분명한 목적과 방향을 가지고 계심을 알려주는 말씀입니다. 하나님은 고난 가운데 있는 우리에게도 평안과 회복을 약속하시며 그분의 생각 안에서 미래를 준비하고 계십니다.

해석: 본문이 무엇을 의미합니까?

첫째, 역사적 관점에서 예레미야 29장 11절은 바벨론 포로로 끌려간 이스라엘 백성에게 주어진 하나님의 위로의 말씀입니다.

당시 이스라엘은 국가적 멸망과 신앙적 혼란 속에서 깊은 절망을 경험하고 있었으며 하나님의 언약 백성으로서의 정체성마저 흔들리고 있었습니다. 이러한 상황 속에서 하나님은 그들을 향한 선한 계획을 가지고 계시며 그 계획은 재앙이 아닌 평안과 회복을 향한 것임을 분명히 하십니다.

이 말씀은 포로 공동체에게 단순한 위로를 넘어 하나님께서 여전히 그들과 함께하시며 미래를 준비하고 계심을 선포하는 희망의 선언입니다.

둘째 성경신학적 관점에서 이 구절은 하나님 나라의 회복을 향한 구속사적 흐름 속에서 하나님의 신실하심과 인도하심을 보여주는 말씀입니다. 하나님은 고난 가운데 있는 백성에게도 미래와 희망을 약속하시며 그 약속은 단지 개인적 위로를 넘어 하나님 나라의 질서와 회복을 향한 방향성을 담고 있습니다. 하나님을 향한 신뢰는 단지 현재의 상황을 견디는 힘이 아니라 장차 이루어질 하나님 나라의 완성을 바라보는 믿음의 근거가 됩니다. 이 말씀은 하나님 나라 백성으로서 고난 속에서도 하나님의 뜻을 붙들고 살아가야 할 삶의 방향을 제시합니다.

셋째 조직신학적 관점에서 예레미야 29장 11절은 하나님의 성품과 구속의 계획 그리고 성도의 삶의 방향을 통합적으로 드러냅니다. 하나님은 고난 중에도 선하고 인격적인 뜻을 따라 우리를 향한 계획을 세우시는 분입니다(신론). 인간은 그 계획안에서 미래와 희망을 기대할 수 있는 존귀한 존재로 창조되었으며 하나님의 뜻 안에서 살아갑니다(인간론). 이 계획은 단순한 상황 개선이 아닌 구원의 여정이며 하나님은 그 과정 속에서 우리를 위로하고 인도하십니다(구원론). 하나님의 깊은 뜻은 성령을 통해 우리에게 깨달아지며 성령은 고난 속에서도 확신과 위로를 주십니다(성령론). 교회는 이 계획을 함께 붙들고 살아가는 공동체로 부름 받았으며(교회론) 궁극적으로 하나님의 계획은 하나님 나라의 완성과 영원한 소망을 향합니다(종말론). 이 말씀은 성도의 삶이 하나님 중심으로 재편되어야 하며 공동체적이고 종말론적인 방향성을 지닌다는 점을 보여줍니다.

결론적으로 예레미야 29장 11절은 단지 포로 공동체를 향한 위로의 말씀이 아니라 하나님께서 고난 가운데 있는 백성에게도 여전히 선한 뜻을 품고 계시며 그 뜻은 하나님 나라의 회복과 완성을 향하고 있다는 사실을 선포하는 말씀입니다. 하나님은 우리의 현재를 아시며 그 너머의 미래를 준비하고 계십니다. 이 말씀은 오늘날 우리에게도 하나님을 신뢰하며 살아가야 할 이유와 근거를 제공하며 삶의 중심을 다시 하나님께로 돌리게 하는 영적 나침반이 됩니다. 우리는 하나님의 계획안에서 평안과 희망을 기대하며 그분의 뜻을 따라 살아가는 하나님 나라의 백성으로 부름 받았습니다.

적용: 본문이 나에게 주는 의미는 무엇입니까?

첫째 하나님의 말씀 앞에서 스스로에게 질문을 던지며 묵상하게 됩니다. 하나님께서 품고 계신 생각이 평안이라는 진리를 믿고 있는가? 현재의 고난 속에서도 하나님의 미래와 희망을 바라보고 있는가? 하나님의 계획을 신뢰하며 그 뜻에 따라 살아가고 있는가?

둘째 묵상을 바탕으로 삶의 각 영역에서 하나님의 뜻을 따라 살아가기 위한 구체적인 실천을 세웁니다.

시간의 영역에서 나는 하루를 시작할 때 하나님의 계획을 묵상하며 그 뜻을 마음에 새기는 습관을 세웁니다. 하루의 첫 순간부터 하나님과 동행하는 삶을 의식하며 살아갑니다.

관계의 영역에서 나는 타인을 향한 생각을 하나님의 시선으로 바라보며 사랑과 인내로 회복의 관계를 세웁니다. 하나님께서 먼저 사랑하신 것처럼 그 사랑을 실천하며 공동체 안에서 화평을 이루는 삶을 지향합니다.

사고방식의 영역에서 나는 절망보다 희망을 선택하고 하나님의 뜻을 삶의 기준으로 삼습니다. 세속적인 가치관에 흔들리지 않고 말씀을 통해 분별하며 하나님 중심의 시각을 갖도록 노력합니다.

예배의 영역에서 나는 예배를 통해 하나님의 선하신 계획을 고백하며 일상 속에서도 예배자로 살아가는 삶을 세웁니다. 예배가 단지 형식에 머무르지 않고 삶 전체가 하나님께 드려지는 고백이 되도록 합니다.

감정의 영역에서 나는 불안과 두려움이 밀려올 때마다 하나님의 평안을 붙들고 감사의 마음으로 살아갑니다. 감정이 흔들릴 때에도 하나님의 사랑과 용서를 기억하며 내면의 평화를 유지합니다.

재정의 영역에서 나는 물질을 통해 하나님의 계획에 동참하며 나눔과 헌신을 실천합니다. 재정은 단순한 생계의 수단이 아니라 하나님 나라를 확장하는 도구로 사용합니다.

건강의 영역에서 나는 몸과 마음을 하나님의 뜻에 맞게 돌보며 절제와 균형 있는 삶을 통해 하나님께 영광을 돌립니다. 자신의 몸을 거룩한 산 제물로 여기며 하나님께서 주신 생명을 소중히 여깁니다.

사명의 영역에서 나는 맡겨진 일 속에서 하나님의 미래와 희망을 드러내며 공동체 안에서 하나님 나라의 회복을 이루는 통로로 삶을 세웁니다. 일상 속에서 하나님의 뜻을 실현하며 삶 전체가 하나님의 영광을 위한 도구로 드립니다.

셋째 이러한 실천을 하기로 결단은 하나님께 기도를 드립니다.

"하나님 아버지, 저를 향한 주님의 생각이 평안이며 재앙이 아님을 믿습니다. 지금의 상황이 어렵고 불확실할지라도 주님께서 미래와 희망을 주시는 분임을 신뢰합니다. 삶의 모든 영역에서 주님의 계획을 따라 살아가게 하시고 절망이 아닌 소망을 선택하며 평안 가운데 거하게 하소서. 하루의 시작을 말씀과 기도로 열게 하시고, 관계 속에서는 주님의 시선으로 타인을 바라보며 사랑과 인내로 공동체를 세워가게 하소서. 사고방식은 주님의 뜻으로 새롭게 하시고 예배는 삶 전체가 하나님께 드려지는 고백이 되게 하소서. 감정이 흔들릴 때마다 주님의 평안을 붙들게 하시고 물질과 건강, 사명의 영역에서도 주님의 뜻을 따라 살아가게 하소서. 이 모든 영역에서 하나님의 계획이 삶 속에 깊이 새겨지기를 예수님의 이름으로 기도드립니다. 아멘."

성경해석 실습 (5)

본문: 로마서 8:28

"우리가 알거니와 하나님을 사랑하는 자 곧 그의 뜻대로 부르심을 입은 자들에게는 모든 것이 합력하여 선을 이루느니라"

관찰(문법적 해석): 본문이 무엇을 말씀하십니까?

첫째 본문의 문장 구조와 흐름을 살펴보면 "우리가 알거니와"라는 표현은 사도 바울이 확신에 찬 목소리로 복음의 진리를 선포하며 신자들이 이미 알고 있는 핵심을 다시금 상기시키는 역할을 합니다. 이어지는 "하나님을 사랑하는 자 곧 그의 뜻대로 부르심을 입은 자들에게는"이라는 구절은 이 말씀의 대상이 누구인지 분명히 보여줍니다.

"모든 것이 합력하여"라는 표현은 삶의 모든 요소 즉 기쁨과 슬픔, 성공과 실패, 고난과 회복이 하나님의 손 안에서 조화를 이루어 간다는 의미를 담고 있습니다.

마지막으로 "선을 이루느니라"는 선언은 단순히 좋은 결과나 성공을 의미하는 것이 아니라 하나님께서 원하시는 뜻과 목적을 이루어 가신다는 의미입니다. 이어지는 29-30절은 그 '선'이 무엇인지 구체적으로 보여줍니다. 하나님은 미리 아신 자들을 그리스도의 형상을 닮게 하시려고 예정하셨고, 그들을 부르시고, 의롭게 하시며, 결국 영화롭게 하십니다. 이는 성도들이 하나님의 계획 속에서 점점 그리스도를 닮아가며, 궁극적으로 영광에 이르는 구원의 여정을 걷게 된다는 뜻입니다. 따라서 "선을 이룬다"는 말씀은 하나님께서 성도들을 그분의 형상으로 빚어 가시고, 마침내 영화로운 구원에 이르게 하신다는 약속의 핵심을 담고 있습니다.

둘째 본문에서 주목할 만한 핵심 단어는 '알다', '사랑', '뜻', '부르심', '모든 것', '합력', '선'들 입니다. 이 단어들을 중심으로 본문을 더 깊이 이해하기 위한 질문을 던질 수 있습니다. 예를 들어 하나님을 사랑하는 자란 어떤 삶의 태도를 가진 사람입니까? '모든 것이 합력한다.'는 말씀은 고난과 실패도 포함됩니까? 하나님께서 이루시는 '선'은 어떤 의미를 지닙니까? 하나님의 뜻대로 부르심을 입었다는 것은 어떤 정체성과 사명을 의미합니까? 이러한 질문은 본문의 의미를 해석하고 삶에 적용하는 데 중요한 출발점이 됩니다.

셋째 본문을 육하원칙에 따라 정리하면 다음과 같습니다. 이 말씀은 사도 바울이(누가) 초대교회 시대 로마서 기록 당시(언제) 로마 감옥에서(어디서) 하나님을 사랑하고 그의 뜻대로 부르심을 받은 자들에게(누구에게) 모든 것이 합력하여 선을 이룬다는 복음의 진리를 선포한 것입니다(무엇을). 이는 고난과 혼란 속에서도 하나님의 뜻을 신뢰하도록 하기 위해(왜), 하나님의 주권과 섭리를 통해 모든 상황을 선하게 이끄신다는 확신을 바탕으로

(어떻게) 전달된 말씀입니다.

결론적으로 로마서 8장 28절은 하나님을 사랑하고 그의 뜻대로 부르심을 받은 성도들에게 주어진 확고한 약속의 말씀입니다. 이 말씀은 성도의 삶 속 모든 상황이 하나님의 주권 아래에서 그분의 선한 목적을 향해 나아간다는 믿음을 심어줍니다. 여기서 말하는 '선'은 단순한 성공이나 긍정적인 결과가 아니라, 이어지는 29-30절에서 밝히듯이 성도들이 그리스도의 형상을 닮아가며, 궁극적으로 영화로운 구원에 이르게 되는 하나님의 뜻과 계획을 의미합니다. 바울은 이 진리를 통해 성도들이 고난과 혼란 속에서도 하나님의 섭리를 신뢰하며 흔들림 없이 그분의 형상으로 빚어져 가는 구원의 여정을 걸어가도록 격려하고 있습니다.

해석: 본문이 무엇을 의미합니까?

첫째 역사적 관점에서 로마서 8장 28절은 박해와 혼란 속에 있던 로마 교회 성도들에게 주어진 하나님의 확신의 말씀입니다. 당시 초대교회는 로마 제국의 정치적 압박과 사회적 불안 속에서 신앙을 지키기 어려운 상황에 놓여 있었으며 그리스도인으로서의 정체성과 삶의 방향에 대해 깊은 고민을 안고 있었습니다. 이러한 현실 속에서 바울은 하나님을 사랑하고 그의 뜻대로 부르심을 입은 자들에게는 모든 것이 합력하여 선을 이룬다는 진리를 선포하며 고난 가운데서도 하나님의 뜻을 신뢰하고 흔들림 없이 살아가도록 격려합니다. 이 말씀은 단순한 위로를 넘어 하나님께서 모든 상황을 사용하셔서 선한 목적을 이루신다는 확신을 심어주는 선언입니다.

둘째 성경신학적 관점에서 이 구절은 하나님의 섭리와 구속사적 계획을 드러내는 말씀입니다. 하나님은 창조부터 종말까지 이어지는 구속의 역사 속에서 사랑하는 자들을 부르시고 그들의 삶 속에서 모든 것을 사용하여 하나님 나라의 목적을 이루어 가십니다. 이 말씀은 신자들이 단지 개인적인 삶의 문제를 넘어서 하나님 나라의 질서와 회복을 향한 큰 그림 안에서 어떤 위치에 있는지를 보여줍니다. 하나님을 향한 신뢰는 현재의 고난을 견디는 힘일 뿐 아니라, 장차 이루어질 하나님 나라의 완성을 바라보는 믿음의 근거가 됩니다. 로마서 8장 28절은 하나님 나라 백성으로서 모든 상황 속에서도 하나님의 뜻을 붙들고 살아가야 할 삶의 방향을 제시합니다.

셋째, 조직신학적 관점에서 로마서 8장 28절을 분석하면 하나님은 주권자이시며 모든 상황을 다스리시는 분입니다(신론). 인간은 하나님의 부르심에 응답하며 사랑으로 하나님과 관계를 맺는 존재입니다(인간론). 구원받은 자의 삶은 하나님의 뜻 안에서 선을 향해 나아가며 그 여정 속에서 하나님은 모든 것을 사용하여 그분의 목적을 이루십니다(구원론). 성령께서는 모든 상황 속에서 신자에게 깨달음을 주시고 인도하시며 고난 중에도 확신과 위로를 주십니다.(성령론) 교회는 하나님의 뜻대로 부르심을 받은 자들의 공동체로서 이 말씀을 함께 붙들고 살아가는 사명의 공동체입니다(교회론). 궁극적으로 '모든 것이 합력하여 이루는 선'은 하나님 나라의 완성과 영광을 향합니다(종말론)

결론적으로 로마서 8장 28절은 하나님께서 부르신 이들의 삶에서 모든 일을 합력하여 선을 이루신다는 말씀입니다. 여기서 말하는 '선'은 단순한 현실의 개선이나 일시적인 위로가 아니라 이어지는 29-30절에서 밝히듯이 성도들이 그리스도의 형상을 닮아가며 결국 영화롭게 되는 구원의 완성을 의미합니다. 하나님은 미리 아신 자들을 예정하시고, 부르시며, 의롭게 하시고, 영화롭게 하시는 구속의 여정을 통해 성도들을 하나님 나라의 회복과 완성으로 이끄십니다. 이 말씀은 하나님의 주권과 섭리를 신뢰하며 살아가는 성도들에게 주어진 언약적 확신이며 현재의 고난 속에서도 하나님의 선하신 목적이 성취되고 있음을 믿게 합니다. 그러므로 성도는 하나님의 계획안에서 평안과 소망을 품고 그분의 뜻을 따라 살아가는 하나님 나라 백성으로서의 정체성과 사명을 굳게 붙들어야 합니다.

적용: 본문이 나에게 주시는 의미는 무엇입니까?

첫째 하나님의 말씀 앞에서 스스로에게 질문을 던지며 묵상하게 됩니다. 하나님을 진심으로 사랑하며 그분의 뜻에 따라 살아가고 있는가? 삶의 모든 상황 즉 기쁨과 고난, 성공과 실패가운데서도 하나님의 선하신 목적을 신뢰하고 있는가? 하나님의 부르심에 응답하며 그 뜻을 따라 살아가는 삶의 방향을 붙들고 있는가?

둘째 하나님의 뜻을 따라 살아가기 위해 나는 삶의 여러 영역에서 구체적인 실천을 세워 나갑니다.

시간의 영역에서 나는 하루를 시작할 때 하나님의 섭리를 묵상하며 그분이 주신 모든 순간을 감사함으로 받아들입니다.

관계의 영역에서 나는 갈등이나 오해가 생길 때에도 하나님께서 결국 선하게 이끄신다는 믿음을 가지고 인내하며 사랑으로 대하려고 합니다.

사고방식의 영역에서 나는 실패나 고난을 단순한 좌절로 보지 않고 하나님의 계획안에서 의미를 찾으려 하며 믿음의 시선으로 상황을 해석하려고 합니다.

예배의 영역에서 나는 예배를 통해 하나님의 주권과 선하심을 고백하고, 일상 속에서도 예배자의 삶을 살아가고자 합니다.

감정의 영역에서 나는 불안과 두려움이 찾아올 때 하나님께서 모든 것을 합력하여 선을 이루신다는 진리를 기억하며 마음의 평안을 지키려고 합니다.

재정의 영역에서 나는 물질을 하나님의 뜻에 따라 사용하고 나눔과 섬김을 통해 하나님 나라의 확장을 위해 헌신합니다.

건강의 영역에서 나는 몸과 마음을 하나님의 도구로 여기며 절제된 삶을 통해 하나님께 영광을 돌리는 삶을 실천합니다.

사명의 영역에서 나는 제가 속한 자리에서 하나님의 뜻을 따라 선을 이루는 삶을 살아가며 공동체 안에서 하나님 나라의 회복을 이루는 통로가 되기를 소망합니다.

셋째 이러한 실천을 하기로 결단하고 하나님께 기도를 드립니다.

"사랑의 하나님, 저를 향한 주님의 부르심과 계획을 믿습니다. 제 삶의 모든 순간이 주님의 손 안에서 합력하여 선을 이루게 하심을 감사드립니다. 고난과 혼란 속에서도 낙심하지 않고 주님의 뜻을 신뢰하며 살아가게 하소서. 저를 부르신 그 목적에 따라 사랑으로 응답하며 주님의 선하신 계획을 이루는 삶을 살게 하시고 모든 영역에서 주님의 영광을 드러내게 하소서. 예수님의 이름으로 기도드립니다. 아멘."

다섯 번의 실습을 통해 우리는 말씀을 살펴보고 이해하며 삶 속에 적용하는 길을 함께 걸어왔습니다. 이번 실습에서 배운 내용이 앞으로의 성경 연구에 든든한 밑거름이 되어 말씀을 더욱 깊이 깨닫고 실천하는 삶으로 이어지기를 바랍니다.

맺는말

이 책의 마지막은 끝이 아니라 하나님의 말씀의 깊은 세계로 나아가는 새로운 출발점입니다. 성경을 올바르게 이해하고 연구하는 일은 신앙의 성숙을 향한 첫걸음이며 평생에 걸쳐 이어져야 할 거룩한 믿음의 여정입니다. 이 믿음의 여정을 매일 걸어가는 모든 이들의 발걸음 위에 하나님의 은혜와 진리가 충만히 임하기를 기도합니다.

"우리 주 예수 그리스도의 하나님,
영광의 아버지께서 지혜와 계시의 영을 너희에게 주사
하나님을 알게 하시고"

(에베소서 1:17)

참고 문헌

1. J.스코트 듀발. J.다니엘 헤이즈,『성경연구』, 류호영 역, 서울: 한국성서유니온선교회 2009.
2. 그랜트 오즈번,『성경해석학 총론』, 임요한 역, 서울:부흥과 개혁사, 2019
3. A.버클리 마이켈슨,『성경해석학』, 김인환 역, 경기:크리스챤 다이제스트, 2011
4. 제이슨 S 드루치,『구약, 어떻게 해석할 것인가』, 정옥배 역, 서울 조이선교회, 2019
5. 시드니 그레이다누스,『구약의 그리스도 어떻게 설교할 것인가』, 김진섭·류호영·류호준 역, 경기:이레서원, 2019
6. 시드니 그레이다누스『성경해석과 성경적 설교』김영철 역 서울:여수룬 2012
7. 코든 D.피.더글라스 스튜어트『성경을 어떻게 읽을 것인가』오광만.박대영 역 서울:한국성서유니온선교회. 2016
8. 노튼 스테레트. 리처드 슐츠『성경해석의 원리』이진경 역 서울:한국성서유니온선교회 2015
9. 고든 D.피. 더글라스 스튜어트『책별로 성경을 어떻게 읽을 것인가』길성남 역 서울:한국성서유니온선교회 2018
10. 길성남『성경이 무엇을 말하느냐』서울:한국성서유니온선교회 2017
11. 스티브 모이스『성경연구입문』유창걸 역 서울:기독교문서선교회 2015

12. 하워드 헨드릭스&윌리엄 헨드릭스 『삶을 변화시키는 성경연구』 정현 역 서울:도서출판 디모데 2014
13. 그레엄 골즈워디 『복음중심 해석학』 배종열 역 서울:기독교문서선교회 2014
14. 다니엘 도리아니 『해석 성경과 삶의 의미를 찾다』 정옥배 역 서울:한국성서유니온선교회 2011
15. 다니엘 도리아니 『적용 성경과 삶의 통합을 말하다』 정옥배 역 서울:한국성서유니온선교회 2011
16. 최성훈 『성경가이드』 서울:기독교문서선교회 2016
17. 이지웅 『말씀을 읽다』 서울:도서출판 예수전도단 2015
18. 신성종 『망원경식 성경연구』 서울:생명의 말씀사 2002
19. 존 스토트 『성경연구 입문』 전의우 역 서울:한국성서유니온선교회 2017
20. 찰스 스코비 『성경신학』 강대훈 역 서울:부흥과 개혁사 2022
21. 토마스 슈라이너 『성경신학』 강대훈 역 서울:부흥과 개혁사 2017
22. 게르할더스 보스 『성경신학』 이승구 역 서울:기독교문서선교회 2012
23. 그레엄 골즈워디 『그리스도 중심 성경신학』 유석인 역 서울:부흥과 개혁사 2014
24. 그레엄 골즈워디 『성경신학적 설교 어떻게 할 것인가』 김재영 역 서울: 한국성서유니온선교회 2010
25. 헤르만 리델보스 『하나님 나라』 오광만 역 서울:도서출판 솔로몬 2022
26. 조엘B. 그린 『하나님 나라』 정은찬 역 서울:터치북스 2021
27. 문지환 『메타—내러티브로 읽는 성경: 하나님 나라 이야기』 서울: 깃드는숲 2023
28. 그레엄 골즈워디 『복음과 하나님의 나라』 김영철 역 서울:한국성서유니온선교회 2014
29. 그레엄 골즈워디 『복음과 하나님의 계획』 김영철 역 서울:한국성서유니온선교회 2013
30. 그레엄 골즈워디 『복음과 요한계시록』 김영철 역 서울:한국성서유니온선교회 2011
31. 이종필 『하나님 나라의 관점으로 구약 관통』 경기:넥서스 2022

32. 이종필 『하나님 나라의 관점으로 신약 관통』 경기:넥서스 2022
33. 김세윤 『신약을 어떻게 읽을 것인가』 서울:한국성서유니온선교회 2012
33. 채영삼 『신약성경의 이해』 서울:도서출판 이레 2023
34. 케이 이더 『하나님의 신실한 언약』 김경섭등 역 서울:프리셉트선교회 2024
35. 조병수 『신약총론』 서울:합동신학대학원 출판부 2012
36. 신성종 『신약총론』 서울:기독교문서선교회 2012
37. 신성종 『신약신학』 서울:기독교문서선교회 1995
38. 고든 웬함 『모세오경』 박대영 역 서울:한국성서유니온선교회 2011
39. 빅터 해밀턴 『역사서개론』 강성열 역 경기:크리스챤다이제스트 2005
40. 로버트 치즈홀름 『예언서개론』 강성열 역 경기:크리스챤다이제스트 2006
41. 생명출판사 『성경핸드북』 서울:생명출판사 2016
42. 월터 카이저. F.F.브루스. 맨프레드 브라우치. 피터 데이비즈 『IVP 성경남제주석』 김재영. 김지찬.박규태.이철민 역 서울:한국기독학생회출판부
43. 존 월튼. 빅터 매튜스. 마크 샤발라스. 크레이그 키너 『IVP 성경배경주석』 서울: 한국기독학생회출판부 2011
44. 루이스 벌코프 『조직신학』 권수경. 이상원 역 경기: 크리스챤다이제스트 2011
45. 루이스 벌코프 『기독교 교리사』 박명곤 역 경기: 크리스챤다이제스트, 2015
46. 조병호, 『신구약 중간사』, 서울:도서출판 통독원, 2012